KB139929

학부모 교육
참여활동

학부모 교육 참여활동

안창선 지음

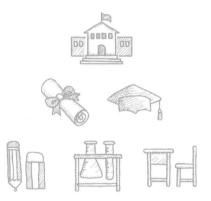

KSI 한국학술정보㈜

머리말

　학교 교육의 효과를 올리려면 교사와 학부모가 아동·청소년의 성장 발달을 돕기 위한 공동의 목표를 가지고 상호 협력해야 하며 함께 책임을 져야 한다. 또한 학교와 지역사회가 긴밀한 유대관계를 형성해야 할 것이다. 그러나 우리나라의 경우 전통적으로 학교와 가정·지역사회 관계 면에서 볼 때 학교 교육의 효과를 증진할 수 있을 만큼 학교·가정·지역사회 간의 유대가 긴밀하지 못했다.

　최근 정부는 학교와 가정 간의 긴밀한 유대의 형성과 학부모들의 교육 참여의식을 고취하기 위해서 모든 학교에 학부모회 구성을 장려하는 학부모정책 추진 방향을 확정, 발표한 바 있으며, 대부분의 학교에서 학부모회가 조직되어 운영되고 있다.

　우리나라 학부모 단체는 해방 이후 조직되어 60여 년의 긴 역사를 가지고 있다. 해방 후 우리나라에서 학부모와 지역 주민의 학교 교육에 대한 참여활동은 주로 학교 후원단체인 후원회, 사친회, 기성회, 학교육성회 등 학부모 단체를 통하여 이루어져 왔다. 그러나 교육의 주체인 학부모의 교육참여 면에서 볼 때 이러한 학부모 단체는 학교와 가정 및 지역사회가 협력체로서 지녀야 할 직접적인 교육적 기능은 미약했고 간접적인 재정적 후원기능에 머물러 왔으며 학부모의 자진 참여의식이 매우 낮았다.

그간 학부모 단체는 부족한 국가의 교육재정을 도와 우리 교육이 오늘날과 같이 발전하는 데 큰 공헌을 해 왔지만 이에 못지않게 많은 폐단도 발생했다. 특히 지난 1996학년도부터는 단위 학교의 자율성을 확대하고 '학교 공동체' 중심의 교육운영을 활성화하기 위해서 교직원, 학부모, 지역인사 등이 자발적으로 책임지고 학교를 운영하는 학교운영위원회가 조직, 운영되고 있다. 우리나라에서 처음 시도된 학교운영위원회는 과거 운영되어 온 학부모 단체와는 달리 매우 혁신적인 조직이다. 그러나 현행 학교운영위원회는 발족된 지 10여 년이 훨씬 지났지만 아직도 교육현장에서 정착되지 못한 채 그 성격과 위상에 대한 논란이 일고 있다.

그간 우리나라에서는 지난 '70~'80년대까지만 하더라도 학부모 단체의 활동에 대한 연구가 거의 이루어지지 않았다. 그러나 '90년대 중반을 지나 학교운영위원회가 발족된 이후에 일부 관심 있는 연구자에 의해 관련된 연구가 시작되어 논문의 수가 증가하고 있지만, 제도화된 학부모 단체의 어제와 오늘을 종합, 정리한 단행본을 찾아보기 힘들다.

이에 지은이는 이 분야에 관심을 가진 교원·학부모·연구자를 위한 참고자료로 활용되기를 기대하며 이 책을 집필하였다.

이 책은 모두 4개의 Step으로 구성되어 있다. Step 1에서는 학교, 가정, 지역사회에 관한 내용을 다루었다. 여기서는 먼저 학교와 가정과의 관계에서 교사와 학부모의 바람직한 관계 형성과 협력방안에 대해 살펴본 후 학교와 지역사회의 유대와 지역사회 주민의 교육 참여방안에 대해 살펴보았다.

Step 2에서는 우리나라 학부모 단체가 지향해야 할 활동방향을 알아보기 위해 외국의 학부모 단체의 활동에 대해 살펴보았다. Step 2의 PART 01에서는 PTA(사친회)의 발상지인 미국의 PTA의 역사, 성격, 활동영역에 대한 내용을 다루었다. 그리고 PART 02에서는 PTA 활동이 활발한 이웃 일본 학부모 단체의 활동에 대한 내용을 다루었는데 여기서는 패전 후 일본의 PTA 발족 경위와 역사, 일본 PTA의 성격, 일본 PTA의 활동영역을 중심으로 고찰했다. 그리고 미국과 일본의 PTA 활동이 우리나라 학부모 교육 참여활동에 주는 시사점을 알아보았다.

Step 3은 이 책에서 지은이가 가장 역점을 두고 집필한 부분으로, 우리나라 학부모 교육 참여제도의 변천과정을 비교적 상세히 살펴보았다. Step 3에서는 해방 후 오늘날까지 각 학부모 단체는 그 모습을 어떻게 달리해 왔으며 우리나라 교육 발전에 어떠한 영향을 주었고, 그 운영과정에서 빚어진 폐단은 어떤 것이었는지를 중점적으로 고찰하였다. Step 3의 PART 01에서는 해방 후 학부모 교육 참여제도의 시초인 후원회(1945~1953)가 각 학교별로 발족되지 않으면 아니 될 당시의 교육상황과 후원회의 성격 및 후원회의 공·과에 대해 살펴보았다. 이어서 PART 02에서는 6·25사변 직후 새롭게 발족된 사친회(1953~1962)의 발족경위 및 사친회의 기본 성격과 운영요강 등을 다루었다. 여기서는 특히 6·25사변 후 사친회 운영과정에서 빚어진 폐단과 업적을 중심으로 사친회의 공·과를 평가했으며 사친회가 전란 후 우리 교육에 끼친 영향을 밝혀 보았다. PART 03에서는 5·16 후 국가재건최고회의 의무교육 정책 배경과 관련하여 학교 기성회의 조직경위를 살펴본 후 기성회가 과거의 후원회나 사친회와 어떠한 차이점이 있는가를 알아보았다. 그리고 기성회 운영과정에서 나타난 공·과를 평가하여 기성회가 우리나라 의무교육에 미친 영향을 밝혀 보았다. 다음 PART 04에서는 1970학년도에 새로 발족된 학교육성회(1970~2000)의 발족취지 및 교육적 의의를 살펴본 후 학교육성회의 성격과 운영상의 문제를 검토하였고, 이어서 학교육성회가 초등교육에 끼친 영향을 중심으로 그 공·과를 평가하였다. 마지막으로 PART 05에서는 5·31 교육개혁 방안에 따라 '96학년도부터 새롭게 조직, 운영되고 있는 현행 학교운영위원회의 설치 의의와 그 법적 근거 및 성격, 그리고 학교운영위원회의 기능과 그 공·과에 대해 알아보았다.

끝으로 Step 4에서는 학부모 교육 참여활동의 어제와 오늘에 대해 살펴보았다. 먼저 현행 학교운영위원회가 발족되기 이전의 학부모 교육 참여활동에 대해 살펴본 후 현행 학교운영위원회의 발전적인 활동방향을 모색하기 위해, 학교운영위원회 발족 후 조사된 자료를 토대로 학교운영위원회의 운영상의 문제점을 진단하고, 그 바람직한 활동 방향을 찾아보았다.

이 책의 Step 2, Step 3(PART 01~04), Step 4(PART 01)의 일부 내용은 지은이의 학위논문을 저서의 형식에 맞게 그 체제 및 내용을 수정, 보완하였다. 그리고 Step 1(PART 01~02), Step 2(PART 02), Step 2(PART 05), Step 4(PART 02)는 새로운 자료를 추가하여 집필하였다.

책의 집필을 마치고 보니 처음 의도와는 달리 졸작이 되어 부끄러운 마음이 앞선다. 그러나 부족한 부분은 앞으로 자료를 보충하여 수

정하고 보완해 나가려고 한다.

이 작은 책자가 학부모 교육 참여에 관심 있는 분들에게 조금이라도 도움이 되고 이 분야 연구자들에게 참고가 될 수 있기를 기대한다.

끝으로 이 변변치 못한 책을 쓰느라고 함께 놀아주지 않아 아쉬워하면서도, 잘 참아준 외손녀 서경이에게 고마운 마음을 가진다. 그리고 이 책이 출판될 수 있도록 허락해 주신 한국학술정보(주) 채종준 사장님과 출판사업부 권성용 대리님, 편집부 여러분에게 깊은 감사를 드린다.

2011년 12월
안창선

CONTENTS

Step 1

학교 · 가정 · 지역사회

Step 1에서는 학부모 교육 참여제도와 관련된 학교와 가정과의 관계, 학교와 지역사회의 관계를 중심으로 고찰한다.

학교와 가정과의 관계

1. 교사와 학부모의 관계 형성

아동은 가정에서 태어나서 가족구성원과의 상호 관계를 통하여 사회화되어 가며, 5, 6세가 되면 그의 생활에 또 다른 중요한 사회기관인 학교에 입학하게 된다. 그때부터 아동의 성장 발달에 영향을 미치게 되고, 아동이 사회구성원인 성인으로 성장하는 오랜 과정에 있어서 가정과 학교는 용기를 북돋아 주고, 도야 교육하는 책임을 함께 지게 된다.

학교가 아동에게 많은 영향력을 주고 아동의 행동을 변화시킴에 있어, 학교는 결코 단독으로 작용하는 것이 아니라, 항상 가정과 연관되어 작용하게 된다(Havighurst and Neugarten, 1957: 95~96). 어느 경우든 아동들에 대한 학교의 영향은 가정과 고립하거나 분리해서 생각할 수 없으며, 아동을 교육함에 있어서 학교와 가정이 그 책임을 공동으로 져야 함은 자명한 일이다.

부모가 자녀를 교육한다는 것은 부모의 의무이고 존중할 만한 것이다. 교육의 전문가인 교사는 부모의 교육권의 행사에 대해서 그 성과를 높일 수 있도록 공교육을 통해 조언 상담할 필요가 있다. 부모의 교육권은 혈연적·신분적 관계에 있는 자녀에 대해서 행하는 본래적·의도적인 가정교육인 데 비해, 교사의 교육권은 교육전문직으로서의 교육자적 입장에서 아동·학생에 대한 집단적 교육에 의한 공교육의 행사이다. 이 양자의 교육은 상호 간섭하고, 대립하는 관계가 되어서는 아니 되며, 상호 조화·통일하면서, 입체적·종합적으로 실천해 가지 않으면 안 된다. 그러므로 부모와 교사는 상호 연계와 필연성을 가지고 유기적인 관련성이 요구된다. 이 양자가 각기의 입장에서 그 교육적 기능의 수행을 존중하고 상호 협동함으로써, 아동의 교육적 효과를 극대화할 수 있다(鈴木篤士·松本伸夫, 1977: 95~96). 오늘날 학교는 과거 전통적인 학교와는 달리 학교 교육에서 아동의 성취를 도울 수 있는 자원인사로서 부모의 참여가 강조(Lee, 1985: 8)되고 있다. 학교 교육에 대한 부모 참여의 필요성에 대해, Henderson(1981: 3)은 부모는 공공교육의 큰 자원으로서 거대한 지식 저장소로 남아 있다. 학교가 부모를 무력하고 중요하지 않은 존재로 여기고, 학교가 부모의 교육적 관심과 태도의 개발을 증진시키지 못한다면, 결과적으로 아동들의 성취는 저지된다고 하였다. 또한 Hymes(1959: 9)는 가정과 학교와의 관계 형성의 주요한 목적으로 첫째, 교사와 부모 사이에 아동에 대한 보다 깊은 이해를 할 수 있고, 둘째, 교사와 부모 사이에 교육에 대한 보다 깊은 이해를 할 수 있다는 측면에서 가정과 학교가 긴밀한 관계를 가져야 함을 강조하고 있다. 이와 같이, 부모와 교사가 아동의 성장을 조력하려면, 무엇보다도 부모와 교사 간의 긴밀한 상호 작용이 필요하다. 가장 일반적인 교사와 부모 간의 상호 작용은, 학교에서의 아동의 학업성적과 행동에 관한 정보 교환에 있다. 부모들은 아동이 학교에서 무엇을 배우며, 어떻게 배우고 있으며, 교사는 누구이며, 학교방침은 무엇인가에 대해 알고 싶어 한다(Rutherford and Edgar, 1979: 3).

일본의 경우 학년 초 몇 주 동안 교사들은 아동의 가정상황 및 학습 환경을 이해하기 위해 아동들의 가정을 방문하고, 부모들은 학급을 방문, 관찰하며 교사들과 아동교육에 대해 의논하고, 부모들은 학교에서 개최되는 각종 축제와 기념식에 초대된다. 학교는 아동행동의 규범과 관례에 따라 아동을 훈련시킬 뿐 아니라, 동시에 시간 엄수, 정연함, 권위 존중과 같은 성인세계에서 기대되는 습관을 아동에게 가르치는 데 책임이 있고, 부모들은 이러한 기능을 지지한다. 또한 학교는 교육 및 자녀양육에 있어서의 적절한 부모의 역할에 관한 믿음을 부모에게 전달하는 데 주저하지 않는다(한국교육개발원, 1987: 81). 그런데 이러한 아동지도와 양육을 위한 활동은 PTA를 통해서 활발히 이루어지고 있다. 부모와 교사는 가정과 학교에서 아동에 대한 교육자로서의 교육권을 갖고 있다는 입장에서 동등한 자격으로 활동하고 있다. PTA를 통한 부모와 교사의 협력에 의한 학습활동은 그대로 보다 나은 가정교육, 학교 교육을 목표한 실천적 활동으로 이어지게 되고, 이러한 모든 활동은 아동을 위한 좋은 부모, 좋은 교사가 되기 위해 행해지고 있다(鈴木篤士·松本伸夫, 1977: 96).

일반적으로 부모와 교사의 상호 작용을 촉진시키기 위한 방법으로는 문제해결 협의, 가정방문, 부모의 수업참관, 무관심한 부모에 대한 관심 있는 부모의 도움, PTA(Rutherford and Edgar, 1979: 23) 등의 방법이 있다. 그리고 부모와 교사의 협동이 성공하기 위한 중요한 요인으로는 부모 교사의 신임의 수준, 협동의 과정에 따르는 교사 부모의 능력, 이 과정을 용이하게 하는 교사의 기술(Rutherford and Edgar, 1979: 31)을 들 수 있다.

그동안 학교 교육에서 부모와 교사 사이의 접촉에 관한 많은 연구가 이루어졌는데, 일반적으로 부모 교사의 접촉은 제한되어 있는 것으로 제시되고 있다(Mitzel, 1982: 827). 이러한 연구들은 교사가 위기에 있거나, 문제상황에 있을 때에만 부모와 접촉을 하려 한다고 보고되었다. 부모와 교사 사이의 접촉에서 중요한 것은 관계를 맺는 방식일 것이다. Jackson과 Stretch(1976)는 부모 참여의 다섯 가지 유형을 들었는데, ① 수용자, 지원자로서의 부모, ② 교육자, 학습자로서의 부모, ③ 자원봉사자로서의 부모, ④ 수업에 관한 자원봉사자로서의 부모, ⑤ 의사 결정자로서의 부모를 제시하였다.

위에서 부모와 교사의 협동과 관련된 내용에 대해 살펴보았거니와, 부모와 교사의 협동을 위해서는 무엇보다도 원만한 관계 형성이 필요하다고 하겠다. 그러나 일반적으로 교사와 부모와의 관계를 보면 "교사와 부모 관계는 조화와 선의보다는 불신과 불화로 특징지어진다"(Webb, 1981: 257). 부모와 교사의 갈등은 부모와 교사가 아동과 맺고 있는 관계가 다르기 때문에 생긴다. 부모와 자녀 관계는 특수적이며, 교사와 아동 관계는 보편적이다. 더 나아가 부모와 교사는 아동의 성공에 대해서는 서로 칭찬을 들으려 하며, 아동의 실패에 대해서는 상대를 비난하려는 경향이 있다. 때로 그들은 아동의 행동에 대한 통제를 놓고 경쟁한다(Webb, 1981: 262). 부모와 교사 간의 갈등을 해소하고 보다 응집력 있는 관계의 형성을 위해서는, 직접대면을 통한 토론 이외의 방식으로 의사소통을 증가시킬 필요가 있다. 여러 가지 기술 가운데는 녹음된 전화내용 전달(Bittle, 1975) 보고카드의 교환 (Giannangelo, 1975), 아동들의 매일의 보고서에 대한 강화를 제공하도록 하는 서신방법(Karraker, 1972), 엽서나 전화를 사용하는 구조화된 2원적 의사소통(Lordeman, Reese & Friedman, 1977)과 같은 여러 가지 기술이 고안되었다.

다음의 안내지침은 교사와 학부모 간의 원만한 관계 형성 방안을 제공한다.

(가) 부모가 익숙한 영역(familiar territory)에 있을 수 있도록 가정방문을 하라.

(나) 아동과 부모에게 환영의 편지를 써라. 편지에는 아동에 대한 간단한 당신의 인상을 포함하라.

(다) 수행계획에 따라 시차를 두고 몇 개 집단의 부모들을 위한 회합 계획을 짠다.

(라) 부모들이 관심이 있는 책, 소책자, 계획, 공지사항 등을 이용할 수 있도록 한 코너, 책상, 게시판을 부모를 위한 것으로 한다.

(마) 학급의 중요한 일, 영화 본 것, 계획 또는 완성된 과제, 여행 계획 등의 내용을 규칙적으로 부모에게 보내도록 계획한다.

(바) 부모들이 언제나 학급을 방문하도록 개방정책을 개발하라.

(사) 부모들이 논의하고 싶어 하거나 생각하였던 문제나 화제를 조사하라.

(아) 환경이 적절하면 관심 있는 말로 부모와 접촉하라.

(자) 주말이나 휴일에 아동과 함께 방문할 장소나 계절, 활동의 목록을 개발한다.

(차) 수업 프로그램에 참여하거나 특수과제에 시간을 내 준 부모에게 감사 편지를 보내거나 다른 인사표시를 하라.

(카) 부모들이 서로 만나고 친하게 되도록 부모들을 위한 환영회를 아동들이 계획하도록 도와준다.

(타) 각 아동들의 장점을 나타내도록 하는 학급활동을 통해 아동들이 서로 친해지도록 돕는다(Hessong and Weeks, 1987: 466~467).

위에서 교사와 학부모 간의 원만한 관계 형성 방안을 살펴보았거니와, 우리나라에서 학교와 학부모와의 관계 형성은 다양하게 나타나고 있지만, 대체로 다음의 네 가지로 유형화할 수 있다(윤철경, 1994: 101~105).

첫째, 적극적 관여형(치맛바람형)

적극적 관여형의 학부모는 학교 일이라면 발 벗고 나서는 유형이다. 학교와 돈독한 관계를 유지하기 위해 학교와 담임교사의 요청에 적극적으로 나선다. 이런 유형의 학부모들은 학교에서 이루어지는 각종 행사에 적극 참여하여 물질적인 지원을 아끼지 않으며, 학부모들 사이에 돈 걷는 일을 주도한다. 또한 교사에게 수시로 촌지를 제공하여 교사에게 신임받는 학부모로서, 사친 간의 긴밀한 유대관계를 갖고 있다. 학부모 전체 구성에 있어 이러한 유형의 학부모는 소수이지만 학교와 학부모 사회에 미치는 영향력은 대단히 크다.

이러한 유형의 학부모는 지역사회의 경제적 상류층에 편재되어 있으며, 지역사회 관변단체의 장을 겸임하고 있는 경우도 많다. 이들은 이러한 활동을 통하여 그들의 사회적 지위를 보상받으려는 경향도 보인다.

둘째, 피해의식형(불만형)

피해의식형의 학부모는 일반적으로 교육적 관심은 대단히 높은 편에 속하지만, 학교와 일정한 거리를 두고 자신의 자녀를 위해 교사를 만나러 학교에 가는 일에 대해 부정적이다. 이들은 학교에 가서 담임교사를 만나 촌지를 전할 돈이 있으면 차라리 자녀의 학원비나 과외비용으로 지출하는 것이 더 효율적이라고 여긴다. 이러한 학부모들은 자녀에 대한 교육적 기대와 계층 상승욕구가 매우 높은 집단의 학부모들이다. 이들은 자기 자녀의 학업성적 향상을 자녀교육의 제일 목적으로 삼고 있는 학부모 집단이다. 이러한 학부모들은 경제적으로 중류층에 속해 자녀에 대해 제한된 교육투자를 할 수밖에 없기 때문에 자연 학원, 과외비에 우선순위를 두고 있다. 그러나 학교 사회의 상류집단에 대해 항상 주시하고 있으며, 그들 자녀에 대한 학교의 교육적 배려에 대해 가장 첨예하게 관심을 갖고 있다.

이러한 유형의 학부모는 상류층 자녀들로 인해 상대적으로 받는 피해에 가장 불만도가 높은 학부모 집단이다. 그러나 이러한 학부모 집단은 자신들의 경제적 능력이 허용된다면 적극적 관여형의 학부모 모습으로 바뀔 가능성도 있는 집단이다. 그러나 학부모의 사회·경제적 지위와 관계없이 모든 학생에 대해 차별하지 않는 교사를 만나 촌지를 전하지 않는 데서 오는 피해가능성이 사라지면 별문제를 일으키지 않는 학부모 집단으로 변화할 가능성이 있는 부류이다. 이러한 유형의 학부모는 가족 이기주의적 성격이 강하고 경제적으로 중층인 도시 학부모들에 많은 편이다.

셋째, 무조건 신뢰형(방임형)

무조건 신뢰형의 학부모는 학교일에 대해 무조건 신뢰한다. 이러한 학부모는 도시 빈곤층이나 농민 등 경제적으로 하층에 속하는 학부모에 많다. 이러한 계층의 학부모들은 경제적 빈곤으로 인해 자녀의 학교 교육에 직접적인 관심을 쏟을 수 없으며, 자신감이 없기 때문에 학교 교육에 대해 문제를 제기할 생각조차 할 수 없는 집단이다. 이들은 학교와 교사의 권위를 높게 인정하며, 학교에 대한 정보가 매우 부족하다. 또한 자기 자녀가 학교에서 받는 피해가 가장 큰데도 이를 인지하지 못하고 있으며, 모든 책임을 자신과 자녀에게 두게 된다.

넷째, 비판적 참여형(비평형)

비판적 참여형은 교육문제에 대한 문제의식과 교육적 식견을 갖고 있는 일부의 학부모들이다. 이러한 소수의 학부모들은 우리 사회에서 교육에 대한 사회적 관심이 높아지기 시작한 지난 1990년대 접어들어 나타나기 시작했다. 이들 학부모들은 학교 교육에 내재되어 있는 제 문제를 개선하기 위해서, 여러 가지 교육적 문제상황에 대한 자신들의 불만과 요구를 공공연하게 표출하고 이에 대한 시정을 위해 학교나 교육행정 당국에 압력집단의 구실을 하여 왔다. 따라서 이들은 개인적 차원뿐만 아니라 집단적·조직적으로 교육문제에 개입해서 문제점을 제기하고 발전적 방향을 모색하기도 한다. 그리고 기존의 수직적·예속적인 사친관계를 변화시켜 학교와 가정과의 관계에서 새로운 관계를 정립하고자 노력한다. 이러한 비판적 참여형의 학부모들 중에는 과거부터 사회운동에 참여해 온 사람들도 있지만, 일반 학부모 중 평소 교사나 자녀교육 문제로 불만을 가지고 있다가, 대중적인 학부모 단체의 활동을 계기로 의식과 행동의 변화가 이루어진 경우도 많다. 이러한 학부모들은 중층계급 중 일반적으로 교육수준이나 의식수준이 높은 학부모들이 대부분이다.

위에서 학교와 학부모와의 관계 유형에 대해 살펴보았다. 특히 교육현장에서 교사와 학부모 간의 관계 형성의 문제점으로 지적되고 있는 것은 ① 교사와 학부모의 음성적 만남으로 인한 치맛바람의 문제, ② 학부모들의 교육관의 결여문제, ③ 학부모들의 지나친 성적 일변도의 관심, ④ 학부모가 지역사회를 대변해 준 것이 아니라 한 특정인의 어머니의 관심으로 끝났다는 점, ⑤ 교사와 학부모 간의 주종관계의 형성으로 상호 대등한 협의관계가 아니었다는 점이다(김성섭. 1983: 26).

그간 학교 교육에서 학부모의 지원과 참여 면에서 볼 때, 우리 나라에서는 전통적으로 학교 교육에 대한 부모의 개입은, 학교 교육의 발전과 모든 아동들의 정상적인 성장·발달을 돕기 위한 직접적인 교육적 기능은 미약하고, 학부모들의 자발적인 참여는 극히 저조하였다. 그동안 학교 교육에 관여한 일부의 학부모들은 오로지 자기 자녀의 학교생활과 학업성취에만 관심을 보였고, 사친 간의 주종관계가 형성되어 왔다. 그러나 최근 교육에 대한 사회적 관심이 고조되면서 학부모들의 학교 교육에 대한 권리의식이 점차 높아지고 있다. 일부 학부모들은 조직적으로 교육문제에 개입하여, 기존의 부모와 교사 간에 형성되었던 종속적인 사친관계를 변화시켜 나아가고 있다.

2. 교사와 학부모의 협력

학교의 교육목표 달성도를 극대화하고 아동·청소년의 건전한 성장 발달을 돕기 위해서는 교사와 학부모의 협력은 필수적이다. 학부모가 교육에 참여하여 학교와 협력할 수 있는 활동 유형을 보면, 학부모의 역할은 가정에서의 학습지도자(tutor) 활동, 학교에서의 자원봉사(volunteer) 활동, 교육행사에서의 참관(audience) 활동, 학습자(learner)로서 활동, 의사결정 활동(decision-maker) 등이 전형적인 것이다. 그 외 학교 프로그램의 지원 활동(supporter), 의사소통 활동(communicator), 제휴(collaborator) 및 문제해결 활동(problem solver) 등도 중요하게 지적된다. 이를 다시 크게 나누어 보면 ① 교사 · 자원봉사자 · 유급직원 · 준전문가 등 어린이의 직접적인 학습지도 활동과 관련된 교수(tutor) 및 그 보조(teacher-aides) 활동, ② 학교 행사에의 참관자 · 어린이 행동에의 상담 및 문제해결 · 의사소통 등 어린이의 교육 문제를 함께 제휴하여 해결하는 교수 외 조력활동, ③ 자녀교육에의 여러 가지 주장 및 학교운영에 대한 의사결정에 참여하는 활동, 그리고 이에 따른 필요한 지식 기능 등을 습득하는 성인 학습자 활동(adult learner)으로 나누어 이해될 수 있다(이순형, 1992).

교육은 전문적인 교사와 피교육자의 보호자인 학부모 그리고 지역사회가 혼연일체가 되어서 영위해야 할 복합적인 특수성을 지니고 있다.

특히 학부모는 피교육자의 보호자로서 피교육자의 바람직한 성장 발달을 위해서 학교의 교사와 긴밀한 정보교류 등 원만한 협력이 있어야 한다. 즉 학부모는 교사와 함께 피교육자의 성장 발달을 위해 공동의 책임을 가져야 하며, 학교의 교육방침을 이해하고 교사를 신뢰하여 그들의 활동을 지원해야 한다.

교사는 학교의 교육방침이나 피교육자의 활동상황을 학부모에게 정기적으로 알려 주고, 또한 학부모들의 의견을 수렴하여 교육경영에 반영시켜야 한다. 즉 학부모는 자녀 교육 문제를 교사와 솔직하게 상담하고 그들의 적성이나 진로 선택에 관련하여 의견을 교환해야 하며, 또한 교사는 그들의 성적, 생활태도, 교우관계, 적성 및 특기 등을 정확하게 학부모에게 알려서 피교육자의 성장 발달을 위해 상호 밀접한 유대관계를 가져야 한다(김재우, 1996: 126).

교사와 학부모의 협력 증진을 위해서는 무엇보다도 교사의 학부모에 대한 태도가 중요하다. 우리나라에서는 전통적으로 교사는 학부모에게는 권위적이고 자유스럽게 만나기 어려운 존재로 여겨져 왔다. 학교에서 학부모를 부르면 대부분의 학부모들은 긴장하게 된다고 한다. 이러한 학부모들의 심리적인 긴장감을 풀어 주고 마음의 부담 없이 학부모가 교사와 만날 수 있도록 하기 위해서는, 학부모와의 만남에서 교사는 다음과 같은 관계의 주요점들을 존중하는 일이 필요하다(정영수 외, 1998: 227~229).

(가) 교사의 학부모에 대한 태도

첫째, 교사는 '학부모는 교육을 위한 동반자'라는 인식을 해야 한다. 교사가 원활한 교육활동을 위해서 학부모와의 만남을 최대한 이용하는 것은 당연하다. 하지만 교사는 선입견이나 편견을 가지고 학부모의 개인적인 문제를 부각시키는 행위를 해서는 안 된다. 학생의 문제로 학부모를 불렀을 때는, 학부모와 서로 협조체제를 마련하여 학생의 행위나 장래에 보다 적절한 판단을 내릴 수 있도록 바람직한 방법을 생각하고 지도할 수 있도록 해야 한다. 교사는 교육의 동등한 동반자로서 정서적인 이해를 가지고 학부모를 수용하는 태도를 가져야 한다.

둘째, 교사는 '학부모의 의견을 경청하고 존중'하여야 한다. 학부모는 가정에서 잘하건 못하건 간에 자신의 자식을 키우기 위해 교사보다 많은 시간을 가지고 관찰하고 경험하면서 지도하기 때문에, 학생에 대해 학부모보다 많이 알고 있는 사람은 없다. 교사는 학부모의 의견 제시를 무시하고 잘못된 점을 무조건 가르치고 설득하려는 시도보다는, 우선적으로 학부모로부터 배울 점이 많다는 것을 인식해야 한다. 흔히 교사와의 대화가 일방적으로 교사의 생각과 의견만을 전하는 수단이 되어서는 안 된다. 항상 교사는 진지한 태도로 학부모와 대화를 나누어야 하며, 또한 되도록 경청하는 자세가 필요하다.

셋째, 교사는 '학부모가 부담 없이 학교를 방문하고 자유롭게 대화할 수 있는 여건'을 마련해야 한다. 열린 학교와 열린 학습의 추구는 누구에게도 자신 있게 개방할 수 있는 여건을 의미한다. 학부모의 방문은 자발적인 참여가 중요하다. 학교운영위원회나 자모회 등 정기적인 모임 이외에도 학교의 일이나 자녀의 교육문제에 대하여 부담 없이 상담하고 상의할 수 있는 교사방문의 문턱을 낮추어야 한다. 학교의 수업과 여러 잡무에 시달리는 교사가 시간을 내어 학부모와 면담의 기회를 갖는다는 것이 쉬운 일이 아니다. 가치 변화가 심한 청소년기의 교육 문제와 문화 충돌의 문제들을 해결하기 위해서는 교사와 학부모의 상호 협력이 절실하다.

넷째, 교사는 학교 교육과 괴리가 있는 바람직하지 않은 학부모의 가정교육의 태도를 정중히 지적하고 시정해 주어야 한다. 교사와 부모는 동일한 교육의 대상을 가지고 있다. 교사는 학부모와 달리 교육의 전반적인 문제에 대한 전문적인 식견과 다양한 교육적 경험을 갖고 있지만, 학부모의 의견과 학생에 대한 가정에서의 경험을 소홀히 생각하거나 무시해서는 절대로 안 된다. 서로에게 맡겨진 교육의 책임성은 같다. 학부모가 교사에게 매사의 교육문제를 의존하려는 태도도 시정되어야 하며, 또한 교사의 자율성을 침해하는 지나친 학부모의 태도도 정중하게 시정해 줄 수 있는 교사의 인식에 대한 판단이 확고해야 한다.

교사와 학부모의 관계에서 교사가 학부모에게 가져야 할 바람직한 태도 몇 가지의 예를 들어 보았다. 교사와 학부모의 만남은 일차적으로 시간과 공간이 전제조건으로서 필요하지만, 더욱 중요한 것은 지속적인 관계와 만남을 어떻게 할 것인가와 서로의 만남이 학생의 교육에 얼마나 도움이 될 것인가라는 질적인 차원의 문제를 해결하는 것이 우선의 과제이다.

항상 교사는 학부모의 의견을 적극적으로 활용하는 수용적인 감정이입의 태도와 관심을 가지고 학부모의 자발적인 참여를 이끌어 내는 동시에 현실적으로 자녀교육의 어려움을 이해해야 한다.

(나) 학부모의 교사에 대한 태도

교사와 학부모의 관계는 교사의 인격과 학부모의 인격이 상호 만남의 관계를 이루는 것이다. 바람직한 교사와 학부모의 관계는 서로의 관계에 장애가 되는 막을 제거하고 건설적인 대화를 통하여 인간적인 만남의 관계로 발전하는 것을 의미한다. 학부모는 그들 나름대로 교사와의 만남이 자식의 교육에 도움이 될 수 있도록 하기 위해서는 다음과 같은 부단한 자기 개선의 노력이 필요하다(정영수 외,

1998: 229~231).

첫째, 학부모는 '교사를 신뢰하는 태도'를 가져야 한다. 교사와 학생과의 관계처럼, 교사와 학부모의 관계는 교육적인 신뢰에 바탕을 두어야 한다. 학부모가 교사의 교육적인 전문성을 신뢰하고 교육적 행위에 대하여 긍정적인 태도를 보인다는 것은 학생에게 좋은 본보기가 될 수 있다. 학부모가 교사의 행위에 대하여 불신하게 되면 결국 학생도 원만한 교사와의 관계를 유지하기 어렵다. 학부모의 기본적인 자애심으로 교사의 교육적 행위에 대한 신뢰는 교사에게 용기와 자극을 줄 수 있다. 여기서 학부모가 교사에게 갖는 교육적 신뢰는 상대방에 대한 호의감과 관심을 가지며, 학교의 일에 흔쾌히 협조하려는 마음을 의미한다.

둘째, 학부모는 '교사의 의견을 수용하는 태도'를 가져야 한다. 학부모의 교사에 대한 태도에서도 교사의 전문적인 의견이나 상담을 수용하는 자세가 중요하다. 특히 학부모는 학생의 학교생활이나 학업에 관련된 교과교육의 문제에 대한 교사의 의견을 수용하고, 학부모 자신의 위치에서 할 수 있는 건설적인 의견을 제시해야 한다. 하지만 이것이 교사의 의견을 무조건 수용하는 태도가 아니다. 학부모가 교사의 교육적 견해에 대해 존중하고 배려할 수 있는 마음의 여유를 가져야 함을 뜻한다. 더불어 교사가 어려운 여건에서 행하는 교육적 노력을 격려해 주는 개방적이고 수용적인 학부모의 조건 없는 태도가 바람직하다.

셋째, 학부모는 '교사에게 촌지를 주거나 치맛바람 등 부정한 관계'를 가져서는 안 된다. 학부모가 자기 자식만을 아는 개인적 이기주의는 교사의 지나친 기대감을 요구하며, 자기 자녀의 약점이나 문제점을 감추려고 비정상적인 행위를 하고 관계를 맺으려 한다. 물론 소수의 교사는 학부모로부터 물적·금전적 지원을 받고 암암리에 이들 학부모의 자녀에게 특별대우를 함으로써 우리의 교육문화를 오염시키고 있다. 상대적으로 이들처럼 특권적 혜택을 받지 못하고 소외되고 있는 학부모들과 자녀들에게 적지 않은 사회적 불만과 문제를 야기한다. 우리가 교육의 본질과 목적을 이해하고 달성하기 위해서는 항상 이성에 기초한 정상적인 것을 추구하고, 민주적인 방법을 통하여 상호 기회균등 속에서 공동의 노력이 필요하다. 그래서 교사와 학부모의 관계는 경제적인 원칙에 의한 주고받는 관계가 아니라, 교사의 교육적 행위에 대한 희생하는 정신과 이에 고마움의 감정을 갖는 학부모의 태도가 우선이 되어야 한다.

넷째, 학부모는 '가정과 학교의 생활이 연속적인 교육의 과정'이 되도록 노력해야 한다. 학교는 가정생활의 연장이다. 현대화의 과정에서 가정에 대한 의미가 약화되고 핵가족화하는 현상에서 가정교육은 미약하고 단지 수동적인 사회화와 문화적 기능만을 가지고 있다. 가정생활과 학교생활이 연계되지 않고 유리될 때, 자녀에게 불리한 문화격차를 겪게 된다. 학부모는 자녀의 가정생활에 대하여 교사와 유기적인 정보를 교환하여 학교생활에 도움이 될 수 있고, 또한 교사가 효율적으로 학생을 지도할 수 있도록 해야 한다.

위에서 교사와 학부모의 협력을 위한 교사의 학부모에 대한 태도와 학부모의 교사에 대한 태도를 중심으로 살펴보았다.

아동의 건전한 성장 발달을 돕기 위한 가장 대표적인 부모와 교사 간의 조직으로 PTA(사친회)활동이 활발한 미국의 경우를 보면, Utah에서의 부모와 교사의 협동관계의 형성과정은 초기 개척자들이 이

지역에 이주하여 학교를 설립할 때부터 시작되었다. 처음에는 부모의 학교방문 형식으로 협동이 이루어졌으나, 학교의 수가 증가하고 교육의 구조가 복잡해짐에 따라 부모와 교사의 협동적인 노력은 PTA 형식으로 점차 조직화되어 갔다(Howe, 1959: 10). 20세기에 들어서면서 적극적인 활동을 전개해 온 PTA는 아동을 위해서 부모들을 성공적으로 학교 교육에 참여시킨 오랜 전통이 있다(Spell, 1987: 17~18).

학부모 교육 참여의 긍정적 효과를 살펴보면 다음과 같은 점을 들 수 있다.

미국에서의 PTA 조직은 학교와 가정 사이에 효과적인 관계 증진을 위한 상당한 잠재적 가능성이 있다는 것으로, 특히 PTA 활동으로 이루어지는 부모교육은 가정의 교육적 기능을 향상시킴으로써 아동이 보다 훌륭한 교육적 환경 속에서 생활할 수 있게 된다는 섬에서 부모교육의 의의를 찾아볼 수 있다.

부모교육은 아동교육과 가정생활의 정서적·사회적·심리적·신체적 측면과 관련되어 있다. 부모들은 오랫동안 아동과의 관계를 갖기 때문에 학교는 교육을 위한 최선의 기회를 가지며 PTA 활동으로 이루어지는 부모교육은 가정과 학교 간의 협동을 증가시킨다(Sharrock, 1970: 116).

또한 부모와 교사의 협동적인 노력은 아동의 성장에 많은 영향을 주고 있는데, 부모교육 프로그램에 관한 연구결과를 보면 아동의 지능을 발달시키는 데 효율적이라는 증거(Karnes, 1968; Radin, 1969, 1972; Gray & Klaus, 1970; Wittes & Radin, 1971; Johnson et al., 1974)가 있으며, 또한 부모교육 프로그램은 아동의 언어적 성취(Henderson & Garcia, 1973), 표준화된 성취도 검사에서의 성취(Gray & Klaus, 1970), 아동의 학교생활에서의 바람직한 행동의 변화(Levenstein, 1974)가 있다는 상당한 증거가 있다.

또한 교사가 아동의 교외생활의 경험을 파악하고 있을 때 효과적인 교육활동을 할 수 있다는 Ojemann과 Wilkinson(1989: 143~147)의 연구가 있으며, 또한 Comer(1976)는 부모와 교사 간의 비인격성을 감소시키기 위해 수행된 연구에서 지속적이고 집중적인 부모와 교사 간의 상호 작용은 부모, 교사, 아동의 태도와 신념의 변화를 가져온다고 하였다.

Crinell과 Young은 PTA에서의 부모와 교사가 협조를 통해 달성할 수 있는 가치를 다음과 같이 제안하였다.

첫째, 집단 간의 존중: 교사, 부모와 아동들은 함께 일함으로써 서로를 존중해야 함을 배운다.

둘째, 가정과 학교의 단일화된 목적: 교사와 부모 조직에서의 능동적인 회원은 가정과 학교 사이에서 일치감을 발견했기 때문에 아동에게 유용한 가치를 제공할 것이다.

셋째, 관념과 정보의 교환: 부모들은 부모와 교사집단에 참여해서 아동교육과 가족생활에 관해 진보된 최근의 지식을 얻을 수 있다.

넷째, 교사의 개인적 이익: PTA 활동을 통해 교사는 지역사회 복지에 공헌하는 자로서 부모의 눈에 비쳐질 수 있다.

다섯째, 부모와의 협조 증진: 교육자로서 수준 있는 부모와 교사 사이의 협조는 부모에게 교육목적과 방법을 설명하고, 부모는 교사에게 가정생활과 부모로서의 문제점을 설명한다.

여섯째, 지역사회와의 협조를 위한 기초 개발: 부모, 교사, 아동 사이의 성실한 관계는 지역사회를 더욱 발전하게 하고, 부모와 교사 사이의 협조적인 활동, 민주적 관념과 행동을 통해 강화된다(Howe, 1959: 27~29).

위에서 학부모가 아동교육을 위해 학교 교육에 참여하여 교사와 협력할 수 있는 활동유형과, 교사와 학부모 간에 지녀야 할 바람직한 태도 및 상호 협력하여 이루어 낼 수 있는, 교육의 효과와 그 가치에 대해 살펴보았다. 이와 같이 학부모가 교육활동에 참여하여 학교와 협력함으로써 아동교육의 효과를 증진할 수 있게 된다.

이 밖의 학부모 참여의 긍정적인 효과로는, 교실이나 학교에 학부모를 초대하면 교사의 업무, 학급 프로그램에 대한 올바른 이해와 교사에 대한 친근감을 증대할 수 있다. 또한 교사에 대한 막연한 두려움을 해소할 수 있고, 교사의 부모에 대한 이해와 친근감을 증대할 수 있다. 그리고 학부모를 자원봉사자로 활용할 경우에는 학부모들이 교사들과 의사소통하는 데 부담을 줄일 수 있고, 학생들은 학습기능을 향상시킬 수 있으며, 개별적 관심을 받을 수 있다. 또한 학생들이 성인들을 대하는 데 두려움을 없앨 수 있고, 학부모와 아동이 교사와 학교의 도움을 필요로 하는 부분 등을 파악할 수 있게 된다. 또한 교사와 학교가 다양한 통로로 학부모를 학교 교육에 참여시킬 수 있는 프로그램 등을 시도할 동기를 제공할 수 있다.

Gestwicki(1996)는 학부모 참여가 가져오는 이점을 아동, 학부모, 교사의 측면에서 각기 제시하고 있다. 먼저 아동의 측면에서는 새로운 환경에서의 적응도가 향상되고, 자긍심이 올라가며 부모와 교사로부터 연속적인 처방을 받을 수 있는 등 이점이 있다. 다음 학부모 측면에서는 부모 역할에 대한 자문을 얻을 수 있고, 아동 발달에 대한 지식과 기능 등을 익힐 수 있으며, 또한 부모로서의 자긍심을 가질 수 있다는 이점이 있다. 그리고 교사 측면에서는 다양한 아이들 각각에게 효과적으로 대응할 수 있고, 학부모로부터의 긍정적인 피드백은 교사의 자신감을 고양시켜 주고, 학부모 자원을 활용하여 아동에게 극대화된 학습경험을 제공할 수 있는 등 이점이 있다(박남기·구영철, 2000: 262~263에서 재인용).

지금까지 학부모 교육 참여를 통해 달성할 수 있는 가치와, 긍정적인 효과에 대해 살펴보았다. 이와 같이 학부모 교육 참여의 긍정적 효과가 큼에도 불구하고 학부모 참여는 교사와 학부모 모두 꺼리는 경향이 있는 것으로 나타났다. 실제 학부모 교육 참여의 부정적인 면으로 교사의 입장에서는 촌지문제나, 부모가 참여하지 못하는 아이들과의 형평성 문제, 부모의 간섭과 교권침해 등의 문제점이 지적되었다.

그런데 학부모 참여에 대해 부정적인 입장을 취하는 것은 어느 나라의 교사나 거의 비슷하다. CERI(1997: 47)의 조사에 따르면 대부분 나라의 교사들이 학부모의 수업 참여를 꺼리는 공통점을 보이고 있다. 대표적인 것으로는 아동의 집중 저해 및 교사에게 불편함을 야기하고, 학부모가 부족한 교육재정 절감 차원에서 활용된다는 점과, 부적합 교사를 색출하는 역할을 할 수도 있다는 것이다. 또한 과중한 잡무에 시달리고 있는 교사에게 학부모 역시 잡무로 더해질 수밖에 없으며, 교육 수준이 낮은 학부모의 경우에는 참여 자체가 어려워 불공평을 야기할 수 있다. 그리고 학부모의 입장에서는 학부모 스스로 학교에 대한 불쾌한 경험을 지니고 있어 본질적으로 동반자적 관계 모색이 어렵다는 것 등이다.

학부모와 교사 간에 존재하는 장애요인으로 Lombana(1983)는 첫째 인간의 본성, 둘째 의사소통 과정, 셋째 다른 외부적인 요인의 세 범

주로 나누었다.

첫째, 인간의 본성의 범주에 포함되는 것으로, (1) 비판에 대한 두려움, (2) 교사의 전문성에 대한 열등감, (3) 실패에 대한 두려움, (4) 다양성에 대한 두려움 등이 있다.

(1) 비판에 대한 두려움

우리 인간은 대부분 타인의 비판을 두려워하며 비판을 피하는 가장 쉬운 방법은 접촉을 피하는 것이다. 교사도 학부모의 비판을 두려워하기 때문에 학부모와의 대화 통로를 차단하고자 하는 것이다. 또한 학부모 역시 교사의 비판에 예민한 것은 마찬가지이다. 학부모들은 자녀들이 학교에서 문제 행동을 한다는 지적을 듣게 될까 몹시 두려워한다. 학부모들은 자신의 양육 방식에 스스로 확신을 갖고 있지 못하면서도 교사를 포함한 다른 사람들로부터 비판을 받고 싶지는 않기 때문에 교사와의 접촉을 두려워한다.

(2) 교사의 전문성에 대한 열등감

교직은 전문직이지만 타전문직에 비해 외부 집단으로부터 전문성을 덜 인정받고 있으며, 교사 스스로도 자신의 전문성에 대해 확신을 갖고 있지 못한 경우가 대부분이다. 교직의 전문성에 대한 확신이 부족한 교사가 학부모를 대할 때 경직된 반응을 보이게 되고, 이런 경험을 가진 학부모는 교사와 학교에 대해 거리를 두게 된다.

(3) 실패에 대한 두려움

학부모를 학급에 참여시키기 위해서는 많은 시간과 노력이 요구된다. 대부분의 교사들은 자신의 노력에 대해 즉각적인 결과가 나오기를 기대하고, 그렇지 못할 경우에 실망하고 학부모를 참여시키고자 하는 더 이상의 시도를 않게 된다. 즉 자신의 계속적인 시간과 노력의 투자가 결국 실패로 끝나지 않을까 두려운 것이다.

(4) 다양성에 대한 두려움

인간은 본래 자신의 신념, 가치관과 부합하는 것만을 선택적으로 받아들이고 그렇지 않은 것은 배척하는 경향이 있다. 대부분의 교사들은 자신이 설정한 기준과 다른 다양한 가치관과 생활방식을 가지고 있는 학부모들을 대하는 것이 크게 부담스러운 것이다.

이와 같은 것이 학부모와 교사 간에 존재하는 장애요인 중 인간의 본성과 관련된 두려움이다.

둘째, 의사소통과 관련된 장애요인으로는 (1) 학부모의 경험, (2) 불이익에 대한 두려움, (3) 개인적 특성 등이 있다.

(1) 학부모의 경험

학부모들 중에는 자신이 학생이던 시절에 가졌던 부정적인 기억 때문에 학부모가 된 이후에도 교사를 부정적으로 바라보는 경우가 있다. 그리고 자녀의 학교생활에서 만난 교사에 대한 부정적인 경험 때문에 현재의 교사에 대해서도 부정적으로 반응하고, 교사의 행동이나 교육방침을 곡해하여 받아들이는 경우도 있다.

(2) 불이익에 대한 두려움

학부모는 자기 자녀에게 돌아갈 불이익에 대한 우려 때문에 교사의 교육방식, 자기 자녀의 교육 등에 대해 의견을 개진하는 것을 꺼리는 경향을 보인다.

(3) 개인적 특성

교사가 소심한 성격을 갖고 있을 때 학부모와 친근한 관계를 유지하기 어렵다.

셋째, 다른 외부적인 요인으로 시간제약, 교사의 분주함, 학부모 참여에 대한 구태의연한 사고, 행정적 장애, 학부모 개인 문제 등 여러 가지 장애요인이 있다(박남기·구영철, 2000: 264~266 재인용).

위에서 학부모 교육 참여의 긍정적인 효과와 학부모 참여 시 나타날 수 있는 부정적인 면에 대해 알아보았다. 학부모 교육 참여의 장애요인으로 박남기·구영철의 연구(2000)에 의하면 교사의 차원에서는 기본자세, 학부모와의 관계 정립 능력, 시간 제약 등의 문제가 지적되었다. 또한 학부모의 차원에서는 교사에 대한 부정적 시각, 참여 동기와 방식의 문제, 참여에 대한 소극적이고 수동적인 자세가 문제로 지적되었다. 그리고 행적적인 차원에서는 학부모 참여의 교육적 효과에 대한 인식 결여, 행정적 재정적 지원결여, 연수 프로그램 결여 등 문제가 있는 것으로 나타났다. 다음 사회와 언론의 차원에서는 학부모 참여를 왜곡시키는 등의 문제가 주요 장애요인으로 지적되었다.

학부모의 교육 참여도를 높이기 위해서는 이러한 장애요인을 극복하기 위한 대안과 참여 유도 방안이 강구되어야 한다. 무엇보다도 모든 학부모들이 학교 교육 활동에 능동적으로 참여하도록 하기 위해서는 학교의 기본 단위인 학급 협의회(학급 PTA)가 자주적으로 조직되고, 교육적으로 운영되어 학급협의회가 활성화되어야 한다.

그간 우리나라에서는 학교 교육을 후원하고 아동교육의 효과를 증진하기 위한 학부모 교육 참여제도로서 해방 후 후원회, 사친회, 기성회, 학교육성회 조직이 반세기가 넘게 운영되어 왔지만, 이러한 학부모 교육 참여제도는 교육적 기능은 거의 발휘하지 못하고, 오로지 공교육 재정확충을 위한 재정적인 후원기능만을 지녀 왔다.

PART 02

학교와 지역사회의 관계

1. 학교와 지역사회의 유대

학교와 지역사회의 유대 면에 있어서 그 발전과정을 역사적으로 살펴보면, 미국의 경우에는 학교와 지역사회의 관계는 사회에서 일어난 주요 변화와 적응을 반영하여 왔다. 미국의 발전과정에서 식민지 시대와 국가 수립 시기에는 학교와 지역사회와의 관계는 단순하고 직접적인 것이었다. 학교의 규모는 작았고, 많은 주민들이 학교업무와 계획에 참여하였으며, 당시는 교육의 철학과 목표가 모든 시민에게 이해되었다(Howe, 1959: 16). 또한 교육체계를 발전시키는 책임이 전통적으로 주민들에 의해 분담되어 왔기 때문에 지역사회의 노력이 항상 미국 공립학교 교육의 특징이었다.

학교와 지역사회 관계에서 주요한 변화는 19세기 중반 이후부터 발전했는데, 그것은 산업혁명으로 농촌의 인구가 도시로 대거 이동함으로써 교육은 그 기능과 목적이 확대되고 복잡하게 되었고, 학교는 모든 아동을 교육할 책임을 지게 되었다. 종전에는 학교일에 대해 지역주민이 깊이 이해하고 적극 참여하던 것이, 이제는 전체 학교가 어떻게 운영되고 있는지 모르게 되고, 학교의 기능과 목적에 대해 혼란이 생기게 되었다. 지역사회가 확장되고 복잡해지며 상호 의존적이 되면서 학교의 문제, 시민의 문제해결에 개인적인 참여가 불가능하게 되었고, 개인의 욕구와 지시는 조직과 대표를 통해 표현되었다. 조직은 민주주의에 필수적인 것이 되었고, 또한 집단을 통한 참여와 표현은 민주적인 삶의 방법이 되었다(Howe, 1959: 17~18). 일반적으로 1940년대부터는 대규모 학교체제의 분권화와 지역의 참여증가 운동의 시기를 통해, 계속적으로 학교 정책은 주로 실업계나 전문적인 계층에서 뽑힌 소수의 권위와 영향력 아래 수립되고 수행되고 평가되었으며, 노동조합이나 지역사회의 타조직 분야의 대표들은 제한되어 있었다. 그러나 특수한 이해관계를 지닌 조직적인 집단으로 납세자, 종교조직, 특정 직업인들은 그들의 주된 관심과 관련된 정책이나 실천에 찬·반에 대한 영향력을 행사할 수 있었고, 광범위한 중간계층은 자신들의 가치와 이해관계가 대부분의 교사와 행정가들에 의해 공유되고 봉사 받을 것으로 짐작할 수 있었다. 그렇지만 낮은 경제적 배경을 가진 사람들과 빈약한 조직을 가진 소수 집단은 학교 의사결정에 효율적인 영향력을 지니지 못했으므로, 제2차 대전 이후의 시기까지 학교 교육에 일반대중의 직접 참여는 배제돼 왔다(Deighton, 1978(a): 336~338).

그러나 교육에 관한 정책논의가 주 정부 더 나아가 연방정부 수준에서 교육적 경력을 지닌 사람들, 즉 사회 경제적 엘리트들 가운데 개혁에 관심 있는 사람들에 의해 구성된 위원회나 전문적인 교육자들에 의해 점차 점유되었다. 직업교육, 진보적 교육, 확장교육 운동 등은 학교일에 대한 부모나 지역주민의 참여를 확대시키지는 못했지만, 학교 안 변화와 지역사회로의 학교 참여 확대를 가져왔다(Mort & Francis, 1981: 294).

이와 같이 공교육사를 통해서 볼 때 교육자들은 일반시민과 서로 협동하고, 다음에는 일반인과 멀어지는 고립주의자가 되는 주기적 관계를 맺어 왔다. 교육지도자들이 일반인의 신뢰가 두터워지고 난 다음에는 그 신뢰에 손상이 가는 것은 이러한 주기적 동향과 관련된 것이다(김윤태, 1984: 132).

우리나라에서 학교와 지역사회와의 관계를 보면 전통적으로 학교와 지역사회 간의 유대가 긴밀치 못했으니, 학교와 지역사회가 소원했던 역사적인 배경을 살펴보면, 우리나라는 근대식 학교가 성립된 이후에도 학교와 지역사회 주민과의 관계가 밀접하지 못하고, 마치 학교를 관청시하는 경향이 있었던 것이 사실이다. 즉 일본의 침략이 점점 노골화되자 구국운동의 일환으로 사립학교가 민중 속에서 우후죽순과 같이 속출하였다. 그러나 한일합병이 되자 일본은 무단정치를 하고, 많은 사립학교를 없애고 공립학교 교원에게는 제복을 입히고 칼을 차도록 하였다. 칼을 찬 무시무시한 교원들에게 주민들이 친근감을 느낄 수 없음은 너무나 당연한 일이었다. 그 후 해방될 때까지 교원을 경원하는 주민들의 생각에는 별 변동이 없었을 것이다. 특히 교원들의 대부분이 일본인이었기 때문에 이러한 심리가 주민들에게 작용하였으리라고 보는 것은 과히 틀리지 않을 것이다. 이와 같은 과거를 가졌다는 사실은 지역사회의 주민과 학교가 밀접한 연결을 짓는 데 하나의 장애요인이 되었던 것이다.

학교는 지역주민을 위해 존재하는 조직이라고 할 수 있다. 지역사회 주민들은 학교와 직접 혹은 간접적으로 긴밀한 관계를 맺고 있는 사람들이다. 그들은 학부모이거나 장차 학부모가 될 사람들도 있고, 또 그 학교 출신들이 대부분이다. 따라서 학교를 올바르게 운영해 나가려면, 학교는 주민들이 '우리의 학교'라는 생각을 갖게 해야 한다. 지역사회 주민들이 이러한 인식을 가졌을 때, 학교운영도 실효를 거둘 수 있다. 만일 이러한 관계가 성립되지 않고 학교를 행정관청시하고 교사를 경원한다면(김종서 · 황종건, 1988: 169~170) 학교 교육의 효과를 기대하기는 어렵게 된다. 따라서 오늘날 학교의 교육목적을 효율적으로 달성하기 위해서, 학교와 지역사회는 긴밀한 관계에서 상호 협조체제를 확립하고 학교는 보다 많은 사회의 지원을 받아야만 한다. 학교 교육은 곧 지역사회 실정이 내포하고 있는 각종 요소가 그 방향 결정의 기반이 되고 교육내용의 기초가 된다(김봉수, 1987: 137).

김봉수(1987: 138)는 우리나라의 학교경영에 대해서 "그동안 우리나라 학교경영은 아직까지도 전통주의적 입장에서 벗어나지 못하고 있는 학교가 적지 않으며, 표면상으로는 민주교육과 민주적 학교경영을 내세우면서도 학교경영 구석구석에서 전통주의적인 모습을 탈피하지 못하고 있는 경우가 많다"고 학교경영에서의 비민주성을 지적하였다. 또한 백현기(1964(a): 275)는 "학교가 지역사회와 밀접한 관계를 맺기 위해서는 종전의 태도를 개선하고 상호 이해와 협력을 증진시켜야 하겠으며, 학교와 지역사회와의 협력을 저지하고 있는 것은 부모나 교사들의 교육에 대한 그릇된 태도"라고 지적하였다. 또한 "부모는 아동들의 교육은 학교에 모두 맡겨야 한다는 태도를 취하며, 교사들도 역시 부모의 학교에 대한 간섭을 완전히 배격하고 교권의 확립이라는 구실 아래 학교 교육을 자기들만이 맡아 보아야 하는 것으로 생각하는 태도를 취하였기 때문에, 부모와 학교와의 유대를 저지시켰으며, 더욱이 지역사회와도 무관심하게 되는 계기가 되었다"라고 학교와 지역사회가 소원하게 되지 않을 수 없었던 점을 지적하였다.

학교와 지역사회의 관계를 체제 분석적인 관점에서 보면, 학교는 일종의 사회체제(social system)로서 환경체제인 지역사회와 주고받는 투입 – 산출(input – output)의 상호 작용을 하면서 그 기능을 수행한다. 학교는 기능 수행을 위하여 지역사회로부터 인적(교사, 학생 등)·물적(재원, 시설 등) 자원과 정보(문화내용, 사회적 요구 등)를 들여온다. 그리고 이러한 투입을 결합하여 외부로 산출할 수 있는 것으로 전환시킨다(박용현 외, 1983: 268~269).

이와 같이 교육은 학교체제와 부모들과의 합작투자로 볼 수 있으며 모든 시민들이 관련된 매우 중대한 일인 것이다. 학교는 일반적으로 지역사회로부터의 정보가 없이는 그 임무를 효과적으로 수행할 수가 없으므로 쌍방 의사소통은 필수적이라 하겠다. 따라서 학교나 학교체제가 효과적으로 운영되기 위해서는 형식적 학교조직과 조직 밖의 사람들 간의 쌍방의사소통(two way – communication)이 필요하다고 볼 수 있다. 한편으로는 학교조직으로부터 부모나 시민들에게 정보가 전달되고 상호적인 과정이 필요한 것이다(조성일, 1986: 138~139).

즉 교육자들은 학교 프로그램의 이해를 촉진하고 지역사회 다른 기관의 기능과 협동을 촉진하기 위하여, 학교에 관한 여러 가지 정보를 시민들에게 알려야 하며, 다른 기관의 지도자와의 효과적 상호 작용은 기관 사이의 이해와 기능적 일치를 촉진하는 데 필수적이다(김윤태, 1984: 132). 하지만 우리나라에서는 전통적인 학교와 지역사회 간의 유대가 긴밀하지 못했고, 소원했던 역사적인 배경을 갖고 있다는 점은, 앞에서 살펴보았거니와, 이러한 관계는 권위주의가 지배해 온 지난 '60년대~'80년대에 걸쳐 군사정권시절의 학교경영면에서 그대로 이어져 왔다. 그러나 지난 '90년대 중반 이후 학부모와 지역주민 대표가 학교 운영에 참여하는 학교운영위원회가 발족되어, 학교경영에서 지역주민의 직접참여가 제도화 됨으로써 학교경영에서 민주화를 가져왔다.

2. 지역사회 주민의 교육 참여

오늘날 학교에서 '지역사회 참여', '시민참여'라는 용어는 학교정책과 프로그램의 결정과 관련된 활동을 지칭하는 것이다. 즉 지역사회 성인교육 프로그램의 학습자로서, 학교모임의 참여자로, 학교 교육을 조력하는 보조교사로서 혹은 무보수 자원봉사자로 참여하는 것을 말한다. '지역사회 참여'나 '시민참여'는 학교직원과 학부모 및 지역주민 사이의 동등성, 지역사회 인사들의 중요한 교내 역할과 기능의 개발, 주민들이 학교의 정책과 실천에 관한 보다 중요한 내용을 주도하고 수용하는 양면적인 의사소통의 흐름을 정립하는 것이 요구된다 (Deighton, 1978(a): 335~336).

오늘날 교육과정 구성에서 하나의 추세는 아동에게 그들이 사는 지역을 더 잘 이해시키고, 보다 행복하고 효율적으로 생활할 수 있도록 적절히 준비시키는 프로그램을 아동들에게 제공하는 데 있어, 학교와 지역사회의 보다 밀접한 상호 협동이 요구된다는 것이다. 이와 같이 학교의 교육효과 증진을 위해 학교와 지역사회가 긴밀한 유대

관계를 형성해야 한다는 사실이 학부모 교육 참여 활동에서 강조되고 있다(Cangemi, 1965; Batton, 1980; Suomala, 1982; Lee, 1985).

학교가 지역사회의 필요와 요구에 응하고 훌륭한 교육성과를 올리기 위해서는, 지역사회는 적극적으로 학교 일에 참여해야 하고 학교는 참여를 유도해야 할 것이다. 학교 교육활동에 학부모나 주민 참여의 필요성을 살펴보면 다음과 같다(조성일·안세근, 1996: 321~322).

첫째, 학습권 보장에 있다. 국민은 학습의 주체로서, 자신들의 학습에 심대한 영향을 끼칠 수 있는 모든 교육활동과 그에 관련된 제도에 대하여 관여할 권리를 일종의 자연권으로 지니고 있는 것이다. 그동안 우리나라에서는 공교육 체제하에서 교육권이 국가에 귀속되어 있고 국민은 취학의무와 수업료 부담의무만 강요받았을 뿐, 교육행정에 관한 정책결정이나 학교운영에 참여할 권리는 인정받지 못해 왔다. 그러나 지방자치의 시대에서는 국민 한 사람 한 사람이 모두 교육의 주권자로서 주권의식을 갖춰야 한다. 이것은 우리가 좋은 교육을 받기 위한 필수조건이며, 더불어 학부모와 주민은 당해 자치단체의 교육정책 결정과정과 개별학교의 교육활동에 적극적으로 참여하여 교육의 질을 높이기 위한 공동의 노력을 해야 한다.

둘째, 민주주의 생활양식을 습득하는 데 있다. 주민 참여는 그동안 중앙집권적·획일적인 교육행정의 타성과 관존민비의 유교적 가치관에 젖어 있는 교육 관료들의 일방적 의사결정과 독선적·권위주의적인 행정형태를 민주화시키기 위해서도 필요하다. 민주주의가 발전한 나라일수록 공교육체제 운영에 대한 학부모나 주민 참여가 다양하게 활성화되어 있다. 학부모와 주민, 그리고 교사가 학교운영에 참여하여 대화하고 타협하여 합리적인 합의를 도출해 내는 과정을 통해서 학생들은 자연적으로 민주시민의 자질을 배우게 된다. 중앙집권적·획일적인 교육이 교육활동의 통일성을 위해서는 좋을지 모르지만 능력과 개성이 다른 학생의 다양한 학습욕구를 충족시켜 줄 수는 없다.

셋째, 학교 교육에 대한 주민 참여는 지방교육자치의 시작이다. 지방교육자치의 실시는 학교의 교육활동이 잘 이루어질 수 있도록 지원과 협조를 하는 데 그 목적이 있다. 그리고 교육의 지역적인 특수성의 실현과 더불어 단위학교의 자율성을 확대시켜 줄 수 있는 제도이어야 한다. 앞으로 지방자치가 정착되면 지역의 발전은 교육의 질에 의해 결정된다. 따라서 학부모, 주민, 교사는 당해 지역의 학교 교육환경을 개선하는 데 노력해야 한다. 현재 우리나라의 교육환경은 매우 열악하다. 열악한 교육시설을 현대적으로 변화시키기 위해서는 상당한 재정적 뒷받침이 있어야 한다. 학교에 필요한 재원은 정부나 지방자치단체의 지원만으로는 한계가 있다. 지역주민들이 열악한 교육환경을 인식할 수 있도록 학교운영에 관한 전반적인 자료를 공개하고 그들의 참여를 극대화시키는 노력이 요구된다. 교육행정의 가장 기초단위인 학교행정에 대한 주민 참여는 그들의 재정적인 협조와 지원을 가져올 뿐만 아니라 지방교육자치의 출발점이 되는 것이다.

위에서 학교 교육에 대한 학부모와 주민 참여의 필요성에 대해 살펴보았다. 이어서 학부모와 주민들이 어떠한 입장에서 참여할 수 있는 길이 있는지 살펴보기로 한다. 학부모와 주민들이 어떠한 자격으로, 또한 어떠한 입장에서 학교와 지역 교육자치에 참여하느냐에 따라 그 영향력이 크게 달라진다. 즉 고객 또는 수혜자로서의 입장과 옹호자 또는 대변자로서의 입장, 그리고 동반자로서의 입장이 있다 (조성일·안세근, 1996: 323~325).

첫째, 고객의 입장이다. 교육은 전문가인 교사가 고객인 학생에게 서비스를 제공하는 것이며, 교육행정은 일반 행정과는 달리 교육행정 전문가가 수행하는 것이라는 가정을 전제로 한다. 이와 같은 입장에서 학부모나 주민의 참여는 학교와 교육행정기관의 주도하에 일방적으로 이루어지고, 주민은 전문가에게 무력하고 무능한 존재로서 그들이 제공하는 교육과 정책을 수용할 수밖에 없는 수동적인 위치에 선다. 따라서 고객의 입장에서의 주민 참여는 적극적이고 자발적인 참여를 기대하기 어렵다. 학교나 행정기관의 필요에 의해서, 그들이 요구하는 대로 참여할 수밖에 없고, 참여한다 하더라도 전문가 앞에 무력한 비전문가이기 때문에 그들에게 영향력을 끼치기보다는 일반적으로 그들의 영향력을 받게 된다.

둘째, 옹호자의 입장이다. 고객의 입장과는 달리 주민의 참여가 보다 적극적이고 능동적이다. 교육과정이나 교육재정의 운용, 교사의 임용, 주요 교육방침이나 정책의 결정에 주민들이 적극적으로 참여한다. 개인적으로나 조직화된 집단으로 결속하여 학교와 교육행정당국에 영향력을 행사하는 이익집단이나 압력단체의 역할을 한다. 전문가인 교육자나 행정가들의 권위나 권한에 일방적으로 의존하고, 추종하는 수동적인 입장이 아니라, 자기주장을 펴지 못하는 학생들의 학습권과 요구를 정당하게 대변하고 옹호하고 주장한다. 학부모와 주민들이 이와같은 입장을 취하는 것은 자녀교육에 대한 그들의 권리와 의무를 수행하는 민주시민으로서 당연한 것으로 간주된다. 이 입장은 잘못하면 교육당국의 교육활동이나 정책을 지지하고 지원하기보다는 그 반대 세력으로 작용하면서 정치적 활동으로 발전할 가능성도 있다. 이 경우 당국은 교육의 전문성을 잠식하는 위협적이고 도전적인 존재로 주민의 참여를 꺼리게 된다. 그러나 학생들의 건전한 성장과 발달을 위한 중요한 의사결정이나 정책결정에 주민의 참여는 바람직하다. 경우에 따라서는 학교나 교육행정 당국의 차원에서 해결하기 힘든 교지나 재정의 확보와 확충 등의 문제해결에 주장자, 옹호자, 대변자로서의 지역주민의 역할을 적극 유도할 필요가 있다.

셋째, 동반자의 입장이다. 교육경영의 효율화와 자녀들의 학업성취도를 제고하기 위해 교육에 대한 권한과 책임을 교육당국과 지역주민이 분담하자는 협력적 관계를 말한다. 동반자의 입장에서 교육에 관심이 있는 주민들이 주축이 되어 참여함으로써 교육의 질적 개선과 개혁에 이바지할 수 있다. 동반자로서의 주민 참여는 주장자로서의 경우에서처럼 의사결정이나 정책결정에 어떤 이익이나 목적을 성취하기보다, 학부모와 주민들이 관심영역에 따라, 예컨대 찬조금품에 의한 학교의 재정지원이나 인적·물적 교육자원의 지원, 교육행사에 직접적인 조력 등에 참여한다. 이때 교육자와 교육 행정가는 전문가로서 그들이 서비스를 받는 수혜자인 무능한 주민을 상대로 한다는 입장에서가 아니라 학부모와 지역주민의 보조자로서, 자문역으로서 동참자의 역할을 수행해야 한다. 아울러 주민들은 자기 자녀들이 받는 교육의 질을 보장하기 위해서, 직업적인 교사와 같은 동반자로서 교육경영에 책임의식을 가지고 적극적으로 참여하는 입장이다.

다음으로 지역사회 주민의 교육 참여 방법으로는 그 수준에 따라 국가 및 지역 수준과 학교수준으로 나눌 수 있는데, 여기서는 학교수준에서 참여할 수 있는 방법을 중심으로 살펴보기로 한다.

첫째, 조직을 통한 참여로 과거 학부모 단체인 후원회, 사친회, 기성회, 학교육성회, 학교새마을어머니회, 학교체육진흥관리위원회 활동

등을 통한 참여방법이 있었고, 현재로는 학교운영위원회 조직을 통하는 방법이 있다.

둘째, 개인적 참여로 농촌지역일수록 개인적인 조언, 비판, 정보가 조직적인 것보다 훨씬 영향력이 크다. 이와같은 주민의 참여는 학교계획과 정책(방침)수립 및 학교의 여러 문제해결에 걸쳐 영향을 미치고 도움을 줄 수 있어야 한다. 따라서 학교와 지역사회가 좋은 관계를 맺으려면 상호 간의 커뮤니케이션(Communication)이 잘 이루어져야 하는데 주민의 참여 없이 커뮤니케이션은 학교통신 정도로 끝나고 말 것이다. 학교와 지역사회는 여러 형태의 커뮤니케이션을 통하여 학교는 지역사회의 태도, 희망, 목표를 알 수 있게 되어야 한다(송병순·차경수, 1982: 304~305).

이어서 학교가 지역사회 주민들과 바람직한 관계를 형성하기 위하여 유의해야 할 점을 들어 보면 다음과 같다.

(가) 교사의 행동이 사표로서 지역사회 주민들에게 평가되도록 노력해야 한다.

(나) 교원은 그 지역사회 내에서 지도적 위치에 있다는 것을 항상 깨닫고 있어야 한다.

(다) 지역사회를 위한 성인교육, 봉사활동은 주민과의 유대를 강화하는 길이다.

(라) 주민들과 계획적인 회합을 가져야 한다.

(마) 아동지도에 전력을 기울여야 한다.

(바) 학교에서 각종 행사를 마련하여 주민을 참여시킨다.

(사) 지역사회 행사에 교원이 참여한다.

(아) 지역사회 인사를 학생지도의 자원인사로 초빙한다.

(자) 교원이 학교가 있는 바로 그 지역사회에 거주하여야 한다(김종서·황종건, 1988: 171~172).

앞에서 고찰한 바와 같이 현대 교육에 있어서 학교와 지역사회와는 분리될 수 없는 관계에 놓여 있으니, 학교나 가정에서 아무리 좋은 교육을 하더라도 사회가 협동적인 관계의 위치에 있지 않으면 교육의 실효를 거둘 수 없게 된다. 그것은 다음과 같은 이유 때문이다.

첫째, 지역사회 생활에 필요하고 또 바람직한 지식·기술·가치관 등을 다음 세대에 전달하는 일이 교육의 중요한 기능이 되기 때문이다.

둘째, 학교는 지역사회 변동에 민감하여, 학교의 여러 가지 교육계획과 활동을 재조정하고 효과 있게 적응시켜 가야 하는 동시에, 사회 변동의 주도적 역할을 해야 하기 때문이다.

셋째, 학교와 지역사회와의 불가분의 관계는 학교의 기능과 역할이 아동의 지역사회적 배경에 의하여 결정되기 때문이다.

넷째, 특히 농촌지역사회에 있어서는 학교건물이나 시설 혹은 교사가 자연히 지역사회의 중심적 역할을 담당하게 되기 때문이다.

다섯째, 학교는 민주시민 교육을 통하여 지역사회의 시민 도덕을 가르치고, 민주주의적 행동과 절차를 훈련하는 장소가 되며, 지역사회의 민주주의를 위한 가장 효과적인 지도적 봉사기관이 되기 때문이다.

여섯째, 학교는 국가사회 또는 나아가 세계사회라고 하는 넓은 지역사회와 긴밀히 연관되어 있기 때문이다(장진호, 1986: 221~222).

위에서 학교와 지역사회의 관계를 살펴보았거니와, 학교의 교육목표 달성도를 극대화시키고 지역사회 발전을 촉진하기 위해서는, 학교와 지역사회가 긴밀히 연결되어 상호 이해와 협동적인 노력이 요구된다고 하겠다.

요약

Step 1에서는 학교·가정·지역사회 관계에 대해 고찰하였다. 여기서는 먼저 학교와 가정과의 관계를 살펴본 후, 다음으로 학교와 지역사회의 관계를 중심으로 살펴보았다.

1. 학교와 가정과의 관계

학교가 아동의 행동을 변화시킴에 있어 학교는 항상 가정과 유기적인 관련을 가져야 한다. 부모는 혈연적·신분적 관계에 있는 교육자이며, 전문가인 교사는 아동·학생에 대한 집단적 교육에 의한 공교육의 행사자이다. 이 양자의 교육은 상호 간섭, 대립하는 관계가 아니라 상호 조화·통일하면서 부모와 교사가 아동을 교육함에 있어서, 그 교육적 기능의 수행을 존중하고 상호 협동해야 한다.

가정과 학교와의 관계 형성의 중요성은 ① 교사와 부모 사이에 아동에 대한 보다 깊은 이해를 할 수 있고, ② 교사와 부모 사이에 교육에 대한 보다 깊은 이해를 할 수 있다는 측면에서 가정과 학교가 긴밀한 관계를 갖게 되는 것이다.

우리나라에서 교사와 부모와의 관계 형성은 대체로 ① 적극적 관여형(치맛바람형, ② 피해의식형(불만형), ③ 무조건 신뢰형(방임형), ④ 비판적 참여형(비평형)으로 나타나고 있다. 그간 학교 교육에서 부모의 참여는 오로지 자기 자녀의 학교생활과 학업성취에만 관심을 보였고, 사친 간의 주종관계가 형성되어 왔다. 그러나 최근 학부모들의 권리 의식이 강해져, 일부 학부모들은 조직적으로 교육문제에 개입하여 기존의 종속적인 사친관계를 변화시켜 나가고 있다.

오늘날 아동을 교육함에 있어서 학교와 가정이 그 책임을 공동으로 지고, 사친 간의 긴밀한 유대와 상호 협동을 통해서만 아동교육의 효과를 거둘 수 있다. 미국과 이웃나라 일본에서는 이러한 일을 PTA가 담당하고 있는데, 부모와 교사는 가정과 학교에서 아동에 대한 교육자로서의 '교육권'을 갖고 있다는 입장에서 동등한 자격으로 활동하고 있다. 미국과 일본에서의 이와 같은 PTA를 통한 부모와 교사의 협력에 의한 학습활동은, 보다 나은 가정교육과 학교 교육을 목표로 한 실천적 활동으로 이어져 좋은 부모, 좋은 교사가 되기 위해 행해지고 있다. 그러나 우리나라의 경우 교사와 학부모와의 관계가 교육의 효과를 올릴 만큼 바람직한 관계가 형성되지 못한 것이 오늘의 현실이다.

해방 후 학교 교육에서 부모의 지원과 참여 면에서 볼 때 전통적으로 학교 교육에 대한 부모의 개입은, 아동의 성취를 위한 직접적인 교육적 기능은 극히 저조하였고, 주로 재정적인 후원 기능에만 머물렀으며, 학부모의 자발적인 참여가 매우 낮은 수준이었다. 앞으로 학부모의 교육 참여율을 높이기 위해서는, 참여 유도 방안이 강구되어야 한다. 그 하나의 방안으로 가장 긴요한 것은 학교의 기본단위인 학급협의회(학급 PTA)가 조직되어, 교육적으로 운영되도록 학급협의회를 활성화시키는 일이다.

2. 학교와 지역사회의 관계

오늘날 학교 교육의 목적을 효율적으로 달성하기 위해서는, 학교와 지역사회는 상호 긴밀한 협조체제가 확립되어야 하며, 학교는 지역사회로부터 폭넓은 지원을 받아야 한다. 따라서 학교 교육은 교사와 학생과의 상호 활동에만 한정되지 않고, 지역사회의 모든 기관과 협력해야 하며, 그 학교를 둘러싸고 있는 지역사회와의 유대를 긴밀히 하는 일이 무엇보다 중요하다.

학교와 지역사회의 유대 면에서 그 발전과정을 살펴보면, 미국의 경우에는 학교와 지역사회의 관계는 사회에서 일어난 주요한 변화와 적응을 반영하여 왔다. 학교 교육 체계를 발전시키는 책임이 전통적으로 주민들에 의해 분담되어 왔기 때문에, 지역사회의 노력이 항상 미국 공립학교 교육의 특징이 되어 왔다. 그러나 우리나라에서는 전통적으로 학교와 지역사회와의 유대가 긴밀하지 못하고 소원했던 역사적인 배경을 가지고 있다. 우리나라는 근대식 학교가 성립된 이후에도 학교와 지역주민과의 관계가 밀접하지 못하고 마치 학교를 관청시하는 경향마저 있었으니, 한일 합병 후 일본은 무단정치를 하고 공립학교 교원에게 한때 제복을 입히고 칼을 차도록 하여, 교원들에게 주민들이 친근감을 느낄 수 없었던 것이다. 그 후 해방될 때까지 교원을 경원하는 주민들의 생각에는 별 변동이 없었으며, 학교를 관청시하고 교사를 경원시하는 경향을 갖게 되었다. 이러한 과거는 지역주민과 학교가 긴밀한 유대를 형성하는 데 커다란 장애요인이 되었던 것이다.

오늘날 학교에서 '지역사회 참여', '시민참여'라는 용어는 학교정책과 프로그램의 결정과 관련된 활동을 지칭하는 것이다. 지역사회나 시민 참여에는 학교직원과 학부모 및 지역주민 사이의 동등성, 지역사회 인사들의 중요한 교내 역할과 기능의 개발, 주민들이 학교의 정책과 실천에 관한 보다 중요한 내용을 주도하고 수용하는, 양면적인 의사소통의 흐름을 정립하는 일이 요구된다. 지역사회 주민의 참여방법으로 학교수준에서 보면, 첫째, 조직을 통한 참여로 과거 학부모 단체였던 후원회, 사친회, 기성회, 학교육성회, 학교새마을어머니회, 학교체육진흥관리위원회 등의 활동을 통한 참여 방법이 있었고, 현재는 학교운영위원회 조직을 통한 방법이 있다. 다음은 개인적 참여 방법이 있을 수 있으며, 이는 농촌지역일수록 개인적인 조언, 비판, 정보가 조직적인 것보다 훨씬 영향력이 크다.

오늘날 지역사회의 필요와 요구에 응하고 훌륭한 교육효과를 올리기 위해서 지역사회는 적극적으로 학교 교육에 참여해야 하고 학교는 참여를 유도해야 할 것이다.

Step 2

외국의 학부모 교육 참여활동

Step 2에서는 학부모 교육 참여활동의 바람직한 발전방향을 탐색하기 위하여, 외국의 학부모 교육 참여활동 상황을 고찰해 보기로 한다. 여기서는 먼저 PTA의 발상지인 미국의 PTA 활동을 살펴보고, 다음으로 동양에서 PTA 활동이 활발한 일본의 PTA 활동을 중심으로 살펴본다.

미국의 PTA 활동

미국의 PTA 활동을 이해하기 위해, 미국 PTA의 역사, 미국 PTA의 성격, 미국 PTA의 활동영역을 중심으로 고찰한다.

1. 미국 PTA의 역사

PTA의 초기 발달은 미국을 중심으로 이루어졌다. 당시 미국의 산업기구의 급격한 변혁에 따르는 사회적 변화, 도시의 확장과 팽창에 따르는 청소년의 보호와, 많은 서구 이민으로부터의 어린이들의 해방을 위한 운동이 큰 동기가 되었다. 즉 모친들의 건강, 영양, 우생학, 아동심리에 필요한 새로운 육아법 등에 대한 무지로부터의 모친들의 계몽과 아동복지와 향상을 위해서(성하원, 1969: 31) 발족된 것이다.

PTA의 발생은 당시의 사회적 상황과 밀접한 관련을 갖고 있으니,

미국의 PTA는 1850년대 아동의 건강, 아동에 대한 보호와 아동에 대한 관심이 열악한 상황에서 그 발족의 기원을 찾아볼 수 있다. 미국에서의 모친클럽(Mother's Clubs)과 유치원 운동(Kindergarten movement)은 1850년대에 시작되었다. 이러한 운동이 시작된 초창기에는 부모는 자녀의 성장 발달에 관한 무지에서 벗어나기를 원했는데, 이 운동에 대한 욕구는 아동에 대한 무관심과 산업혁명으로 인한 아동 양육조건이 심각해지면서 증가하였다. 당시는 신생아, 산모, 아동의 사망률이 극도로 높았고, 아동들은 학교보다는 일터로 가야 했으며, 비행청소년 재판소는 성인범죄와 같이 취급되었으므로 존재가치가 없었다(Howe, 1959: 19).

미국에서 PTA의 역사는 일반적으로 부모와 자녀관계와 관련된 아동보호와 부모의 지도와 상담을 위한 '부모교육'의 관념으로 시작되었다. 부모교육은 1900년대의 산물로서 '부모교육'이란 용어를 일반적으로 사용한 것은 1차 대전 이후이며, 1차 대전 이전에는 1860년대에 시작된 아동교육운동으로 알려져 있었다. 당시는 산업의 발달로 도시가 급격히 확장되었으며, 대부분의 모친들은 직장에 나감에 따라 가정을 비우게 되었고, 아동의 보호를 위해 유치원의 설립과 확장은 필연적인 것이었다(Royce, 1975: 15).

유치원의 창시는 부모 특히 모친과 교사들이 함께 일하면서 아동을 위해 더 많은 일을 할 수 있다는 것을 느끼게 하였다. 처음에는 비형식적인 모친의 모임으로 나타나기 시작하였다. 그러나 그것은 얼마 있지 않아 곧 부모연합(Parent's Leagues), 모친클럽(Mother's Clubs), 모친협회(Mother's Unions), 취학전서클(pre-school Circles), 독서회(Reading Councils) 등의 형식적인 조직으로 발전되어 갔다(Cangemi, 1965: 11). Butterworth

는 PTA의 발전에 대해서, 유치원의 발전으로 부모의 아동연구에 대한 관심이 점점 증가하게 되었고, 이에 따라 모친의 모임이 시작되었고, 1894년에 Chicago에서 유치원교사에 의해 모친회의(Mother's Conference)가 소집되었으며, 이어서 3년 후인 1897년에는 아동, 가정, 학교, 지역 사회에 관심을 가진 모친집단에 의해 Washington, D.C.에서 전국모친협회(The National Congress of Mothers)가 조직되었다(Royce, 1975: 17)고 하였다. 그런데 이 조직의 공동 창시자는 회합의 주도적인 역할을 하였던 Birney와 Hearst였으며, 초대회장으로는 Birney 여사가 선출되었다(Royce, 1975: 15).

그런데 이러한 조직의 창립은 19세기 말엽에 새로운 인도주의와 민주주의의 시대적 사조가 이 조직의 사상적 뒷받침이 된 것이다. 이와 같이 초기 발족된 전국모친협회는 모친들의 무지로부터 해방과 아동보호의 운동과 활동으로 Hall이 아동양육법에 대하여 강의를 담당한 것으로 전해졌고, 그 후 미국 각 주에서 유아원 교육의 보급과 초등교육의 의무화가 시행되면서, 이 모친회의 발전에 깊은 관계를 맺게 된 것이다. 유치원 교육의 보급이 자연히 모친들의 아동교육에 대한 관심을 유발하였을 뿐 아니라, 초등의무교육의 보급과 확장으로 인하여 모친들의 집단적인 활동이 이루어졌기 때문에, 자연적으로 아동교육 문제가 중요시되었다(성하원, 1969: 31).

전국모친협회의 활동목적을 보면, 부모의 책임을 다하기 위하여 모친들을 교육하는 일과 아동들의 요구에 대한 관심을 모으는 일이었다. 1897년 New York에서 최초의 PTA 주지부가 결성되었다. 전국모친협회에 의한 아동교육과 가정과 학교의 협동은 매우 성공적이었으므로, 1908년에는 그 조직의 명칭이 전국모친협회와 사친연합회

(National Congress of Mothers and Parent－Teacher Associations)로 바뀌게 되었다. 또한 1924년에는 남성회원 수가 꾸준히 증가하여 그 명칭은 전국사친회 연합회(The National Congress of Parents and Teachers)가 되었다. 이것이 오늘날까지 공식적인 단체의 명칭으로 남아 있지만, PTA (The National PTA)로 더 많이 알려져 있다(Deighton, 1978(C): 513).

그리고 미국 PTA는 발족 후 그 회원 수가 계속 증가 추세를 보였는데, 1911년에는 31,762명이었으나, 1921년에는 278,721명이 되었고, 1931년까지 1,511,203명으로 증가되었다. 그 후 1941년에는 28,050개의 지역단위와 2,480,188명의 회원을 갖게 되었고, 1951년에는 6,589,516 명, 1961년에는 이미 47,681의 지역단위의 12,074,289명(National Congress of Parents and Teachers, 1963: 9)의 방대한 조직으로 발전하였다.

앞에서 미국 PTA의 사적 변천과정을 고찰하여 보았거니와, PTA 발상지인 미국에서는 19세기 중엽의 산업기구의 급격한 변혁에 따르는 사회적 변화 속에서, 아동의 보호와 행복을 염원하는 인도주의와 민주주의의 시대적 사조 속에서 부모와 교사가 자발적으로 상호 협력하는 민주적인 교육적 조직으로 PTA가 조직되었다. 즉 "PTA 발생은 어떤 기관에서 명령해서 조직한 것이 아니고, 그 학교 아동의 교육을 위해서 자연 발생적으로 조직 활동하게 된 것으로"(생활교육연구회 (편), 1959: 483) "교사들은 학급 어린이들의 성장 발달을 위하여 모든 정열과 정성을 바치고 어버이들은 다른 사람들의 권고나 어떠한 제약에 얽매임 없이 가장 자연스럽게 도울 수 있다"(조석기, 1969: 65)는 취지에서 PTA가 탄생된 것이다.

2. 미국 PTA의 성격

미국 PTA의 성격을 알아보기 위해, 미국 전국 PTA가 설정한 기본 목표와 조직특성을 중심으로 살펴본다.

(가) 미국 PTA의 목표

위에서 미국 PTA의 사적 변천과정을 살펴보았거니와, PTA 초창기의 목표를 보면 아동 발달에 대한 부모교육, 가정과 학교의 협조, 유치원교육의 증진운동, 거부되거나 의존적인 아동과 부모의 교육을 위해 법령을 보장하고자 하는 것(Cangemi, 1965: 14)으로 되어 있다. 이러한 초기 PTA의 목표를 보면, 아동의 보호와 건강한 양육을 위해서 PTA가 발족된 것임을 알 수 있다. 다음 미국의 전국 PTA가 설정한 다섯 가지의 기본 목표를 보면, PTA의 성격을 보다 구체적으로 이해할 수 있다.

(1) 가정, 학교, 교회와 지역사회에 있어서의 아동과 청소년의 복지를 증진시키는 것
(2) 가정생활의 수준을 향상시키는 것
(3) 아동 · 청소년의 보호와 감독을 위한 적절한 법률을 제정하도록 하는 것
(4) 가정과 학교와의 관계를 긴밀히 하고 부모와 교사가 아동교육에 총명하게 상호 협력할 것
(5) 모든 아동들을 위한 신체적 · 지적 · 사회적 · 정신적 교육에 있어서 최고의 이익이 보장되도록 교육자와 일반대중 사이에 일치된 노력을 증진시킬 것(National Congress of Parents and Teachers, 1953: 77)

미국의 PTA는 이와 같은 다섯 가지 목표를 달성하기 위해 가정, 학교, 사회가 상호 협력하여 활발한 활동을 전개하고 있다. PTA는 근본적으로 교사에게는 아동의 가정생활을 이해하게 해 줄 뿐만 아니라, 교사와 부모에게 아동의 필요에 대한 보다 객관적인 이해를 갖게 하여 준다. 나아가 가정과 학교 사이의 친화감(Rapport)을 형성시켜 항상 아동 발달에 대해 사친 간의 격의 없는 대화를 할 수 있는 통로의 제공(Haskew, 1956: 305)과, 아동의 성취를 도울 수 있는 인적 자원으로서 학교 교육에 부모의 참여가 강조(Lee, 1985: 8)되고 있다.

미국의 PTA 활동에서 학교 교육에서의 부모 참여의 한계에 대한 변화의 경향을 보면, 1972년 이전에 전국 PTA의 정관은 "지방 PTA 단위(Local PTA Units)는 교육 개선에 협력해야 하며, 학교행정에 개입하거나 학교정책의 통제를 하려고 해서는 안 된다"고 규정하였다. 그러나 1972년 PTA 정관은 PTA의 참여 범위를 확산시키기 위해 개정되었는데, 정관의 개정된 조항(3조 1항)에서는 "연합(Association)은 모든 아동과 청소년에게 질 높은 교육을 제공하기 위해 학교와 함께 일해야 하며, 학교 정책 수립의 의사결정 과정에 참여하고자 하여야 한다. 그러나 의사결정을 내리는 법적 책임은 교육위원회(Board of Education)의 사람들에게 위임되어 있음을 인식해야 한다"(National Parent - Teacher Association Handbook, 1979~1981: 235)라고 되어 있다. 이로 미루어 보아 학교 교육에서 부모 참여의 범위가 과거보다는 넓어졌지만, 역시 개정된 정관에서도 부모와 교사의 상호 작용의 협동방식에 대해서는 PTA가 역사적으로 강조해 온 점을 그대로 유지하고 있다고 하겠다. 그러나 "각 단위 PTA는 법률상으로 학교교사에 대한 교육 관여권을 인정받고 있지 않으나 PTA 집회가 학교 내에서 자유스런 교육문제 토의의 장이 되므로, 관습법적 견지에서 상당한 정도로 부모의 학교 교육 참가제도로서의 역할"(강인수, 1989: 49)을 하고 있다고 볼 수 있다.

(나) 미국 PTA의 조직 특성

다음은 미국 PTA의 조직 특성을 알아보기 위해서, PTA의 기본 성격을 보면 다음과 같다.

첫째, PTA는 자원인사들로 이루어진 조직체이다. 지방(local), 지역(district), 주(state), 전국(national)에 걸친 모든 수준의 간부는 PTA 목적을 달성하는 데 관심을 가지고 그들의 시간과 정열을 쏟는 자원인사들이다.

둘째, PTA는 민주적 조직체이다. 회원의 자격은 PTA 목적에 관심이 있는 모든 사람들에게 주어진다. 지방단위 조직체는 대개 자치적이고, 주(state)나 전국(national) 조직으로부터는 단지 안내나 제안만을 받는다. 주(state)나 전국(national)의 PTA 정책은 지방단위 조직체의 경험을 기초로 수립된다.

셋째, PTA는 협동을 강조한다. 부모와 교사, 교육자와 일반대중, PTA와 지역사회의 제 기관 그리고 다양한 수준의 PTA 조직 간, 또한 개개 회원과 타 집단 간의 관계에 있어서 협동은 PTA 프로그램의 핵을 이루고 있다.

넷째, PTA는 아동과 청소년의 복지와 교육에 우선적인 관심을 갖고 있다(Grebner, 1955: 178).

이상과 같이 미국 PTA는 자원적·민주적 조직이며, PTA 활동에서는 항상 협동이 기초가 되고, 어디까지나 PTA 활동에서 가장 중요한 관심은 아동과 청소년의 복지와 교육에 있음을 알 수 있다. PTA 조직은 아동의 성장 발달에 직접적인 영향을 미치는 두 조직인 가정과 학교를 결합시킨다는 점에서 PTA 조직은 지방단위(Local PTA), 지역단위(District PTA), 주단위(State PTA), 전국단위(National PTA)로 조직되어 있다. 또한 회원의 자격은 종족, 종교, 국적에 관계없이 전국 PTA의 목적과 강령을 찬동하는 사람이면 누구나 지방 PTA를 통하여 가입할 수 있도록 되어 있다. 그리고 지방 PTA 회원은 자동적으로 주 PTA와 전국 PTA 회원 자격을 갖는다(Deighton, 1978(C): 513).

PTA 회원의 구성을 보면 부모, 교사, 학교행정가와 기타 아동과 청소년의 복지에 관심을 갖고 있는 사람들이다. 또한 PTA 구성원의 역할을 보면 아동과 학교와 가족에게 영향을 미치는 절박한 문제에 관해서 사회 일반의 관심을 모으고, 아동의 요구를 받아들이고, 이해하기 위해 아동교육에서 개인적으로나 협력자로서 부모와 교사를 돕는다. 그리고 PTA는 아동들이 만족한 삶을 영위해 가고 사회의 유용한 인간이 되도록 건강하고, 안전하고, 훌륭히 교육받은 개인으로 성장할 수 있도록, 모든 아동과 가족들에게 봉사와 편의로서 유용하도록 광범위한 협력적 노력으로 조직된다(Deighton, 1978(C): 511).

끝으로 미국의 PTA가 추구하는 기본방침을 살펴보면, 미국 PTA의 특성을 더욱더 잘 이해할 수 있다. PTA는 ① 교육적인 조직이요, ② 비영리적이며, 비종파적, 비정당적 조직이고 ③ PTA는 학교행정에 간섭하지 않을 것과 ④ 공동의 관심을 가진 다른 조직이나 단체와 상호 협조한다(National Congress of Parents and Teachers, 1953: 91)는 기본 방침하에 PTA 활동을 전개하고 있는데, 전국 PTA 연합회는 방대한 분야의 분과를 구성하고 있다.

3. 미국 PTA의 활동영역

미국 PTA 활동의 목표는 이미 앞에서 언급하였거니와, PTA 목표를 달성하기 위해서 미국 전국 PTA 연합회는 부모, 교육자, 일반대중을 대상으로 교육적인 프로그램을 통하여 PTA의 목표 달성을 추구한다. 이 분야에서 PTA는 교육, 건강, 안전, 레크리에이션, 정신건강, 청소년보호에 대한 계획과 활동을 후원(Deighton, 1978(C): 511~512)하기 위하여 방대한 분야의 분과를 구성하여 활동하고 있는데, PTA 분과를 보면 다음과 같다.

> ⓐ 시청각 교육 분과, ⓑ 성격 및 정신교육 분과, ⓒ 시민교육 분과, ⓓ 기관지 발행 분과, ⓔ 대학과의 협력 분과, ⓕ 문화 예술 분과, ⓖ 특수 아동 분과, ⓗ 중등학교 분과, ⓘ 국제관계 분과, ⓙ 범죄 예방 및 보호 분과, ⓚ 법률 분과, ⓛ 회원조직 분과, ⓜ 정신건강 분과, ⓝ PTA 회지발간 분과, ⓞ 부모와 가정생활 분과, ⓟ 유치원 교육 분과, ⓠ 기획 분과, ⓡ 출판 분과, ⓢ 독서와 도서관 봉사 분과, ⓣ 오락 분과, ⓤ 농촌봉사 분과, ⓥ 안전교육 분과, ⓦ 학교 교육 분과 등이며 각 분과는 각 지방에 지회를 두고 활동하고 있다 (성하원, 1969: 34~35).

참고로 전국 PTA 연합회가 제시한 PTA의 조직적 활동의 영역을 보면 첫째, 더 좋은 가정(better homes), 둘째, 더 좋은 학교(better schools), 셋째, 더 좋은 지역사회(better communities)를 위한 활동계획을 갖고 있다.

첫째, 더 좋은 가정을 가꾸기 위해서는 ① 도덕적 정신적 가치관의 강조, ② 건강한 성격을 형성하는 가족 간의 친절의 강조, ③ 가족집단 내에서의 아동생활의 중요성이 강조되고 있다.

둘째, 더 좋은 학교를 위해서는 ① 학교의 목적과 기능에 대한 이해를 전개하는 일, ② 젊은이가 복잡한 사회에 훌륭히 적응할 수 있도록 교육과정의 설계를 돕는 일, ③ 교육 재정의 확보체제를 확립하는 일, ④ 아동지도를 위한 유능한 교사를 확보하는 일, ⑤ 사친 간의 상호 신뢰와 이해 증진을 위한 창의적 기획 등이다.

셋째, 더 좋은 지역사회를 만들기 위해서는 ① 아동과 젊은이에게 신체적·정신적·사회적·종교적 복리의 관심을 두는 모든 지역사회 집단과의 협동 체제를 확립하는 일, ② 모든 시민의 책임감을 개발하기 위한 계획, ③ PTA 활동의 강화(National Congress of Parents and Teachers, 1953: 79~87) 등을 제시하고 있다.

또한 전국 PTA는 PTA 활동을 조직적으로 전개하기 위해서, PTA 회원들이 그들의 활동을 수행하는 데 필요한 지식과 기술을 제공하려는 목적으로, PTA 활동에 관련된 내용의 출판을 하여 각 지역 단위와 PTA 회원에게 배부하고 있다. 이러한 출판물은 아동의 성장과 지도에 있어 유용한 정보를 제공(Cangemi, 1965: 26~27)하고 있는데, 전국 PTA는 연 10회 PTA 회지와 다양한 내용의 소책자, 팸플릿과 기타 인쇄물을 발행하고 있다. 출판물의 주된 내용은 현재의 교육발전과 아동 건강에 대한 것으로 훈육, 성교육, 약물복용, 청소년비행, 아동의 정서적 건강, 아동성장에 따른 지도, 사친관계, 학교 교육 프로그램과 대학진학 및 직업준비를 위한 내용 등이다. 이러한 출판물에는 PTA 회원이 알아야 할 다양한 정보가 포함되어, PTA의 조직적 활동과 아동·청소년을 양육 지도하는 부모와 교사를 돕는다(Deighton, 1978(C): 512).

PART

일본의 PTA 활동

일본의 PTA 활동을 이해하기 위해 일본 PTA의 역사, 일본 PTA의 성격, 일본 PTA의 활동영역을 중심으로 고찰한다.

1. 일본 PTA의 역사

일본에서의 학교와 지역사회와의 관계 형성은 일찍이 명치(明治) 5년 처음으로 근대 학교 제도가 발족됨에 따라, 재정적으로 부모가 학교를 후원하기 위한 목적으로 이루어졌다. 정부는 태정관포고(太政官布告) 제214호로 학교를 만들고 학업을 이수할 것을 장려하였지만, '교육의 비용은 결코 관(官)에 의뢰하지 않고 부모의 책임'으로 돌렸던 것이다. 명치초년(明治初年) 학제 발포 후 정부 주도하에 부모가 학교에 기부금을 내어 학교를 세우고 교구나 교수용구를 정비한 선례가 있고,

대정(大正)시대부터 소화(昭和)의 전기에 걸쳐서, 학교단위로 '보호자회'가 조직되어 학교 재건에 부모가 참여(鈴木英男(編), 1973: 18~22)하였지만, 당시의 부모 참여는 단순한 재정적인 후원자의 역할이었다.

그 후 일본에서의 부모의 학교 교육 참여 활동은 패전 후 연합국에 의한 국토 점령과 점령군에 의한 민주교육의 재건을 위해 PTA(부모와 선생의 회)가 결성됨에 따라 이루어졌다(日本社會敎育學會, 1969: 2). 당시 일본의 PTA가 어떠한 상황 속에서 태동하게 되었는가를 살펴보면 다음과 같다.

1945년 패전 항복 후 일본 문교 행정에서 취해진 조치는 소개학동(疏開學童)의 복귀, 학교의 재편, 사회교육 측면에서의 청년단, 부인회의 재결성, 국민 계몽운동의 전개 등이었으니, 당시의 문교행정 시책은 점령하(占領下)라는 비상사태에 직면해서 국민의 국체호지(國體護持) 정신을 강화하는 데 역점을 두게 되었다. 그러나 점령군 측에서 내놓은 교육 시책은 신봉(神棒), 어진영(御眞影), 봉안전(奉安殿)의 제거, 군국주의자나 협력자의 교직에서의 추방, 수신(修身), 지리, 국사수업의 정지 등 예상을 넘어선 엄한 것으로 대체로 소극적인 시책, 즉 배제주의가 지배적이었다. 당시 일본 정부의 문교행정 시책과 점령군의 시책과의 모순상극은, 당시 민주교육 재건을 위해 일본에 온 미국 교육사절단의 교육보고서에 의해 종지부를 찍고 새로운 출발을 하게 되는 계기가 되었다.

이 보고서에 PTA와 관련된 항목으로는 "교육은 학교만으로 한정되지 않는다. 가정, 이웃, 그 외의 사회적 조직체는 교육에 있어서 성취해야 할 각기의 역할을 가지고 있다(교육목적의 항)", "또한 지방교육행정의 책임자는 아동, 생도의 권리의 증진 및 교육계획의 개선을 위해서 PTA를 조성하는 의무를 갖는다(초등, 중등교육 행정의 항)"는 것이며, 학교는 또한 "성인교육을 진흥하기 위한 잠재력이고 모태이다. 학교의 야간부의 설치, PTA의 강화, 대화, 공개토론회를 위한 학교개방 등(성인교육의 항)"은 학교 성인교육을 위한 실례가 된다(日本社會敎育學會, 1969: 3~4).

이와 같은 미국 교육사절단의 보고서를 받고 점령군의 CIE총사령부(민간정보교육부)는 일본문부성 사회교육국에 미국의 PTA에 관한 자료를 제시하여 PTA의 연구와 결성을 권장하였다.(鈴木篤士・松本伸夫, 1977: 11). 이와 같이 CIE와 일본문부성의 공동의 노력으로 PTA 결성의 출발이 된「부모와 선생의 회」－교육민주화에의 안내－라는 자료를 1947년(昭和 22년) 3월 5일 각 지방장관에게 배포해서 PTA의 결성과 그 활동을 촉진한 것이 PTA 발족의 기점이 되고 있다(鈴木英男(編), 1973: 15).

그러나 당시 발족된 일본의 PTA는 PTA 발상국인 미국의 경우와는 상이한 조건에서 출발하였으니, 미국은 PTA 발기인이 무명의 한 모친이었다는 점에 비하여, 일본의 경우는 정치적으로 절대적인 권력을 잡았던 점령군에 의해 PTA가 조직되었다는 점과, 미국은 장기간에 걸쳐 점차 회원을 획득한 데 비해, 일본의 경우는 1, 2년 사이에 부모와 교사가 거의 100% 가입했다는 점이다. 또한 미국의 PTA는 전국조직이 우선되고서 점차 주 조직, 지방 조직으로 조직화된 데 비해, 일본은 점령군의 강력한 지도하에 단위조직이 우선되고 나서 순차적으로 연합체가 생겨 최후에 전국조직으로 확대되었다는 점이 대조적이다(日本社會敎育學會, 1969: 2).

당시는 이미 후원회나 부형회, 보호자회 또는 모친회 등의 조직이 있어 이것을 기반으로 한 PTA의 결성은 용이하였으며, 1948년(昭和 23년) 4월에 PTA 보급률은 82.8%나 되었다. 그러나 대다수 학교에 조직된 PTA는 간판만이 PTA이지 활동내용은 종래의 학교 후원조직과 다름이 없었다(鈴木篤士・松本伸夫, 1977: 11). 전후 발족된 PTA는 사친 간의 협력을 통해 아동의 정상적인 성장 발달을 돕기 위한 것이었다. 그러나 PTA 활동이 당시 일본의 특수한 사정과 사회 상황에서 그 발족 취지가 그대로 받아들여지지 않았다. 전후 일본 PTA 발족 당시 극도의 물질 결핍과 빈곤 때문에 '6・3제'의 학교의 부흥과 건설 교육환경 조건의 정비 확립을 위해서는 불가피하게 PTA의 기부, 재정적 원조를 받지 않을 수 없었다(禰津義範, 1994: 16). 이와 같이 당시 사회정세는 경제적으로 불안정하였으며, 특히 전재지(戰災地) 등의 학교에서는 물질적 조건 정비에 쫓겨 PTA는 재정적인 후원회의 역할을 하였다. PTA가 영리사업을 한다는 것이 비난받아야 할 일이지만, 당시의 황폐한 교육환경과 빈약한 교육재정 형편으로는 불가피한 일이었다(鈴木篤士・松本伸夫, 1977: 12).

위에서 일본 PTA의 역사적 배경을 고찰하였거니와, 전후 일본의 PTA의 발전과정을 보면 다음과 같다.

일본 PTA의 제1기는 소화(昭和) 20년대(1945~1954)로서 당시의 사회정세는 전후 특히 전재지(戰災地) 학교에서는 교육비의 예산부족을 보충하기 위해서 PTA가 '사업위원회' 등을 설치하여 영리사업(바자나 영화상영 등)을 함으로써 PTA가 후원회적 역할로 시종하였는데, 이것이 소화(昭和) 20년대(1945~1954)의 일본 PTA의 실태라고 하겠다. 이러한 당시의 PTA의 모습은 규약에 제시된 PTA의 목적과는 부합되지 않지만, 패전후의 빈약한 교육재정으로 볼 때 불가피한 일이었다고 볼 수 있다.

소화(昭和) 30년대(1955~1964)는 일본 PTA의 제2기라고 할 수 있다. 이 시기는 전후 혼란기의 물질적인 궁핍에서 다소 벗어나는 시기로서 PTA가 본래의 모습을 찾기 위해 시행착오를 거치는 과정을 통해 PTA의 이념을 모색하는 시기였다. 당시 PTA에 관한 비판과 무용론이 주창되기도 하였는데, 그 이유로는 첫째, PTA는 전후 교육의 부산물이라든가 새로운 학제인 6·3제 교육의 관련물이라는 부정적인 경향이 있었으며, 둘째로는 PTA를 이용해서 정당 활동, 종교 활동을 한다는 비판을 받았고, 셋째는 PTA가 오로지 물질적인 면에서 학교 후원에 치중한다는 부정적인 평가가 내려진 시기였다.

소화(昭和) 40년대(1965~1974)의 일본 PTA의 활동내용은 1967년(昭和 42년) 6월 문부성 사회교육 심의회 총회에서 작성된 PTA의 개선에 관한 보고서에 잘 나타나 있다. 이 보고서의 요지는 PTA 결성 당시는 종전 후의 사회정세로 인해 불가피하게 학교후원회의 역할을 하지 않을 수 없는 형편이었으나, 그 후 일본의 경제사정도 호전되었으니, 종래의 학교 후원 중심의 PTA 기능에서 성인교육 중심의 PTA로 탈피해야 한다는 것이 주된 내용이었다. 이때는 성인교육을 위한 실천 활동을 어떻게 전개할 것인가에 대한 방안을 탐색하는 시기였으며, PTA 본래의 취지를 이해하기 위한 연수회가 활발히 개최되었고, PTA의 발전방향이 논의되어 활동이 정착되어 간 시기였다.

소화(昭和) 50년대(1975~1984)는 전후 PTA가 당면한 제 문제를 극복해서 PTA의 본래의 취지를 살려 운영하는 일이 중요과제로 제기된 시기였다(鈴木篤士·松本伸夫, 1977: 12~14).

소화(昭和) 60년대(1985~1994)는 PTA가 외부의 간섭을 받지 않는 사회교육단체로 법인설립허가(1985년)를 받으면서 조직과 기구를 정비하여 PTA 본래 목적 달성을 위한 활발한 활동을 전개한 시기였다. '94년 현재 회원은 1,300만 명으로 일본 학부모 성인인구의 30%를 차지하고 있다. 또한 PTA 가입 학교 수는 공립소학교와 공립중학교를 기반으로 98% 이상이 가입되어 활동하고 있다(韓國敎育新聞, 1994. 11. 30).

위에서 일본 PTA의 연혁에 관해 그 개요를 살펴보았거니와, 소화(昭和) 20년대(1945~1954)는 일본 PTA의 요람기였으며, 전후의 부흥기라는 사회 정세하에서 학교 후원 중심의 활동을 한 시기였다. 소화(昭和) 30년대(1955~1964)는 시행착오에 의한 PTA의 이념을 모색하는 시기로서 특히, 소화(昭和) 30년대 후반은 혼란기였으며, 소화(昭和) 40년대(1965~1974)는 종래의 학교후원 중심의 PTA기능에서, 성인중심의 PTA로 탈퇴해 가는 전환기였다. 그리고 소화(昭和) 50년대(1975~1984)는 PTA 본래의 교육적인 취지를 살려 그 기능을 쇄신하려는 노력을 경주한 시기였다. 그 후 소화(昭和) 60년대(1985~1994)는 PTA가 외부의 간섭을 받지 않는 사회교육단체로 법인 설립허가를 받고 조직과 기구를 정비하여, 본래의 목표 달성을 위해 활발한 활동을 전개한 시기였다. 이와 같이 일본의 PTA는 전후 반세기에 걸쳐 사회 변화에 맞추어 그 기능과 역할 면에서 발전을 거듭해 왔다.

2. 일본 PTA의 성격

일본 PTA의 성격을 알아보기 위해 일본 PTA의 이념 및 목적, 일본 PTA의 조직원칙과 특성을 중심으로 살펴본다.

(가) 일본 PTA의 이념 및 목적

2차 대전에서 패한 일본은 미군정이 실시됨에 따라 과거의 군국주의 내용과 방법을 버리고 미국 교육사절단의 건의를 받아들여 민주주의 교육을 펴게 되었다. 전후 일본은 신헌법이 제정됨에 따라 전제적인 교육제도에도 종지부가 찍혔으며, 1947년(昭和 22년) 4월부터는 PTA 이념의 도입과 아울러 학제를 개혁하여 새로운 6·3제 제도가 실시되었다.

이 새로운 학제는 종전 후 일본을 재건하는 방책으로 시도된 교육정책의 일환이라고 하겠으며, 이러한 학제의 개혁은 미국 교육사절단이 작성한 전후 일본교육 재건을 위한 보고서가 기초가 되었다. 이 보고서의 기본 요지는 "교육 재건의 방향은 민주주의의 교육철학을 기초로 해서 민주적인 생활을 위한 교육을 지향하는 것"이었다. 그 내용은 '개인의 가치와 존엄의 승인을 기초로 하는 것'으로서 이 보고서는 일본 정부에 전달되어 6월에 '교육쇄신위원회'를 조직하여 교육제도 개혁의 방침과 실시의 방책을 작성하였다(鈴木英男(編), 1973: 15).

당시의 「교육기본법」, 「학교 교육법」은 이 정신에서 입안되었고, 일본의 교육제도는 칙령제도(勅令制度)에서 국민의 합의에 의한 법률에 의해서 운영되는 교육제도로 대변혁을 가져왔으니, 이 교육개혁은 국민 전원의 참가를 전제로 해서 이루어진 것이다. 이때 이루어진 교육개혁의 2대 방향으로는 ① 아동교육에 있어서 지금까지의 교육내용을 고쳐서 민주주의적인 생활을 위한 교육내용으로 개정할 것과 ② 사회 구성원들에게 민주주의 사회란 어떠한 사회인가의 이념교육이 이루어져야 한다는 것으로 성인교육을 강조하였다.

이 성인교육을 속히 국민에 정착시킴과 동시에 일본의 봉건성이 잔존하고 있는 가정을 민주적인 가정생활의 장으로 탈피하도록, PTA 라는 조직 활동을 운용하는 것이 좋다는 생각에서 PTA가 조직되었다고 보는 것이다. 당시 PTA 조직의 기능으로는 성인교육의 기능을 수행하는 일과 교육민주화의 담당자라는 것 두 가지로 요약된다(鈴木英男(編), 1973: 16~17). 이와 같이 종전 후 일본에서 PTA 발족 당시의 이념은 전후의 교육개혁을 추진하는 모체로서 요청되었고, 민주사회 건설을 위한 PTA의 역할이 기대되었다.

일본 문부성은 1948년(昭和 23년) 10월에 '부모와 선생의 회' 위원회에 의해 작성된 참고규약을 배포하여 PTA 운영의 방향을 제시하였는데, 이 위원회 참고규약은 일본 PTA 발전에 공헌한 바 크다(鈴木篤士·松本伸夫, 1977: 11~12). 당시 참고규약이 제시한 PTA의 목적을 보면 다음과 같다.

(1) 가정, 학교 및 사회에 있어서의 아동·청소년의 복지를 증진한다.
(2) 가정, 학교 및 사회생활의 수준을 높이어 민주사회에서의 시민의 권리와 의무에 대한 이해를 촉진하기 위해 부모에 대해서 성인교육을 한다.
(3) 새로운 민주적 교육에 대한 이해를 깊게 하여 이를 추진한다.
(4) 가정과 학교와의 관계를 일층 긴밀히 하여 아동·청소년의 훈육에 대해서 부모와 교사가 총명한 협력을 하게 한다.
(5) 부모와 교사 그리고 일반사회의 협력을 촉진해서 아동·청소년의 건전한 심신의 발육을 도모한다.
(6) 학교의 교육적 환경의 정비를 도모한다.
(7) 아동·청소년의 보도, 보호 및 복지에 관한 법률의 실시에 힘써 새로운 적정한 법률을 제정하는 일에 협력한다.
(8) 적정한 법률상의 수단에 의해 공립학교에 대한 공비에 의한 적정한 지지를 확보함에 협력한다.

(9) 그 지역에 있어서의 사회교육 진흥을 돕는다.

(10) 국제 친선에 힘쓴다(鈴木英男(編), 1973: 91).

위에서 제시된 PTA 목적을 보면 ①, ④, ⑤, ⑦ 네 항목은 아동·청소년 육성에 관한 내용으로 부모와 교사가 협력해서 가정, 학교 및 사회에서 아동·청소년의 행복을 증진한다는 목적이 제시되고 있다.

(나) 일본 PTA의 조직원칙과 특성

일본 PTA는 전후 초기의 민주화 정책의 일환으로 문부성의 강력한 행정지도 아래 1947년(昭和 22년)부터 1950년(昭和 25년)에 걸쳐서 전국의 초·중·고교의 학교 단위에 PTA가 조직되었는데, 조직 초기부터 그 조직원칙에 모순이 내포되어 있었다. 그것은 이념으로서의 유지성(有志性), 즉 임의 가입과 현실로서의 망라성(網羅性)으로 전원 자동가입이라는 모순이었다. 일본의 PTA의 조직률이 당초부터 100%에 가까운 것은 미국의 경우와는 달리 현실로서의 망라성이 강했기 때문이다(日本社會敎育學會, 1969: 52). 그런데 이러한 망라성은 일본 PTA의 특성으로서, PTA 규약에는 가입은 임의이고 의무는 아니라고 하지만, 실제로는 대부분의 학교에서 자녀가 입학하면 자동으로 PTA 회원이 되고 있다(彌津義範, 1974: 198). 그런데 이 망라성을 일본의 사회적·역사적 현실에서 망라성에 강한 PTA 단체는 그 구성원의 자발성, 자주성을 억제하는 기능에 문제가 된다고 보았다.

망라성의 문제점으로는 일반적으로 PTA의 역원과 지도자가 유능한 단체에서는 별문제가 없지만, 역원과 지도자의 지도력이 부족한 단체에서는 부회장인 교장이 실질적으로 회장의 권능을 발휘하여 PTA가 학교 후원 단체화될 가능성이 높으며, PTA의 본래의 기능을 발휘하기 어렵다는 점이 문제로 제기된다(日本社會敎育學會, 1969: 52~54).

그러나 당시의 일본의 PTA 운영에서 망라성이 가지는 장점도 있었으니, 망라주의조직(網羅主義組織)인 PTA가 그 망라성 때문에 큰 의미를 지니고 있는 점을 요약하면 다음 세 가지를 들 수 있다.

첫째, PTA 회원인 모든 부모·대중에 자기 계발 및 사회적 훈련(특히 가정부인)의 기회를 제공하였다.

둘째, 강한 망라성이 역으로 PTA 회원 개개인의 주체성을 강화하고 나아가 PTA 단체의 질이 향상되도록 촉진한다는 것이다.

셋째, 망라주의(網羅主義)의 PTA라도 과제를 어떻게 실현해 가느냐에 따라 유지조직(有志組織)의 PTA 운영 이상의 큰 성과를 올리는 일도 있으니, 그것은 당해 PTA의 민주적 운영과 과제의식의 여하에 의한 것이다. 또한 전후 일본의 PTA의 망라성은 당시까지 잔존하던 대가족제도와 가부장제(家父長制) 아래 있던 일본의 가정주부들에게 자녀의 행복추구와 사회적 발언을 높이는 계기가 되었다. 또한 망라주의를 표방하는 PTA는 가정주부들의 자기 계발의 사회적 훈련의 최초의 장이었다(日本社會敎育學會, 1969: 53).

다음은 일본 PTA의 특성을 보면, 일반적으로 일본의 PTA는 성인교육을 기반으로 하는 조직이라는 점에서 자주적·민주적 사회교육단체의 성격을 강하게 띠고 있다. PTA는 부모와 교사의 학습 집단이고, 아동의 육성 집단이면서 교육의 세론집단(世論集團)이요, 광의의 '교육관계 단체'로서 아동의 행복을 목적으로 하는 단체라고 볼 수 있겠다(鈴木篤士·松本伸夫, 1977: 16~17).

또한 PTA의 특성으로 교육의 중립성을 강조하고 있다. PTA는 그 활동방침으로서 네 가지 금지사항이 약속되어 있다.

첫째, 비영리(非營利)를 들 수 있다. PTA는 일본 속에서 가장 큰 단체로서 외부에서 PTA가 영리의 장으로 이용되지 않도록 할 필요가 있다. PTA 자체가 영리행위를 한다면 PTA 본래의 취지에 부합되지 않으므로 현대적인 PTA에서는 영리행위가 금지되고 있다.

둘째, 비정당(非政黨)을 들고 있다. PTA는 특정 정당을 지지해서는 안 되며, 초당파(超黨派)이어야 한다는 것으로, 이것은 교육의 중립성이란 입장에서 매우 중요한 일로 PTA를 특정 정당의 활동에 이용하거나 PTA가 특정 후보를 추천하는 일 등은 허용되지 않는다.

셋째, 비종파(非宗派)를 들고 있다. PTA는 특정의 종파활동에 이용되거나 특정의 종파를 배척해서는 안 된다는 것이다. 이것은 학교와 PTA의 상호 조직의 존중이라는 점에서도 당연한 것으로 이러한 불간섭이 지켜지지 않으면 양자는 대립관계가 되어 부모와 교사의 상호 신뢰와 이해를 기반으로 하는 PTA의 자멸작용이 된다는 것이다(鈴木篤士・松本伸夫, 1977: 17~18).

이상과 같이 일본의 PTA는 교육이 영리행위로부터 중립을 유지하고 정치로부터 중립을 지키기 위해 초당파적이어야 한다는 것이며, 종교로부터의 중립을 위해 비종파적이어야 하고, 학교 경영에 자주성과 자율성, 창조성을 유지하기 위해서 학교 경영에 대한 PTA의 불간섭을 내세우고 있다.

위에서 일본 PTA의 일반적인 성격에 대해 살펴보았거니와, 다음으로는 일본 PTA의 세 가지 임무를 보면 다음과 같다.

첫째, 가정, 사회, 학교가 상호 협력하여 아동의 행복을 증진시키는 활동을 계획하고 실행하는 것이다.

둘째, 가정, 사회, 학교가 협력하여 부모들이 자녀교육에 대해서 학습하는 기회를 제공하는 일이다. 즉 양친교육의 계획과 실행이다.

셋째, 부모와 교사가 동석하여 즐거운 시간을 갖는 사교기관의 PTA가 되는 것이다(宮原誠一・喜美子, 1956: 27). 이것은 부모와 교사 또는 부모 간의 인간관계를 친밀히 하기 위해 함께 노래, 무용, 운동, 취미 생활을 하는 문화 활동이다(禰津義範, 1994: 151~152).

이와 같이 일본 PTA의 세 가지 임무는 상호 관련을 맺고 있다. 부모가 아동의 행복을 위해서 교사와 협력하려면, 아동의 행복을 위해 돕는 일에 대한 식견이 있어야 하며, 자신의 식견을 높이는 노력을 통해서만 자녀의 행복을 위해 협력할 수 있게 된다는 것이다. 또한 부모와 교사가 아동교육에 협력하려면, 서로 마음의 문을 활짝 열어야 한다는 것으로서, 마음의 장벽을 허무는 데는 동석하여 즐거운 시간을 보내는 일이 필요하다고 보아, 사교의 기회를 제공하는 문화활동이 이루어지고 있다.

3. 일본 PTA의 활동영역

일본에서는 2차 대전 이전까지만 해도 교육제도 자체가 학부모의 참여를 허용하지 않아서, 학교와 부모 사이에 협력이 거의 이루어질 수 없었으며, 부모는 교육에 무관심했고 학교에만 일임했다(宮原誠一・喜美子, 1956: 70).

그러나 오늘날 일본에서의 PTA는 자녀의 학교생활에 개입된 부모들의 중요한 활동의 장소이다. PTA는 학교가 부모들에게 학교의 교육방침과 기대를 설명하고, 교육활동을 위한 부모의 도움을 청하는 공개 토론회로서의 기능을 갖고 있으며, 부모들은 학교교사와 한 집단으로 만나서 교사들과 아동교육에 대해 의논하는 중요한 장이 되고 있다(한국교육개발원, 1987: 81). 일본 PTA의 활동 상황을 이해하기 위해 단위 PTA 활동과 학급 PTA 활동 그리고 지역 PTA 활동과 PTA 연합 조직의 활동을 중심으로 살펴본다.

(가) 단위 PTA 활동

단위 PTA 조직은 운영의 조직과 활동의 조직으로 나누어 볼 수 있다. 운영의 조직에는 의결기관과 집행기관이 있다. 의결기관에는 총회, 평의원회 또는 위원총회 등이 있으며, 집행기관에는 운영위원회(실행위원회), 역원회 등이 있다. 다음 활동을 위한 조직에는 전문 위원회, 지구위원회, 학급·학년위원회 등이 있다. 이러한 의결기관과 집행기관, 각 위원회는 PTA의 다양한 기능을 분담하고 있다.

여기서는 운영의 조직을 중심으로 살펴보기로 한다. 먼저 의결기관으로서의 총회의 기능을 보면 총회는 전 회원에 의해 구성되는 최고의 의결기관으로서 다음과 같은 사항을 의결한다.

① 역원의 선출 혹은 승인, ② 규약의 결정 및 개폐, ③ 예산의 의결과 결산의 승인, ④ 연간 사업의 보고 및 금년도 사업계획의 승인, ⑤ 긴급사항의 심의 및 승인, ⑥ 기타 목적을 달성하기 위한 중요한 사항을 의결한다.

다음 평의원회는 전문위원회, 학급·학년위원회, 지구위원회 등의

정·부위원장, 역원 등으로 구성되며 총회에 버금가는 의결기관이다.

다음 집행기관인 운영위원회와 역원회의 기능을 보면, 운영위원회의 구성은 역원, 각종 위원회, 정·부회장, 각 학년 위원장, 각 지구 위원장, 학교 관계자에 의해 구성되며, 운영위원회는 다음과 같은 내용을 주로 의결한다.

① PTA 전반에 걸친 사업의 계획·연락·조정, ② 총회에서 의결된 사항의 운영과 처리, ③ 총회에 제출하는 의안의 작성, ④ 각 위원회의 사업계획의 심의 및 예산관계의 검토, ⑤ 잠정예산 및 보정예산에 관한 심의, ⑥ 기타 중요사항의 처리 등이다.

다음 역원회는 PTA의 중핵적 집행기관으로 그 구성은 회장, 부회장, 회계, 서기로 구성된다. 역원회는 운영위원회를 거쳐 평의원회나 총회에 제출하는 예산안으로부터 시작해 제 원안을 작성하는 중요 부서로서 PTA의 두뇌의 역할을 한다(鈴木篤士·松本伸夫, 1977: 26~34).

위에서 단위 PTA의 조직과 기능에 대해 살펴보았거니와, 다음은 단위 PTA 활동의 목적과 활동방향을 살펴보기로 한다.

단위 PTA 활동의 목적으로 일본 문부성이 1967년(昭和 42년 7월 15일) 제시한 것을 보면 "PTA는 아동·생도의 건전한 성장을 도모하는 것을 목적으로 해, 부모와 교사가 협동해서 학교와 가정에서의 교육에 관해 이해를 깊이 하여 교육진흥에 노력하고, 아동·생도의 교외에서의 생활의 지도, 지역교육환경의 개선, 충실을 도모하기 위한 회원 상호의 학습과 그 밖의 필요한 활동을 한다", 또한 "아동·생도의 건전한 성장을 도모하기 위해서는, 학교와 가정과 사회가 각기 교육의 책임을 분담해 협력하는 것이 중요하지만 특히, 아동·생도의 교육에 직접 책임을 지는 학교와 가정의 협력체제가 필요하다"라고 되어 있다. 이와 같이 아동의 건전한 성장·발달과 행복을 위하여 학교와 가정 즉 교사와 부모가 함께 공동의 노력이 필요함을 강조하고 있다(鈴木英男(編), 1973: 73).

위에 언급된 단위 PTA 활동의 목적을 달성하기 위한 활동으로는 첫째, 아동의 육성단체로서의 활동, 둘째, 성인의 학습 집단으로서의 활동, 셋째, 건전한 세론원(世論源)으로서의 활동, 넷째, 학교 후원단체로서의 활동을 들 수 있다.

첫째, '아동의 육성단체로서의 활동'은 부모와 교사가 함께 생활지도 특히, 교외 생활지도 활동 등을 하는 것을 말한다.

둘째, '성인의 학습 집단으로서의 활동'은 부모와 교사가 가정과 학교에서 훌륭한 양육자와 지도자가 되기 위한 성인교육 활동이다. 그 내용은 자녀의 성장·발달에 관한 것, 자녀의 학습에 관한 것, 일반교양·시국에 관한 것이 성인교육의 주된 영역이 된다(鈴木英男(編), 1973: 35).

셋째, '건전한 세론원으로서의 활동'은 사회활동으로 PTA가 강한 세론원으로서 아동의 행복을 위해 정치, 행정, 사회 일반에 걸쳐 영향력을 행사하는 것이다.

넷째, '학교 후원단체로서의 활동'은 오늘날에 와서는 상당히 약해지고 있다(鈴木英男(編), 1973: 76~77).

위에서 단위 PTA 활동의 목적과 활동의 방향에 대해 살펴보았거니와, 단위 PTA의 목적 달성을 위한 학교의 교육방침으로 제시된 내용은 다음과 같다.

① 집회활동(보호자회, 부모회, 지역간담회, 부락회, 학교행사에의 초대<운동회, 학예회>, 수업참관, 학급·학년 간담회), ② 홍보활동

(학교통신, 학급·학년통신, 학급문집·학년문집·학교문집 등), ③ 통신부·성적물 회람, ④ 가정연락장·아동일기, ⑤ 가정방문 등이 학교의 교육방침으로 제시된 내용이다.

이어서 PTA가 주최하는 활동내용을 보면 아래와 같다.

① 학급·학년 PTA, ② 강연회, ③ 강습회, ④ PTA의 가정교육, ⑤ PTA 지역간담회(학급 PTA, 학년 PTA), ⑥ PTA 어린이회, ⑦ PTA 홍보물 발행(PTA 소식, 학급 PTA 소식, 학년 PTA 소식, PTA지 등), ⑧ 부모자녀 좌담회(PTA 부모자녀 좌담회, PTA 지역별 부모자녀 좌담회, 학급·학년 PTA 부모자녀 좌담회)(鈴木英男(編), 1973: 74~75) 등의 내용으로 교사와 부모들은 PTA 활동을 통해 아동의 바른 성장을 위해 상호 협동한다.

(나) 학급 PTA 활동

학급 PTA는 '부모회원과 선생회원'이 학급별로 조직되는데 학급 PTA의 목표와 활동은 다음과 같다.

(1) 학급 PTA는 부모와 교사가 아동교육에 대해서 함께 생각하는 대화의 장이 된다.
(2) 학급 PTA는 그 자체가 학습 프로그램을 통하여 조직적·체계적·계속적으로 학습활동을 전개한다.
(3) 학급 PTA는 학교 교육과 학급경영에 대해 부모가 이해하고 협력하는 태세를 갖도록 학습하는 일을 한다.
(4) 학급 PTA의 활동이 모체가 되어, PTA 본래 활동의 방향을 찾는다.
(5) 부모 자신의 성인교육에 관계되는 학습활동을 함으로써, 훌륭한 부모가 되도록 하고 스스로의 생애교육의 기회를 갖게 한다(鈴木英男(編), 1973: 47).

이와같은 학습활동을 통해서 부모회원과 교사회원은 PTA의 조직을 구성하는 일원으로서 그 권리, 의무 등에 있어 평등한 입장에 서게 된다(日本社會敎育學會, 1969: 88). 부모들은 학교와 학급의 운영방침을 이해하고 함께 활동하는 가운데 자연스럽게 자녀의 성장과 발달을 효과적으로 도울 수 있다. 그리고 스스로의 생애교육의 기회를 갖게 되고, PTA 회원으로서의 자각을 갖게 되는데, 학급 PTA의 학습과제로서 다음과 같은 실례를 들 수가 있다.

(1) 학교 교육에 대한 사고방식

(2) 교사의 교육방침과 아동관·학생관

(3) 학교 내외의 아동생활상의 문제점과 생활지도

(4) 교과와 가정학습과의 관계

(5) 교육시설·교재교구·교육기기에 대해서

(6) 학교행사·지역행사와 환경

(7) 교육 일반에 관한 시사해설

(8) 가정교육의 존재방식

(9) 자녀의 심신발달과 환경

(10) 건강교육·안전교육·공해교육 등과 지역성

(11) 진로와 자녀의 장래·직업관

(12) 부모의 교육관과 생의 보람

이러한 학습 테마는 PTA 회원의 희망에 따라서 프로그램화되어 수업참관, 부모자녀좌담회, 견학, 가정방문 혹은 학급·학년 통신과 관련시켜 구체화해서 실천해 나가는 것이 요망된다. 또한 학급 PTA의 학습방법으로서는 토론, 강의, 강연, 도서나 팸플릿, 영화나 슬라이드, 서클·그룹 활동, 견학, 조사, 자료수집, 연구, 홍보(학급·학년소식)

활동 등의 학습방법을 통해서 학급 PTA 활동을 전개한다(鈴木英男(編), 1973: 49).

이와 같이 부모와 교사의 협력에 의한 학습활동은 가정교육, 학교교육을 목표한 실천 활동으로 이어져 좋은 부모, 좋은 교사가 되기 위해 행해지는 것이다(鈴木篤士·松本伸夫, 1977: 98). 이러한 PTA의 실제는 일반회원을 중심으로 일상적 활동 속에서 이루어지므로, '학급 PTA'와 '지역 PTA'라는 두 개의 장이 중요한 의미를 갖는다(日本社會敎育學會, 1969: 55).

(다) 지역 PTA 활동

일본에서 지역 PTA는 지역주민들의 공통의 관심사인 아동·청소년에 대한 건전한 육성을 위해 활동하는 주민조직이다. 지역 PTA는 아동·청소년 육성을 위해 활동하는 지역사회의 제 기관과의 긴밀한 협력과 역할이 기대된다. 또한 지역 PTA는 청소년의 집단 형성과 육성 면의 커뮤니케이션 센터로서 도시지역에서의 지역 PTA의 활동내용을 보면 다음과 같다.

　(1) 교외 생활지도의 충실
　　·위험과 악영향에서의 보호적, 방어적 활동
　　·건전한 놀이나 활동에 참가
　(2) 지역 환경의 개선
　　·교육적 환경 정비활동(안전대책)
　　·환경 개선을 위한 봉사활동
　　·PTA 활동에 필요한 시설, 설비의 충실

(3) 지역사회에서의 연대감과 시민성의 육성

- 지역주민의 연대의식 고취
- 자녀교육의 진전
- 지역 환경의 개선
- 바람직한 시민성의 육성
- 지역 활동의 적극적 참여

(4) 교육에 관한 정당한 세론 형성(世論形成)

- 교육에 관한 제 문제에 대한 심화된 학습
- 교육에 관한 바른 세론의 환기(鈴木英男(編), 1973: 90~95)

이상과 같이 도시지역에서의 지역 PTA는 지역 환경의 개선을 위해 교외 생활지도, 지역 환경의 개선, 지역사회에서의 연대감과 시민성의 육성, 교육에 관한 정당한 세론 형성 등 광범위한 활동을 하고 있으며, 지역주민과 지역사회의 제 기관이 협동적인 노력을 경주한다.

(라) PTA 연합조직의 활동

일본에서는 단위 PTA 활동뿐만 아니라 'PTA 연합조직'의 활동도 활발히 이루어지고 있다. 각 '단위 PTA'에서는 좁은 구역 내의 활동에만 머물게 되므로, 전체적인 PTA 활동에는 미처 관심을 두기가 어려운 경우가 많다. 따라서 인근의 PTA가 서로 정보를 교환해서 PTA 활동을 활성화시키는 일이 필요하다. 이를 위해서는 단위 PTA가 행정구역 혹은 몇 개의 지역을 모체로 연합조직을 형성하고 있는데, 보통 1 시·구·군을 구역으로 하여 'PTA 연합회'가 조직되어 있다. 또한 이 연합회 몇 개가 모여 연합체를 만들어 이것을 'PTA 협의회' 또는 'PTA 총연합'으로 부르고 있다. 이 전국조직이 '일본 PTA 전국 협의회'이다. 이 연합조직은 지역에 따라 다소 차이가 있다. 예를 들면 그 지구 내에 초등학교 PTA 연합회와 중학교 PTA 연합회가 있으나, 소지역에서는 초·중학교가 하나로 되어 있는 연합조직도 있다. 적어도 단위 PTA의 수나 지역 상황에 따라 연합조직의 상태도 달라진다.

PTA 연합조직은 PTA의 공통되는 과제의 해결, 요청의 실현, 세론의 환기, 단위 PTA의 향상 발전에 기여함으로써, PTA 공통의 목적을 달성함을 목적으로 한다. 또한 PTA 연합조직은 단위 PTA 자주성을 존중하고 이에 대해서 통제 지배함이 없이 봉사기관으로서의 성격을 갖는다. 따라서 연합조직은 단위 PTA의 상호 정보 교환, 지역 내의 초·중학교 PTA의 연락과 협력으로 PTA 활동을 원활히 추진해 가도록 활동한다(鈴木篤士·松本伸夫, 1977: 90~91).

그리고 PTA 협의회(PTA 총연합) 회장들은 연 4회 도쿄에서 총회를 갖고, PTA 사업과 활동방향을 논의하고, 이사회는 20명 내외로 구성하여 매월 1회 모임을 갖는다. 사무국 내에는 총무, 교육문제, 환경대책, 학부모위원회 등 4개의 상설위원회와 그 외에 광고, 영화심사, 협찬사업, 추진위원회 등이 있어 부문별 활동내용을 각종 간행물이나 자료로 발간한다.

문부성 공인 전국 조직인 일본 PTA 전국 협의회의 주요 활동은 학교 내의 교육문제에 대한 다양한 건의와, 아동 청소년 보호를 위한 학교 주변 환경 정화, 학부모의 평생교육 육성 등이다. 또한 PTA 전국협의회는 국가를 상대로 매년 PTA 활동 촉진을 위한 예산 지원을 요청하고 있는데, '94년 PTA 총예산 중 약 45%가량을 문부성에서 보조를 받고 있다(한국교육신문, 1994. 11. 30).

이와 같이 일본 PTA는 학교단위 PTA 활동에 머물지 않고 인근 지역단위 PTA 간에 연합조직을 구성하여, 상호 정보 교환을 통해 학부모 활동을 활성화시키고 있다. 또한 PTA 전국협의회와 PTA 협의회, 시·구·군 PTA 연합회, 단위 PTA가 아동·청소년의 건전한 성장 발달을 도모한다는 공동의 목적을 갖고 활동하고 있다.

미국과 일본의 PTA가 주는 시사점

    미국과 일본의 PTA는 그 발족배경이 서로 다르지만, PTA의 목적은 아동·청소년의 원만한 성장 발달을 돕기 위하여, 학부모와 교사가 상호 협력하는 교육적인 민간단체라는 점에서 공통점을 발견할 수 있다. 우리나라의 학부모 단체는 해방 후 60여 년의 긴 역사를 가지고 있지만, 교육적 기능은 매우 미흡하다는 평가를 받고 있다. 앞으로 학부모 단체의 교육적 기능을 향상시키는 데, 미국과 일본의 PTA 운영에서 유익한 시사를 받을 수 있을 것이다. 미국과 일본의 PTA가 주는 시사점은 다음과 같다.

    (가) 미국과 일본의 PTA는 아동·청소년의 정상적인 성장·발달을 돕기 위하여, 부모와 교사 및 지역인사가 긴밀히 상호 협력하여 가정, 학교, 사회에서 아동·청소년의 복지 증진과 교육에 관심을 가지며, 그들의 보호와 육성을 위한 각종 활동을 전개한다.

    (나) 미국과 일본의 PTA는 교육적인 조직으로, 교육의 중립성을 특

히 강조하며, 비영리적이고 비정당적이며, 비종파적인 단체의 성격을 갖고 있다.

(다) PTA 회원은 학교 정책 수립을 위한 의사결정과정에 참여가 허용되지만, 학교경영의 자주성과 자율성 및 창조성을 존중하여 학교경영에 PTA가 간섭하지 않는다.

(라) PTA는 가정과 학교 간의 친화감을 형성하여, 아동·청소년의 건강한 성장·발달을 돕기 위해 사친 간에 격의 없이 대화를 할 수 있는 통로의 구실을 하고 있으며, 부모와 지역주민이 학교 교육에 참여한다.

(마) 미국의 PTA는 자원인사로 구성된 민주적 조직이고, 공동의 관심을 가진 다른 조직이나 단체와 협동을 강조한다. PTA 활동에서는 아동·청소년의 복지와 교육에 우선적인 관심이 있으며, PTA의 조직적 활동영역은 더 좋은 가정, 더 좋은 학교, 더 좋은 지역사회 가꾸기를 위한 활동 계획을 갖고 있다.

(바) 미국 PTA는 자주적·민주적·교육적 단체로 교육, 건강, 안전, 레크리에이션, 정신건강, 아동·청소년 보호에 대한 계획과 활동을 후원하기 위해 방대한 분야의 분과를 구성하여 각 지방에 지회를 두고 활동하고 있으며, 가정·학교·사회가 협동하여 교육적 기능을 발휘하고 있다.

(사) 미국의 PTA 조직은 지방단위, 지역단위, 주단위, 전국단위로 조직되어 있으며, 종족, 종교, 국적에 관계없이 누구나 PTA의 목적과 강령을 찬동하는 사람은 지방 PTA를 통하여 가입이 가능한 자원적 조직이다.

(아) 일본 PTA는 자녀의 학교생활에 개입된 부모의 활동의 장소로서, 특히 모친들에게는 자신들의 잠재능력을 발견하여 신장시킬 수

있는 중요한 장이 되고 있다. 또한 PTA는 부모에게 학교의 교육방침과 기대를 설명하고 부모의 도움을 청하는 공개토론회로서의 기능을 갖고 있으며, 부모들은 교사들과 한 집단으로 만나서 자녀교육에 대한 교육상담과 정보를 교환한다.

(자) 일본 PTA 활동의 중요한 특징으로 문화활동을 들 수 있는데, 이 활동은 부모와 교사가 동석하여 인간관계를 친밀히 하기 위해 함께 노래, 무용, 운동, 취미생활을 하는 사교기관으로서의 PTA 활동이다.

(차) 일본 PTA의 발족 초기에는 물질적 궁핍으로 인해 학교에 대한 재정적 후원이 주된 기능이었지만, 전후 반세기에 걸쳐 점차 재정적인 후원기능을 줄여 나가면서 PTA 본래의 교육적 기능을 살려 오늘날에 와서는 재정적 후원기능은 거의 무시되고 있다.

(카) 일본 PTA의 특성은 조직의 망라성을 들 수 있다. PTA 가입은 임의이나 실제는 대부분의 학교에서 부모는 자동적으로 PTA 회원이 되고 있다. 이 점이 자원인사로 구성된 미국의 PTA와 다른 점이다.

(타) 일본 PTA는 부모와 교사의 학습 집단으로 학교 교육, 가정교육, 사회교육을 포함한 광의의 교육관계 단체이며, 아동육성 집단이요, 학급 PTA 활동에서 부모와 교사는 PTA 회원으로서 권리와 의무 등에 있어 평등한 입장에 서게 된다.

(파) 일본의 지역 PTA는 교육에 관한 정당한 세론(世論)을 형성하는 세론집단(世論集團)으로서 정치, 행정, 사회 일반에 영향력을 행사한다. 그리고 지역 내의 제 기관과 긴밀한 협력하에 지역사회에서의 연대감 형성과 시민성의 육성, 교외생활지도 및 지역 환경 개선 등의 활동을 하는 주민조직이다. 또한 PTA의 연합조직은 단위 PTA 상호의 정보 교환 및 각급 학교 PTA 간의 협력을 도모하면서 PTA 활동을 원

활히 추진하도록 조력한다.

위 Step 2에서 고찰한 미국과 일본의 PTA 활동 내용을 요약·비교하면 다음 <표 1>과 같다.

〈표 1〉 미국과 일본의 PTA 활동 비교표

	조직동기 및 발생시기	목적 및 활동영역	성격
미국	· 1897년에 아동, 가정, 학교, 지역사회에 관심을 가진 모친집단에 의해 전국모친협회(The National of Mothers)가 조직됨. · 공동 창시자: A. M. Birney와 P. A. Hearst · 조직의 창립은 19세기 말엽에 새로운 인도주의와 민주주의의 시대적 사조가 조직의 사상적 뒷받침이 됨.	· 아동과 청소년의 복지 증진 · 가정생활의 수준 향상 · 아동, 청소년의 보호를 위한 법률 제정 · 사친 간의 아동교육을 위한 협력 · 모든 아동의 정상적인 성장을 돕기 위한 학교와 지역사회의 일치된 노력 증진 <PTA의 활동단위> · 지방단위 PTA · 지역단위 PTA · 주단위 PTA · 전국단위 PTA	<PTA 조직> · 자원인사로 조직된 조직체 · 민주적 조직체 · 협동을 강조하는 조직체 · 아동, 청소년의 복지를 위한 조직체 <PTA가 추구하는 기본 방침> · 교육적인 조직 · 비영리적, 비종파적, 비정당적 · 학교행정에 불간섭 · 타조직이나 단체와의 상호 협조 · 더 좋은 가정, 더 좋은 학교, 더 좋은 지역사회 가꾸기
일본	· 1947년 발족됨. · 민주교육의 재건을 위해 일본에 온 미국교육사절단의 교육 보고서에 의해 PTA가 소개됨.	· 가정, 학교 및 지역사회에서 아동·청소년의 복지 증진 · 성인교육의 실시 · 민주교육에 대한 이해 증진 · 국제친선 도모 · 공교육비의 확보 · 학교 교육환경 정비 <활동 영역> · 단위 PTA 활동 · 학급 PTA 활동 · 지역 PTA 활동 · PTA 연합조직의 활동	<PTA 조직> · PTA 가입은 임의이나 실제는 자녀가 입학하면 자동으로 회원이 됨. <PTA의 특징> · 성인교육 조직 · 자주적 조직 · 민주적 조직 · 비영리적 조직 · 비종파적 조직 · 비정당적 조직 · 부모·교사의 학습집단 · 아동육성 집단 · 교육의 세론 집단 ★ PTA: 학교, 가정, 사회교육을 포함한 광의의 교육관계 단체임.

요약

Step 2에서는 외국의 학부모 교육 참여제도에 대해 고찰하였다. 여기서는 먼저 PTA의 발상지인 미국의 PTA 활동을 살펴본 후, 다음으로 동양에서 PTA 활동이 활발한 일본의 PTA 활동을 중심으로 살펴보았다.

1. 미국의 PTA 활동

PTA 초기 발달은 미국을 중심으로 이루어졌다. PTA의 발생은 당시의 사회적 상황과 밀접한 관련을 갖고 있는데, 미국의 PTA는 1850년대의 아동 건강, 아동에 대한 보호와 아동에 대한 관심이 열악한 상황에서 그 발족의 기원을 찾을 수 있다. 19세기 중엽의 산업기구의 급격한 변혁에 따르는 사회적 변화 속에서 아동의 보호와 행복을 염원하는 인도주의와 민주주의의 시대적 사조 속에서 부모와 교사가 상호 협력하는 민주적인 교육조직으로 PTA가 탄생된 것이다.

당시 산업의 발달로 대부분의 모친들은 직장에 나감에 따라 아동의 보호를 위해 유치원의 설립과 확장은 필연적인 것이었으며, 유치원의 창시는 모친과 교사들이 함께 일하면서 아동을 위해 더 많은 일을 할 수 있다는 것을 느끼게 하였다. 유치원의 발전으로 모친의 모임이 시작되었고, 1897년에는 아동·가정·학교·지역사회에 관심을 가진 모친 집단에 의해 전국모친협회(The National Congress of Mothers)가 조직되었고, 이 협회의 공동 창시자는 Birney와 Hearst였다. 1908년 이 조직의 명칭은 전국모친협회와 사친연합회(National Congress of Mothers and Parent-Teacher Association)로 바뀌게 되었고, 그 후 남성회원 수가 꾸준히 증가함에 따라 그 명칭은 전국사친연합회(The National Congress of Parents and Teachers)가 되었지만, 오늘날 전국 PTA(The National PTA)로 더 많이 알려져 있다. 이 조직의 기능과 역할을 이해하기 위해, 미국 전국 PTA가 설정한 PTA의 기본 목표를 보면 PTA의 성격을 잘 알 수 있다.

첫째, 가정·학교·교회와 지역사회에 있어서의 아동과 청소년의 복지를 증진시키는 것

둘째, 가정생활의 수준을 향상시키는 것

셋째, 아동·청소년의 보호와 감독을 위한 적절한 법률을 제정하도록 하는 것

넷째, 가정과 학교와의 관계를 긴밀히 하고 부모와 교사가 아동교육에 총명하게 상호 협력하는 것

다섯째, 모든 아동들을 위한 신체적·지적·사회적·정신적 교육에 있어서 최고의 이익이 보장되도록, 교육자와 일반 대중 사이에 일

치된 노력을 증진시킬 것을 제시하고 있다.

미국의 PTA는 이와같은 목표를 달성하기 위해 가정·학교·사회가 상호 협력하여 활발한 활동을 전개하고 있다. 미국 PTA의 조직특성은 자원적·민주적 조직이며, PTA 활동에서는 항상 협동이 기초가 되고, PTA 활동에서 가장 중요한 관심은 아동, 청소년의 복지와 교육에 있다. PTA 조직은 지방단위(Local PTA), 지역단위(District PTA), 주단위(State PTA), 전국단위(National PTA)로 조직되어 있고, 회원의 자격은 종족, 종교, 국적에 관계없이 누구나 지방 PTA를 통하여 가입이 가능하다.

그리고 미국 PTA가 추구하는 기본 방침을 보면, PTA는 교육적인 조직이요, 비영리적·비종파적·비정당적 조직이다. 또한 PTA는 학교행정에 간섭하지 않을 것과, 공동의 관심을 가진 다른 조직이나 단체와 상호 협조한다는 기본 방침을 가지고 있다. 이러한 기본 방침하에 활동하고 있는 전국 PTA는 더 좋은 가정(better homes), 더 좋은 학교(better schools), 더 좋은 지역사회(better communities)를 위한 활동계획을 갖고 방대한 분야의 분과를 구성하여 조직적 활동을 하고 있다.

2. 일본의 PTA 활동

일본에서는 제2차 대전의 패전 후 미국 교육사절단의 교육보고서에 의해서 PTA가 처음 일본에 소개되었다. 점령군의 CIE총사령부(민간정보 교육부)는 일본 문부성 사회교육국에 미국의 PTA에 관한 자료를 제시하여, PTA의 연구와 조직을 권장하였다. 그리하여 CIE와 일본 문부성의 공동노력으로 PTA 발족의 출발이 된 '부모 선생의 회'에 관한 안내 자료를 1947년(昭和 22년) 3월 5일 각 지방 장관에게 배포해서, PTA 조직과 그 활동을 촉진한 것이 일본 PTA 발족의 기점이 되고 있다.

당시 일본 PTA의 목적은, 성인교육의 기능을 수행하는 일과 교육 민주화의 담당자라는 두 가지로 요약된다. 종전 후 일본 PTA가 발족 당시 갖는 이념은 전후의 교육개혁을 추진하는 모체로서 요청되었고, 민주사회 건설을 위한 PTA의 역할이 기대되었다. 그런데 이때 교육 개혁의 방향은, 첫째, 아동교육에 있어서 지금까지의 교육내용을 고쳐서 민주주의적 생활을 위한 교육내용으로 개정할 것과, 둘째, 사회 구성원들에게 민주주의 사회란 어떠한 사회인가의 이념 교육의 필요성에 따라 성인교육이 강조되었다.

그러나 당시 일본의 PTA는 발상국인 미국의 PTA 발생과정과는 상이한 조건에서 출발되었다. 미국의 PTA는 발기인이 무명의 한 모친이었다는 점에 비하여, 일본의 경우는 정치적으로 절대적인 권력을 잡았던 미국 점령군에 의해 PTA가 조직되었다는 점이다. 또한 미국의 PTA가 장기간에 걸쳐 회원을 획득한 데 비해, 일본의 경우는 PTA 조직 후 불과 1·2년 사이에 부모와 교사가 거의 가입되었다. 일본에서는 PTA가 조직되기 이전부터 후원회나 부형회, 보호자회 또는 모친회 등의 조직이 있었으므로, 이를 기반으로 PTA 조직은 급진전되었으며, 1948년(昭和 23년) 4월에 PTA 보급률은 82.8%나 되었다.

그러나 당시 일본의 PTA는 전후 극도의 물질 결핍과 재정적 빈곤으로 인해, 물질적 조건정비에 쫓겨 재정적인 후원의 역할을 하였다. PTA가 본래 발족 취지인 부모와 교사 간의 협력을 통한 아동의 정상적인 성장 발달을 돕는 일은 당시 일본의 특수한 사정과 사회상황하에서 그대로 받아들여질 수 없었다.

전후 일본 PTA의 변천사를, 보면 일본 PTA의 제1기는, 소화(昭和) 20
년대(1945~1954)로서 패전 후 부족한 교육 재원의 확보를 위해, PTA
가 '사업위원회' 등을 설치하여 영리사업(바자나 영화 상영 등)을 함
으로써 재정적인 후원역할을 하였다. 다음 제2기는, 소화(昭和) 30년대
(1955~1964)로서 이 시대는 전후 혼란기의 물질적인 궁핍에서 다소
벗어나 PTA의 본래의 모습을 되찾기 위해 시행착오를 거치는 과정을
통해 PTA의 이념을 모색하는 시기였다. 소화(昭和) 40년대(1965~1974)
는 종래의 학교 후원 중심의 PTA 기능에서 성인교육 중심의 PTA로
탈피한 시대로서, PTA의 발전 방향이 논의되어, 활동이 정착되어 간
시기였다. 그 후 소화(昭和) 50년대(1975~1984)는 PTA 본래의 교육적
인 취지를 살려 PTA 활동의 교육적 기능을 쇄신하려는 노력을 경주
한 시기였다. 그리고 소화(昭和) 60년대(1985~1994)는 PTA가 외부의
간섭을 받지 않는 사회교육단체로 법인 설립 허가를 받고, 조직과 기
구를 정비하여 PTA 본래의 목표 달성을 위해 활발한 활동을 전개한
시기였다. 이와 같이 일본의 PTA는 전후 반세기에 걸쳐 사회 변화에
맞추어 그 기능과 역할 면에서 발전을 거듭해 왔다.

다음 일본 PTA의 성격을 이해하기 위해 PTA의 목적과 조직원칙
및 그 특성을 살펴보면, 일본의 PTA는 미국 PTA의 목적과 공통점을
갖고 있어 "아동과 청소년의 성장·발달을 돕기 위해 부모와 교사가
상호 협력해서 가정, 학교 및 사회에서 아동·청소년의 행복을 증진
한다"는 것이다.

그러나 일본 PTA의 조직특성은 망라성(網羅性)을 특성으로 들 수
있다. PTA 규약에는 가입은 임의이고 의무는 아니라고 하지만, 실제

로 대부분의 학교에서 자녀가 입학하면 자동으로 부모는 PTA 회원이 된다. 다음 PTA의 특성을 보면, PTA는 부모와 교사의 학습 집단이고, 아동의 육성 집단이면서 교육의 세론집단(世論集團)이요, 또한 학교 교육관계 단체라는 관점에서 보면, PTA는 학교 교육, 가정교육, 사회 교육을 포함한 광의의 '교육관계 단체'로서 아동의 행복을 목적으로 하는 단체라고 볼 수 있다. 또한 일본의 PTA는 교육이 영리 행위로부터 중립을 유지하고, 정치로부터 중립을 지키기 위하여 초당파적이며, 종교로부터의 중립을 지키기 위해 비종파적이어야 하고, 학교 경영의 자주성과 자율성, 창조성을 유지하기 위해서 학교 경영에 대한 PTA 의 불간섭을 내세우고 있다.

끝으로 일본 PTA 활동의 세 가지 임무를 보면 첫째, 가정·사회· 학교가 상호 협력하여 아동의 행복을 증진시키는 활동을 계획하고 실행하는 것이다. 둘째, 가정·사회·학교가 협력하여 부모들이 자녀 교육에 대해서 학습하는 기회를 제공하는 일인데, 이는 곧 부모교육 에 관한 계획과 실행이다. 셋째, 부모와 교사가 동석하여 즐거운 시간 을 갖는 사교 기관으로서의 PTA 활동인데, 이것은 부모와 교사 간의 인간관계를 친밀히 하기 위해 함께 노래, 무용, 운동, 취미생활을 하 는 문화 활동이다. 이러한 문화 활동은 일본 PTA 활동의 특징이라고 할 수 있다.

일본에서는 제2차 세계대전 이전까지만 해도 교육제도 자체가 학 부모의 참여를 허용하지 않아서 부모는 교육에 무관심했고 학교에만 일임했었다. 그러나 오늘날 일본에서의 PTA는 자녀의 학교생활에 개 입된 부모들의 중요한 활동의 장소이다. 부모들은 교사와 함께 단위 PTA와 학급 PTA 활동을 함에 있어서 그 권리, 의무 등에 있어 평등한 입장에서 아동·청소년의 바른 성장을 위해 상호 협동한다. 또한 PTA 조직은 단위 PTA와 학급 PTA 활동에 머무르지 않고, 인근 지역 단위 PTA 간에 연합조직을 구성하여 상호 정보 교환을 통해 학부모 활동을 활성화시키고 있다.

Step 3

한국의 학부모 교육
참여제도의 변천

Step 3에서는 해방 후 오늘날까지 60여 년에 걸쳐 한국의 학부모 교육 참여제도는 어떠한 역사적 변천과정을 거쳐 오늘에 이르게 되었는지를 살펴본다.
특히 각 학부모 조직의 발족배경과 그 성격은 어떠하며, 운영과정에서 파생된 교육적 공·과는 무엇인가를 밝히기 위해 각 학부모 교육 참여제도의 운영과정을 중심으로 고찰하고자 한다.

후원회(1945~1953)

1. 후원회의 발족배경

8·15 해방 후 미군정하에서 학무당국은 일반명령 제4호로서, 그 해 9월 24일부터 모든 공립 초등학교에 대하여 수업을 시작하도록 하는 한편, 각 분야의 지도자로 구성된 '교육심의회'를 구성하여 일제 말기에 파멸된 우리 교육을 정초하는 작업을 추진하였다. 1946년 1월에는 교육심의회의 초등 분과 위원회에서 의무교육 실시 요강안이 협의 가결되었으며, 4월에는 의무교육 실시 계획이 성안되었다. 이 계획안에서는 1946년 9월부터 만 6세의 적령 아동 전원을 수용하고 7~11세의 과령 미취학 아동들도 전원 수용할 방침을 세웠다.

또한 1948년에는 대한민국정부가 수립되고 헌법이 제정되어 초등 교육에 대한 무상 의무교육화를 법으로 보장(헌법 제16조)하였고, 1949년 12월 31일에는 교육법(법률 제86호)이 공포되어 동법 제96조에서는 "모든 국민은 그 보호하는 자녀가 만 6세가 되는 익월 이후의 최초 학년 초부터 만 12세가 되는 날이 속하는 학년 말까지 취학시킬 의무가 있다"고 규정하여 일단 의무교육 실시를 위한 법적 근거가 완비되었던 것이다(주채혁, 1979: 238~240).

이와 같이 해방 이후 교육의 민주화가 촉진되고 교육인구가 급격히 팽창되는 데에 뒤따르는 문교행정의 어두운 과제의 하나는 교육시설을 확보하고 교육재원을 마련하는 일이었다. 이와 같은 과제는 이미 미군정 밑에서 제기되었으니, 거의 모든 신생국가에서 그러하듯이 교육의 재정수요 증대가 교육비 부담 능력을 앞질러 나가는 형편이어서 시설 부족, 재정 핍박은 심각한 것이었다(대한어머니회중앙연합회(편), 1977: 290).

즉 8·15 광복과 더불어 각급 학교의 취학생 수는 양적으로 급증하는 추세에 놓이게 되었으니, 당시 초등교육의 개요를 살펴보면, 일제 말 초등학교의 취학률은 54%에 불과했는데, 1949년에는 84%로 증가했고, 1950년 6월 1일에는 의무교육완성 6개년 계획이 발표됨으로써, 취학아동 수의 증가는 더욱 급증하여 학급당 수용인원 과밀화와 2부제 수업을 피할 수 없는 상황이었다(문교부, 1988: 158).

해방 후 초등학교의 증가상황을 보면, 1945년에 초등학교의 경우 1,366,024명이었던 것이 3년 후인 1948년 정부수립 당시에는 2,426,115명으로 증가되었고, 학교 수도 1945년에 2,844이던 것이 1948년에는 3,443개교로 증가되었다(대한어머니회중앙연합회(편), 1977: 284).

해방 후의 이와 같은 학생 수의 증가는 우리 국민의 비상한 교육열과 해방 전 혹독한 일본 제국주의의 식민지 정책에 희생이 되어 제대로 교육받을 기회를 갖지 못한 데 기인된다고 볼 수 있겠다(주채혁,

1979: 240).

오천석(1964: 514)은 이에 대해 "우리 민족이 전통적으로 가지고 내려온 교육에 대한 열의와 오랫동안 이방인에 의한 억압 생활로부터 풀려나와 새로운 민주국가를 세워 보려는 국민의 의욕과 희망의 한 표현"이라고 하였다. 해방 후 온 국민의 이와 같은 뜨거운 교육열에 대해 또한 김영만(1963: 42)은 "나는 배우지 못하였으나 내 자식만은 가르치겠다는 교육열에 따라 빈약한 교육시설이 넘쳐흐르게 입학 지원자가 몰려들었다"라고 회고하였다.

이와 같은 교육인구의 양적인 팽창으로 허다한 문제가 제기되었으니, 그중에서도 가장 심각한 것은 방대한 교육인구에 따른 교육의 재정적인 부담이 큰 문제로 대두되지 않을 수 없었다.

해방 후 미군정기의 초등교육의 경비는 군정의 보조에 의하여 집행되었으며, 초등교육 재원확보를 위한 재정 제도에 있어서 이 시기에는 중앙 보조가 의무교육 재원의 큰 비중을 차지하게 되었으므로, 당시 국가예산이 미국원조[1])에 의하여 편성되었던 관계로 교육경비의 수요를 충당할 수가 없었다(배동식, 1970: 14~15).

1946년의 교육관계 총예산은 1,104,576,644원으로서 그중 약 68%에 해당되는 736,315,644원이 초등교육 경비였고, 그 내역은 초등학교 영선비 보조 637,313,844원, 교육단체 재정보조 119,001,160원이었으며 그것은 모두 미국 원조에서 지원되었다(대한어머니회중앙연합회(편), 1977: 285). 이러한 교육예산은 당시의 시설부족이나 교육재정 소요 증대에 비춰 볼 때 빈약하기 짝이 없는 예산이었다. 이때에 교육시설

---

1) 1945년부터 1948년까지 미군정 밑에서의 미국원조는 409,394,000달러에 달한 것으로 보고 있으며, 그것은 이른바 점령지 구제계획(GARIOA)에 의한 것이었다.

상태를 살펴보면 8·15 해방 당시(1945년) 대부분의 교육시설은 목조 건물이었으며, 2만 5천의 학급에 대해 교실 수는 2만여 개로 약 4천5백여 개의 교실이 부족했다. 그 후 5년 뒤인 1950년에는 4만 3천 학급에 3만 2천 개의 교실로 11,000여 개의 교실이 모자라는 형편이었다.

이렇게 부족 교실이 5년 동안에 2배가 훨씬 넘게 늘었다(합동통신사, 1969: 41). 즉 1949년 말에 16,365교실이 부족하므로 대부분 4학년까지 2부 수업을 실시하였고, 이를 해결하려면 매년 2,728교실씩 신축하여도 6개년이 걸리며, 이것을 3개년에 전부 신축하려면 매년 5,455교실씩 신축하여야만 해결할 수 있는 형편이었다.

이러한 상황에서도 문교통계에 의하면 1948년도의 문교예산 중 69.4%가 의무교육비로 쓰였고, 그다음 해인 1949년에는 의무교육비의 비중은 71.6%로 증액되었다. 그럼에도 불구하고 당시의 초등교육비 중 공비부담은 30% 미만으로 교실신축, 수용비, 후생비 등 학교경비의 70% 이상을 학부형이 부담하지 않으면 아니 되었다(한국교육10년사간행회, 1960: 116~117).

당시 미군정 밑에서나 정부 수립 이후에 있어서의 교육의 팽창은 교육재정의 핍박을 가져왔고 교육재원의 확보를 위하여 이른바 수익자 부담의 보편화 현상을 초래하였다. 이른바 학교 후원조직체인 후원회가 자발적으로 조직되어 학교의 신설, 증축 등 벅찬 사업을 전담하였다. 이와 같이 우리나라 학부모 집단의 교육 참여제도의 시초인 후원회는, 신생국가의 재정 형편상 도저히 공비 부담에 의해 격증된 교육재정 수요를 충족시킬 수 없기 때문에, 각종 명목의 수익자 부담에 의존할 수밖에 없는 절박한 상황에서 학교의 산하 기관으로 발족되었던 것이다.

2. 후원회의 성격과 공·과

후원회의 발족 경위에 대해서는 이미 앞에서 언급하였거니와 해방 후 우리나라 교육재정에 있어서 크나큰 공헌을 했던 "후원회는 학부형 모자(母姉)들의 교육열에 호소하여 경쟁적으로 회비와 찬조금, 희사금, 기부금, 자축금 등의 명목으로 거액의 기금을 갹출하여 학교는 후원회의 재정적 원조에 의하여 유지되었다"(이종록, 1965: 29).

당시의 후원회는 "학생 입학 시에 공공연히 의연금을 거두어들이는 일이 허용"(대한어머니회중앙연합회(편), 1977: 297)되고 있었으니, 이 때 후원회의 성격은 "물질적인 후원에 치중하여 교사의 생활비 보조와 교육시설 확충 면에 주력했고, 학교는 후원회의 재정적 원조에 큰 힘을 얻었다"(이종록, 1965: 29)는 점을 보아도 후원회는 단순히 물질적인 후원에만 치중한 재정적 원조를 위한 조직체였음을 알 수 있다.

해방 후 재정적으로 큰 도움을 주었던 후원회는 운영상 여러 가지 폐단도 있었으니, 후원회로 조직하여 내려오는 동안 학교 측과 후원회 간의 마찰과 알력도 있어, 학교와 지역사회 또는 교사와 학부모 사이에 원만치 못한 관계도 생기게 되었다. 학교와 학부모 사이에 이러한 일이 생기게 된 기본 원인은, 후원회의 조직이 순순히 학부형들의 후원체인 만큼 학교 교직원 측이 관여할 필요가 없었는데도 관여함으로써, 학교 측과 후원회 간의 원만치 못한 관계가 발생하였다. 이러한 문제는 학교 측이 후원회비를 자의로 쓸 수 없는 데서 파생된 마찰과 알력이었다(동아일보, 1958. 11. 15).

해방 후 학부모 교육 참여 조직으로 처음 발족된 후원회는 그 운영 과정에서 여러 가지 폐단도 있었지만, 지역주민인 학부모들이 후원회

활동을 통하여 최초로 교육 참여 활동을 하게 된 계기가 되었고, 어렵던 시절 교사들의 생활비를 보조하여 교사들이 정신적·물질적으로 안정감을 갖고 오로지 교육에만 전념할 수 있게 했다. 또한 절대 부족한 교육시설을 확충하여 교육활동에 편의를 제공하였다.

이와 같이 해방 후 후원회는 국가의 교육재원 부족으로 의무교육에 소요되는 불가결의 재정소요 전액을 지출하지 못하여, 의무교육활동이 위기에 직면했을 때, 핍박한 교육재정을 지원하는 데 커다란 역할을 하였다. 그러나 당시의 학부모 교육 참여 활동은 오로지 재정적인 후원자로서의 역할에 머물렀고, 아동교육을 위한 부모와 교사 간의 협동적인 노력은 이루어지지 못했다. 당시의 후원회가 학교 교육에 끼친 공·과를 평가해 보면 다음과 같다.

후원회의 공적

(가) 후원회가 학부형 모자(母姉)들의 교육열을 조장하여 적극적으로 교사와 학교당국에 협조하려는 의욕을 가지게 하였다.
(나) 교사로 하여금 정신적으로나 물질적으로 안정감을 가지게 하였다.
(다) 교육시설을 확충하여 교육활동에 편의를 제공하였다.
(라) 학교와 지역사회와의 관계를 밀접하게 연결한 것은 후원회의 공적이다.

후원회의 과실

(가) 후원회는 학부형 모자(母姉)에게 과중한 물질적 부담을 강요하여 물질적 부담에 따라서 자녀에 대한 교육열을 측정하며, 그 측정 정도는 자녀의 성적 평가에 영향을 미쳐 공정하여야 할 성적평가에 부정이 개재하게 되었다.

(나) 후원회는 임의 단체이며 상부의 감독이 없는 것을 기화로 경리사무 취급에 있어서 무궤도하게 되고, 불필요한 낭비와 경리 부정을 자행하였다.

(다) 교사들의 생활비를 보조하는 것과 학교시설을 확충하는 데 협조하는 것을 조건으로 하여, 교사의 인사문제와 학교의 운영문제까지도 관여하였다.

(라) 후원회비의 모금 정도에 따라서 학교차를 조성하게 되었다(이종록, 1965: 29).

(마) 학교에서 부과하는 후원회비 및 기타 비용을 대개의 학부형이 부담할 능력이 없어서, 적령 아동의 취학률 저하와 중도 퇴학자가 생기게 되었다(박상만, 1959: 48).

위에서 후원회의 공적과 과실에 대해서 살펴보았거니와, 후원회는 해방 이후 급증하는 교육경비의 수요를 국가와 지방자치단체보조금만으로는 학교를 운영할 수 없는 절박한 상황에서 후원회를 존속시켜 왔으며, 부족한 학교운영비를 보조하고 교원 후생비를 지급하는 면에서 큰 공적을 남겼으나, 이에 못지않게 폐단도 컸던 것이다.

이에 문교부는 후원회의 월권과 부정부패를 방지하고 학부형 모자들의 물질적인 원조를 받으면서, 교권을 확립하고 교육을 정상화할 수 있는 후원단체를 구상함에 따라 1945년 이후 교육재정의 큰 몫을 했던 후원회를 사친회로 개편하게 되었다.

사친회(1953~1962)

1. 사친회의 발족경위 및 성격

앞에서 이미 언급한 바와 같이 미군정 밑에서나 정부 수립 이후에 있어서의 교육의 팽창은 교육재정의 핍박을 가져왔고, 교육재원의 확보를 위하여 이른바 수익자 부담의 보편화 현상을 초래하였음은 불가피한 일이었다. 학교별로 후원회가 조직되어 교원들의 후생비를 지원하고, 학생 입학 시에 의연금을 거두어들이는 것이 공공연히 허용되었다. 그러나 새 교육사조가 점차 보급됨에 따라서 단지 경비의 확보를 위해서뿐만 아니라, 교육의 개선을 위하여 학교와 가정 및 사회의 유대가 강화되어야 하며, 교사와 학부모의 유대가 공고히 되어야 한다는 생각(한국청소년문화연구소, 1981: 613)이 크게 일어남으로써 미국의 PTA가 논의 되었다. 사친회는 바로 미국의 PTA(Parent‒Teacher Association)를 번역하여 명명한 데 유래한다(대한어머니회중앙연합회

(편), 1977: 150).

이것은 미국의 PTA의 개념에서 도입된 것으로 종래의 학부모의 교육 참여제도인 후원회와는 달리, 교사와 학부모의 공동 노력으로 학교 교육의 개선과 복지를 증진한다는 취지에서 출발한 것이다(문교부, 1988: 158). 처음 사친회란 이름의 협력단체로 개편할 것을 문교부가 권고한 것은 6·25 사변 직전의 일이다. 문교부의 장학관실이 교육의 민주화 운동의 일환으로 단순한 후원단체를 교육적인 단체로 개편할 것을 권고하는 공문을 발송하였다. 물론 외국의 PTA와 같은 성격의 것을 구상하였고, 명칭도 PTA를 직역하면 친사회가 되겠지만, 부르기 쉽도록 순서를 바꾸어 사친회란 이름을 붙였었다(심태진, 1971: 79).

이때에 문교부의 구상은 종전의 학부모 교육 참여제도로서 재정적인 후원단체인 후원회를 외국의 PTA와 같이 부모와 교사가 아동들의 행복이라는 공동목표를 향하여 항상 협력할 수 있는 민주적 조직체로 개편하는 것이었다. 당시 학교 사친회 규약준칙을 보면 다음과 같은 사업을 그 조직의 목적으로 하였다.

> (가) 가정과 사회와 학교에 있어서 학생보호 및 지위를 향상시키기
> 위한 사업
> (나) 학생의 생활지도에 관하여 협력하고 심신의 건전한 교육을 기
> 하기 위한 사업
> (다) 학교와 가정의 교육적 환경의 정비와 교육성과의 거양을 위한
> 사업
> (라) 학생과 학교 직원의 사회적·경제적 생활을 향상시키기 위한
> 사업(대한문교출판사, 1956: 892)을 조직 목적으로 하였다.

위와 같은 목적으로 출발하려던 사친회는 이 지시가 일선학교에

침투되어 호응도 받기 전에 6·25 사변을 당하게 되었다. 그래서 사친회 발족은 지연되어 한국동란 중인 "1953년 2월 16일자 「학교사친회 규약준칙」(문교부 훈령 제4호)에 의하여 국민학교 사친회가 정식으로 발족을 보게 되었다"(천년수, 1969: 33).

이때에 사친회의 기본 성격과 운영요강은 문교행정 당국에 의하여 발표된 전시문교시책에서 다음과 같이 제시하고 있다.

> "첫째, 사친회는 종래의 후원회와 성격을 달리하는 기관이다. 후원회는 학교 측의 요구에 의하여 학부형들이 경비를 조달 제공하는 구실을 하는 학교의 산하 기관이었으나, 사친회는 재정지원 외에 학교 교육의 올바른 발전을 위하여 학교와 가정이 긴밀히 협조하고 제휴하는 것을 목적으로 한다.
> 둘째, 사친회의 회원은 학부모와 교원들을 정회원으로 하고 찬조회원을 따로 둘 수 있다.
> 셋째, 교원은 사친회의 정회원이 되며 사친회의 회의에 출석하여 학교 교육상의 필요한 요구를 제출하고 학교 교육의 실정을 보고하여 다른 회원들의 요구에 응하도록 하여야 한다.
> 넷째, 학부모는 사친회 회원 자격을 가진다. 우리나라 실정으로 보아서 한 세대 한 회원이 대표하는 것이 현실적이긴 하나, 부모가 다 참여할 수도 있다.
> 다섯째, 학교장에게 사친회의 명예회장, 고문 등의 역할을 부여하는 것은 온당하지 못하나 과도적인 조치로서 학교장을 사친회 회장으로 하도록 한다.
> 여섯째, 사친회의 회비는 월액으로 하고 그 지방의 실정에 따라서 감독청이 지시하는 액을 초과하지 않는 범위 내에서 자율적으로 정한다. 단, 여유 있는 회원이 임의의 기부를 하는 것은 자유이니, 그와 같은 다액 찬조자에게 특권을 주어서는 아니 된다.
> 일곱째, 사친회는 학교 교육의 요청에 따라서 조사·기획·교육연구·설비·보건·문화·교양·교외지도 등 여러 영역에 걸쳐 사업을 전개할 수 있다.
> 여덟째, 사친회의 예산은 그 목적과 사업에 맞도록 편성되어야 하며 교사의 생활보조만을 위한 단체라는 비난을 받지 않도록 하여

야 한다"(문교부, 1988: 159~160).

이와같은 기본성격과 운영 요강에 따라서 시작된 사친회는 1953년 초에 사친회 운영규약과 사친회 감독규정 제정 등이 추진됨에 따라 확고하게 제도화되어 정식으로 사친회가 발족을 보았는데, 6·25 사변 중 여러 가지 어려운 여건 밑에서도 적응과 창의에 의한 새로운 발전을 이룩하게 된 이면에는 사친회의 역할이 컸다고 보겠다. 다만 한 가지 지적할 수 있는 점은, 사친회가 위에서 지적된 바와 같은 기본 성격을 지킬 수 있었는가 하는 점이다. 후원회에서 사친회로 명칭이 바뀌고 기본 철학은 달라진 것이 사실이지만, 그 기능과 역할에 있어서는 과거 후원회와 크게 다른 점은 없었다. 이때 발족된 사친회는 그 본래의 의도와는 다소 다른 점에서 조직되었으니, 사친회가 학교와 가정을 긴밀히 연결시켜 보다 나은 교육적 성과를 얻기 위함보다는 오히려 6·25 사변 직후 국가 예산으로는 충분한 학교 경영이 불가능한 상태에 빠지자 경제적 후원을 하기 위한 점이 더 컸던 것이다.

사친회의 발상지인 미국의 PTA는 아동 복지 향상을 위하여 사회와 학교, 학부모와 교사가 협동하여 아동교육을 보다 효율적이며 보다 나은 방향으로 하기 위해, 학교 교육은 물론 가정교육, 사회교육에 이르기까지 깊은 관심을 가지고 연합적인 노력을 하고 있다.

이러한 취지에서 활동하는 미국의 PTA와는 달리 우리나라의 사친회는 불행히도 후진 국가의 테두리 안에서 사친회 본래의 좋은 조직이 자연발생적으로 생겨날 것을 기다릴 수가 없으니, 교육을 지도 감독하는 기관인 문교부에서 사친회의 조직을 지령하게 되었던 것이다.

우리나라 사친회의 특징을 살펴보면, 역사적으로 보아 자연발생적으로 조직된 것이 아니고, 지령에 의해서 조직된 것이므로, 거의 획일적인 기구 밑에 움직였다. 또한 그 조직의 동기가 교사와 양친 간에 긴밀한 교육적인 연락을 위해서보다도, 정부가 부산에 있을 때 학교를 시작하게 됨에 있어 도저히 운영할 수 있는 경제적 기반이 없으니까 경제적인 뒷받침을 하기 위한 점이 더 컸다는 것이다(생활교육연구회(편), 1959: 483).

이러한 관점에서 볼 때, 과거의 우리나라 사친회는 외국의 PTA와는 전혀 그 성격이 다른 것이었으며, 우리 특유의 학부모 조직이었다. 사친회는 오로지 재정적으로만 후원하기 위한 외곽적인 원조단체로서 부모와 교사의 협력단체라기에는 거리가 먼 재정적인 협력단체에 불과했다.

이와 같이 우리나라의 사친회는 발생과정부터가 바람직하지 못한 데서 출발한 것이었고, 미국의 PTA와는 발족취지나 기본적인 성격 면에서 근본적인 차이가 있음을 알 수 있다.

2. 사친회의 운영과 공·과

6·25 사변은 한국 역사상 가장 비참한 전쟁으로 우리 민족 최대의 수난이었다. 이때 우리 국민이 입은 피해는 대단한 것으로서 모든 학교는 존속 유지조차 어렵게 되어, 교직원들은 극심한 생활고 속에 허덕이게 되었으니, 이때에 참상을 살펴보면 교육계만 하더라도 굶주린 교사가 조회석상에서 졸도하는 예가 하나둘이 아니었다.

또 학교의 시설은 대부분이 공산군의 점령지대에 들어가고 말았으며, 그 외 대부분의 교사는 군의 작전상 필요에 제공하지 않으면 안되게 되어 교육시설은 그야말로 공백상태를 이루었다(유네스코한국위원회, 1957: 151).

그 당시 6·25 사변으로 말미암아 우리의 강토는 황폐되고 모든 교육시설이 파괴되었으니, 각급 학교의 피해 상황의 전모는 파괴된 교실 수를 통하여 잘 알 수 있다. 문교부 교육시설과에서 제시한 통계자료에 의하면 6·25 사변 이전에 각급 학교 교실 수는 47,451교실이었는데, 그것은 학생 총수에 대하여 81%의 수용량을 가졌던 셈이 된다. 6·25 사변 중 약 23%에 해당되는 10,891교실이 전소 또는 완파되고 약 25%에 해당되는 12,063교실이 반소 또는 반파되었으며, 모두 합하면 일반 교육시설의 피해가 전국적으로 보유시설의 50%에 가까운 것이었다고 할 수 있다(중앙대학교부설한국교육문제연구소, 1975: 187).

이상과 같이 6·25 사변 중에 교육시설의 피해는 막심한 것이었으나, 이러한 악조건하에서도 우리의 교육은 쉬지 않고 계속되었으니 당시의 교육 상황을 살펴보면 그 참상이란 실로 눈물겨운 것이었다.

"공산주의 침략을 받고 있는 동안 모든 학교의 시설물품 및 도서는 그 80%가 파손되었고, 어느 교실이고 간에 흑판도 대부분 없어지고 용구나 설치는 하나도 없었다. 이 같은 교실에서 학동들은 마룻바닥에 또 때로는 습기 있는 땅바닥에서… 또는 옥외 나무 밑에서 혹은 산에서 수업을 했으며"(서울특별시교육회, 1953: 21) "이 같은 노천수업은 예상 이상으로… 잃었던 학생과 선생은 서로 만나… 열심히 공부하게 되었다. 이 눈물겨운 공부는 우리 민족의 장래에 새로운 희망을 가져오게 하였고, 식었던 부형의 교육열을 소생시켜 부형들의 손으로 가교실 건축 사업이 진행되고 이 결과는 노천 수업을 가교실 수

업으로 화하게 함으로써… 새로운 전시 교육을 형성하게 되었다"(서
울특별시교육회, 1953: 111).

이러한 참상은 당시 외지에 보도된 수복 후의 한국교육의 실정을
보더라도 잘 알 수가 있다.

> 뉴욕 타임스(1951년 4월 23일 기사)
> "교외 어떤 산 위에서는 그전 일본신사 그늘에서, 어떤 국민학교는
> 개천 자리에서 그리고 한 남자 중학교는 산 밑 골짜기에서 각각 수
> 업을 받고 있다. 남한은 어디를 가든지 정거장에서, 약탈당한 건물
> 내에서, 천막 속에서, 그리고 묘지에서 수업을 하고 있다. …여학생
> 들은 닭을 치고 계란을 팔아서 학교를 돕는다. …."

> 뉴욕 타임스(1951년 6월 8일 기사)
> "다수 학급의 파괴에도 불구하고 학교 교육의 진전"이라는 제목으
> 로 쓴 기사문에서
> "건물의 대부분은 안심하고 쓸 수 없으리만치 손상되거나, 완전히
> 파괴되지 않았으면, 병영 또는 본부용으로 군에 접수되었다. 그러
> 나 일기가 따뜻하여짐에 따라 집 있는 근처에서 노천교육을 개시
> 하였다. 비가 오면 아동들은 그 집으로 뛰어 들어간다. ….
> 전란을 당한 나라에서 예기할 수 있는 바와 같이 교과서의 부족은
> 중대한 문제다. 그러나 어느 시골에 가도 나무 밑에 학생들이 모여
> 앉아서 나무줄기에 흑판을 걸고 떨어져 가는 책을 나누어 보고 있
> 다. 누더기를 입은 선생님이 머리 위에 있는 나뭇가지를 꺾어서 만
> 든 교편으로 가르칠 때에, 6명 내지 8명의 학생들이 책 한 권을 나
> 누어 보며, 암송하기 위하여 그 책을 이리저리 돌리고 있는 광경을
> 많이 볼 수 있다…"(박상만, 1959: 127~128).

당시 이와 같은 신문 기사는 세계 인류의 동정을 사게 되어 우방
여러 나라의 원조를 받게 되었던 것이다. 이러한 시기에 학교 후원조
직체로 새로이 출발한 사친회는 6·25 사변으로 인하여 입은 막심한

학교시설의 피해를 복구하고 부족한 교원의 봉급을 보조해 주는 데 공헌한 바 컸었다.

사친회가 정식으로 발족되기 전해인 1952년도의 문교예산은 0.86% 라는 기현상적인 하강을 보였다(백현기, 1964(b): 363). 또한 사친회가 정식으로 발족된 해인 1953년에 우리나라의 예산 중 문교예산이 차지하는 비율이 1.05%(백현기, 1963: 78) 정도로 이는 6·25 사변의 상처가 문교예산에까지 뻗쳤음을 알 수 있다.

이와 같이 핍박한 교육재정 밑에서 사친회가 발족을 보았으니, 심태진(1969: 23)은 사친회 조직에 대해 "당시 사친회는 장학행정 필요에서 구상했던 교육단체와는 달리 간판만을 갈아 붙인 후원회, 재정적 원조단체로 변질된 사이비 사친회가 탄생한 것이다"라고 당시의 사친회를 회고했다.

그러나 이렇게 해서 탄생한 사친회에 대해 성내운(1965: 73)은 "6·25를 당하여 후퇴와 전진 속에서 온 나라가 승공 이외에 여념이 없어 교육을 잊고 교육행정이 완전 마비상태에 빠지게 되었을 때 교원과 학부형은 그럴수록 어린이의 교육을 염려하여 그토록 처참한 환경에서도 교육을 중단시키지 않았으니, 교실과 운동장이 없이 두 종류의 사람만으로 학교가 이루어졌던 것이니, 교원과 학부형이 손을 맞잡고 곧 사친회 설립학교가 탄생하게 되었던 것이다"라고 당시 사친회의 조직배경을 표현하였다. 이와 같이 6·25 사변기와 수복 이후는 사친회 학교시대라고 하여도 과언이 아닐 정도였다.

그러면 6·25 사변 후 사친회가 교육행정을 어떻게 도왔는가를 살펴보면, 사친회비는 교원 후생비 보조와 교실 증축 및 복구사업에 실질적으로 쓰였다. 먼저 사친회가 1953년 초·중·고 교원들에게 지급한 후생비를 봉급과 비교해 보면 총 보수액의 약 45%가 사친회 부담이며, 국민학교 정교사의 경우 국고에서 지급되는 봉급의 7배 이상이 사친회 부담이며, 중·고등학교 교사는 봉급의 9배가 넘는 액수를 사친회가 부담하였다(박상만, 1959: 378~379).

다음은 사친회의 도움으로 파괴된 교사의 복구상황을 보면, 전파교실은 10,329교실이고, 1957년까지 4,764교실이 사친회의 도움으로 복구되었으며, 반파된 교실은 11,006교실인데, 964교실이 1957년까지 사친회의 도움으로 복구된 것이다(합동통신사,1959: 486).

이와 같이 사친회는 6·25 사변 후 제반 국가 긴급정책 수행상 신영사업에 국고 지출이 극난할 정도에 도달한바 교실 복구, 의무교육의 질적·양적 향상을 위하여 그간 학부형의 협조로 학생 교육활동에 큰 도움을 주었던 것이다. 사친회가 부족한 교육재원을 얼마만큼 도왔는가 하는 점은 문교부가 제시한 1958년 회계연도의 초등교육 수입 및 지출 예산액을 통하여서도 잘 알 수 있다. 초등교육을 위한 수입 및 지출을 보면 먼저 '수입'에서 '국고보조' 39,031,340,100환, '시 및 교육구 보조' 27,144,727,000환, '사친회 기부금' 186,253,637,100환으로 수입 총합계는 252,529,704,200환이며, 다음으로 '지출비용'을 보면 '시 및 교육구 위원의 비용' 787,704,200환, '초등학교 교원 인건비' 173,280,000,000환이고, '초등학교 교실비'가 78,462,000,000환으로 지출 총합계는 252,529,740,200환이었다.

위의 숫자에 의하면 초등학교 운영경비의 15%는 국고가 담당하고 있고, 10%는 시 혹은 교육구에서, 나머지 75%는 사친회가 담당하고 있다. 이 75%라는 높은 비율을 볼 때에 왜 사친회비를 징수하지 않으면 아니 되나 하는 이유를 알 수 있으며, 또 빈궁한 부형의 자제가 초등교육을 받지 못하는가의 이유를 짐작할 수 있다(박상만, 1959: 361~362).

이와 같이 사친회는 학교 복구사업 및 교원후생비 지급에 많은 공헌을 함으로써, 6·25 사변 후 어려운 여건에서도 우리나라 교육이 명맥을 유지하면서 교육 발전의 기반을 형성하는 데 사친회의 공헌이 매우 컸었다.

그러나 이에 못지않게 운영상 과실도 적지 않았으니, 교원의 생계비를 보조하기 위하여 교원 후생비로 사친회비를 징수하게 된 것은 무상 의무교육 정책에 위배되는 것으로 국가 교육정책상의 모순을 드러냈다. 그러나 사친회비 징수는 당시의 국가 형편상 어쩔 수 없는 일이었으니, 이규환(1963: 33)은 이에 대해 "교육재원으로서의 사친회비의 징수는 솔직히 말해서 슬픈 일이다. 그러나 사친회비를 징수하지 않음으로써 공교육이 퇴보하는 것은 한층 더 슬픈 것이다"라고 했고, 김종철(1970: 335)은 이에 대해 "국가나 지방공공단체에서 교육비를 지원하지 못하게 된다면, 사친회비의 징수를 통해서라도 교원의 처우개선을 비롯하여 교육경비를 조달 안 할 수 없는 것이 우리나라의 실정이다"라고 당시의 사친회비 징수가 불가피함을 지적했다.

이러한 사친회비의 징수는 국가 교육정책에 협조한다는 의미에서 불가피한 것이었으나, 우리나라의 사친회는 본래의 취지와는 달리 회비를 받아 학교를 운영하기 위한 제도로 변질하였기 때문에 사친회란 말만 들어도 학부형들은 고개를 흔들었다. 사친회비 때문에 학교와 가정은 오히려 멀어지고, 교사의 위신은 땅에 떨어지고 말았다.

이에 대해 김영만(1963: 42)은 "사친회란 허울 좋은 수업료가 되었으며, 그것은 가난한 학부형의 호주머니로서는 견디기 힘든 것이었다. 자녀의 교육을 위하여 바친 성금이 부정하게 사용되고 일부 학부형

모자(母姉)는 학교당국과 손을 맞잡고 사친회비를 마음대로 주무르는 가 하면 일부 부유층은 학교를 무상출입하면서 양단 치맛바람을 일으켰다"라고 당시의 사친회비로 인한 극심한 폐단을 지적했다.

또한 사친회비 징수로 인한 사제 간의 비교육적인 행위를 보도한 당시의 일간신문의 내용을 보면 서울신문 사설(1957. 5. 30)에는 "회비 징수를 담임교사에게 책임제로 하였기 때문에, 담임교사는 수업보다는 회비 징수에 더 많은 시간을 소비하였고, 납부금을 받아야 후생비를 타게 되는 교사의 슬픔과 비굴감이 따르게" 되었다고 보도하였고, 한국일보 사설(1958. 2. 8)에서도 "교단에서 못 내는 아동들에게 금전을 강요하는 선생의 입장도 딱하려니와 낼 수 없는 아동이 이러한 강요로 인해 교사와 학원에 대한 존경과 친애의 감까지 잃기 쉽다는 것이 더욱 큰 문제인 것이다"라고 보도하였다. 또한 당시 한국일보에 게재된 어느 학부형의 반응을 보면, 학부형 이중석은 "사친회비는 누가 내는 것인가? 그러면 누가 내라고 했을까요? …다만 사친회비를 못 내는 학생을 구타하고 등교처분 등을 학교당국이 한 일은 있지요, 회비를 못 내는 부형은 더욱 곤란해지고… 학생이 학교가 혹 영리적 단체가 아닌가 의심을 가질 때 천진난만한 2세에게 반사회적 사상을 줌으로써 교육 원래의 사명을 배반하는 것이 되어 버리는 것이다"(한국일보, 1958. 8. 6)라고 회비 징수에 대한 극심한 폐단을 지적하였다. 이로 미루어 보아 당시의 사친회비 징수로 인한 폐단이 얼마나 큰 것이었나를 짐작할 수 있다.

이와 같이 우리나라의 사친회는 오직 학교운영비와 교원후생비 조달이 그 운영 면에서 전부였으므로 사회의 물의를 야기했고, 우리나라 사람들은 사친회란 명칭을 들었을 때 호감보다도 오히려 혐오와

경계의 눈초리를 보냈고, 사친회는 오직 학교운영비와 교원 후생비의 조달을 위한 반강제적인 잡부금 징수기관이라는 낙인이 찍히고 말았던 것이다.

이렇게 많은 물의를 일으키며 징수한 사친회비는 한국 교육비의 약 50%를 차지하였다. 이는 「기부금품모집금지법」이란 법률이 학교의 사친회비가 회원에게 회비로서 징수하는 금품은 모집금지 대상에서 제외함으로써 용인되었다. 그러나 그 결과 자주적이어야 할 사친회는, 허울 좋은 자녀교육이란 미명하에 각종 명목의 금품 징수와 그것의 부정 요리 등의 폐단을 빚어내는 추태 등으로, 경찰이 학원운영 면에 간섭하게 되고 그것이 최고조를 이룬 것은 1955년 중이었다(유네스코한국위원회, 1957: 152).

이와 같이 자주적이어야 할 사친회가 관의 지시와 감독을 받게 된데 대하여 심태진(1964: 54)은 "원래 사친회란 자유스러운 우호단체로서 외부의 단속이나 통제를 받을 성질의 단체가 아니다. 그러나 우리의 사친회는 순수한 교육적 단체가 되지 못한 탓으로 이 자주성조차 상실하고 관의 지시를 받게 되었다"라고 기형적인 우리나라 사친회에 대해 말했다. 당시 이러한 상황하에서 사친회의 부정을 일소하기 위한 조치로서 1956년 사친회의 개편을 보았는데, 개정된 학교 사친회 규약준칙(개정 4289년 5월 31일, 문보 제1622호)에 따른 사친회 운영목적을 보면 다음과 같다.

> "본회는 장차 국가민족의 운명을 쌍견에 지고 나갈 청소년의 학교교육에 있어서 현하의 국가 재정만으로서는 도저히 소기의 성과를 거양키 난할 실정임을 스스로 각성하고 학부형 모자 상호 협력으로 최소한도 교육에 필요한 환경을 조성하여 지역사회의 학교 교

육을 유지하고, 아울러 학교와 가정 간에 있어서 유기적인 연락을
도모함으로써 교육의 이념실현에 기여함을 목적으로 한다"(성기범·
이철환(편), 1957: 138)라고 규정하였다.

이때 사친회 개편의 근본 취지는 "학원 잡부금의 근절과 부형 부담
의 경감, 교직과 재정 면의 완전분리(이에 따라 교장 회장제를 폐지
함), 학원에 대한 외부 간섭 배제와 교권의 확립"(서울특별시교육회,
1956: 80)에 있었던 것이다. 그러나 새로 개편된 학교 사친회 역시 그
폐단은 근절되지 못하고 형식상의 혁신이었다. 이에 정부는 일대 단
안을 내려 그 당시 우리나라에서 교육비에 충당하기 위한 세금²)으로
서는 "도저히 철저한 의무교육을 실시할 수 없다는 생각에 완전한 무
상의무 제도를 확립하기 위한 조건으로 교육세법³)을 1958년 8월 28
일 제정 공포(법률 제496호)하기에 이르렀다. 그것은 헌법 제16조에
규정된 의무교육의 무상 원칙을 실현시키고 교육법 제68조에 의거한
것"(백현기, 1964(b): 385~386)이었다.

새로 제정된 교육세법이 1958년 10월 1일부터 시행되어 사친회 운
영비를 징수하던 것을 국고를 통해 지급하게 되었으니, 그 부칙 제4
항이 "본법 시행 후에 있어서는 본법에 규정하는바 이외에 국민학교
아동 또는 그 학부형으로부터는 여하한 부담금도 징수하지 못한다"
는 것인데 이 부칙 제정의 취지는 사친회비나 잡부금은 절대로 받지
못한다는 것이다(이순근, 1958: 18). 그러나 현실을 외면한 당시의 교
육세법 제정에는 많은 문제가 있었다. 교육세법 제정에 대한 당시의

---

2) 교육비에 충당하기 위한 세금으로는 토지수득세환부금, 호별세부과금, 특별부과금이 있었음.

3) 교육세법: 의무교육비의 조달을 목적으로 1958년 8월 28일, 법률 제496호로 제정된 교육세법은 1961년
12월 8일, 법률 제821호 소득세법에 의거 폐지되었고, 1981년 12월 5일, 학교시설과 교원처우개선의 소
요재원을 확보하기 위하여 법률 제3459호로 다시 제정됨.

교육전문가와 신문사설에 반응을 보면 다음과 같다.

노판종(1957: 35)은 "사친회비를 폐지하는 데 있어 허다한 문제가 있으니, 즉 공교육의 공비 부담이라는 원칙에 의하여 누구나 찬성하는 바이나 현하 우리나라 실정으로 보아서 공교육이 사친회에 의존함이 막대하니만큼 이에 대치할 재원의 확보가 문제인 것이다"라고 그 문제점을 지적하였다. 또한 사친회비 폐지에 대한 당시의 일간신문의 반응을 보면 다음과 같다. 동아일보 사설(1957. 7. 11)에서는 "국회가 의무교육이니 사친회비 징수란 있을 수 없다는 공익적인 견해에 사로잡혀 사친회비 전폐를 의결하였다는 것도 우리나라 교육의 현실을 완전히 무시한 경솔한 처사였으며, 사친회비를 전폐하고 그 전액을 국고에서 지불한다는 것은 빈약한 재정 형태로 보아 기대하기 어려운 일이다"라고 보도하였다. 또한 교육세법 제정 후 학교운영 상태에 대해 조선일보 사설(1958. 11. 8)에는 "당국의 운영비 영달이 되지 않아 각급 학교에서는 운영비란 명목 아래 아동들로부터 사친회비를 여전히 받아들여 물의를 일으켰으니, 이는 국고 부담으로 지불되어야 할 국민학교 운영비의 지출이 사친회비 징수금지"와 동시에 실현되지 않았기 때문에 나타난 결과라고 그 문제점을 지적했다.

당시의 이와 같은 현상은 초등학교의 당면한 유지 곤란으로 인한 것이며, 학부형들을 괴롭히는 '교육세'와 '운영비'의 이중 부담으로, 이는 초등학교 처지에선 교직원들의 생활보조나 학교운영비 보조를 위한 불가피한 것이었음을 알 수 있다.

교육세법 제정으로 교육자는 하루아침에 생활고에 시달리게 되었고, 사기가 극도로 저하되었으니 교육세법 제정 후 교사들의 표정에 대해 안인희는 한국일보(1958. 12. 26)에 다음과 같이 표현을 하였다.

"지난 10월 25일 시내 여러 국민학교 교사들은 긴장한 마음으로 월급 봉투를 기다렸으나 월급이 나오지 않았다. 그 후 여러 날이 그대로 지났다. 초조하게 옷깃을 가다듬고 교실에 들어가는 국민학교 교사들의 얼굴에는 노골적으로 찌푸린 표정이 새겨졌고 귀여웠던 아이들이 바둑돌 모양 촘촘히 박혀 있을 뿐 싸늘한 공기가 교실을 휘감고 있었다"라고 했다. 이와 같이 교육세법의 제정은 교사와 어린이들에게 있어서 비참한 것이었고, 사후 대책도 없이 실시된 교육세법 제정은 교육계의 혼란만 일으켰다. 의무교육비의 정상적인 조달을 기함으로써, 의무교육제도를 건전하게 하려는 근본이념 아래 공포된 교육세법은 국민교육발전상 실로 획기적인 시책이었지만, 동법시행과 더불어 국가로서 부담해야 할 학교운영비가 제때에 영달되지 못한 위에 교사들의 생활 면에도 급격히 적지 않은 위험이 가해지게 되어 일시적으로 국민교육에 중대한 위기를 조성하기에 이르렀던 것이다.

1959년 신학기부터는 특히 서울특별시를 비롯해서 도시 초등학교는 재정적인 면에서 심각한 궁지에 빠지게 되었던 것이다. 이에 전국 사친회연합회를 비롯하여 많은 교육관계 기관과 일반사회에서도 학원의 재정적인 구출을 주장하였으며, 임시비의 갹출운동도 일어났다. 그러나 학교를 돕기 위한 이러한 운동은 교육세법의 근본 취지에 위배된다는 것에서 인정되지 못했다. 이러한 가운데 서울 시내에서 몇몇 국민학교장은 잡부금 징수와 관련되어 인사조처를 당하게 되는 한국교육사상 실로 불행한 정세가 계속(서울특별시교육회, 1960: 177)되기도 하였다.

이와 같이 사친회비 징수를 둘러싼 시비는 교육세법 제정 공포 후 단순한 학원 내의 문제를 벗어나 사회문제로까지 번져 나갔다. 어쨌든 사친회가 정식으로 발족한 1953년 이래 사친회 운영상 시비도 많았고, 이에 따른 폐단도 적지 않았으나 부족한 교육재원을 뒷받침하는 데 큰 공헌을 하였음을 부정할 수가 없다. 그러면 1953년부터 1962년 3월 공식적으로 사친회가 폐지될 때까지 약 10년간 운영되었던 사친회에 대한 공·과를 평가해 보면 다음과 같다.

사친회의 공적

(가) 6·25 사변으로 인한 극심한 학교 피해를 복구하는 데 큰 역할을 하였다.

(나) 교원의 후생비 지급으로 생활 안정의 큰 보탬을 줌으로써 교육에 전력하게 했다.

(다) 국가 재정 형편상 부족한 의무교육비를 부담함으로써 의무교육 실시에 큰 도움을 주었다.

(라) 사친회를 통해 교사와 학부모의 관계가 밀접해짐으로써 학교와 지역사회와의 유대가 강화되었다(이혁준, 1969: 90).

이와 같이 6·25 사변 이후 핍박한 교육재정하에서도 학부모의 도움으로 교육을 중단함이 없이 지속할 수 있게 했다.

사친회의 과실

(가) 회비를 교사가 징수하여 사제 간의 거리감을 갖게 했으며 교육상 좋지 못했다.

(나) 일부 학교에서는 사친회비를 학교운영자와 역원들이 임의로

사용하여 물의를 일으켰다.

(다) 사친회 역원들이 회비 징수를 빙자하여 학교일에 부당하게 간섭하게 되어 문제를 일으켰다.

(라) 경제적으로 학부형에게 과중한 부담을 강요했다.

(마) "학령 아동의 취학률을 저하시키는 커다란 요인이 되었다"(백현기, 1963: 192).

(바) 사친회 간부들이 사친회를 정치적으로 이용했다.

(사) 과도한 회비 징수로 인해서 학부모와 학교 간의 알력이 심했다.

(아) 사친회비는 오직 교사들의 후생비 지급에만 큰 비중을 두었다.

(자) 치맛바람으로 통하는 부작용은 교육 악으로까지 혹평되었다 (김영만, 1963: 42).

앞에서 지난 '50년대의 학부모 학교 교육 참여제도인 사친회의 발족경위와 성격, 사친회의 공적, 사친회의 과실에 대해 고찰하여 보았다. 사친회는 6·25 사변으로 말미암아 잿더미로 돌아간 10,000여 개의 교실을 복구했으며, 교원 후생비 지급에도 많은 공헌을 하였다. 하지만 사친회의 비정상적인 운영은 부모와 교사가 아동교육을 위해 함께 협력한다는 사친회의 발족취지와는 달리 아동들에게 교육적으로 좋은 영향을 줄 수 없었으며, 사친 간에도 불신현상을 초래하여 비교육적인 현상마저 가져왔다. 또한 사회로부터 혹독한 비난을 받게 됨으로써 교권이 말할 수 없이 실추되는 결과를 가져왔다. 이로인해 급기야는 5.16후 당시 국가재건최고회의 업적 비판에서 사친회는 과거 그 조직을 빙자하여 4억 환이란 막대한 금액을 잡부금으로 징수하였으며, 정상적인 사친회비조차도 7할이 교직원 후생비로 충당되었다 하여 사친회의 해산 조치를 취하게 되었다. 이로써 1953년 이래 학부모의 교육 참여제도로서 재정적인 후원 역할을 해 왔던 사친회는 1962년 3월 폐지되고 말았다.

기성회(1963~1970)

1. 기성회의 발족경위

5·16 직후에 교육계의 부정부패를 일소하는 시책의 하나로 10년간이나 지속해 온 사친회가 해체되어 학부모와 교사, 학교와 지역사회 간의 유대관계는 단절되었다. 이로 인해 교육을 돕는 학부모의 성의는 사실상 억제되어 왔다. 해방 후 후원회와 사친회가 국가재정 형편상 부족한 교육재원을 뒷받침하는 데 큰 공헌을 했으나, 폐단 역시 컸으므로 5·16 직후 "정부의 추상같은 명령으로 사친회가 해산당할 때에는 국민 누구나가 참으로 통쾌하게 여겼던 것이니, 이제부터는 법에 있는 대로 무상의무교육이 정부에 의해서 추진될 것이라고 믿었기 때문이었다. 그러나 2년 7개월에 걸친 군정은 이러한 국민의 기대를 어기고도 그 정도가 너무 심하였다"(대한교육연합회, 1964: 27).

기성회가 조직된 1963년도는 혁명 문교행정의 정리 종결에 이어

제2공화국의 문교정책이 새로 발족한 해라고 할 수 있다. 이해는 또한 "초등교육의 수난이 절정에 이른 해이니 국민 부담을 덜어 준다, 교육계를 정화한다는 미명하에 사친회를 해산시키도록 명령을 해 놓은 채 국민이 낸 세금으로 편성한 의무교육 예산은 그 무시의 도가 지나쳐서 가위 파산 직전의 상태에 놓이게 한 것이다. 그런데 어떻게 군사정권하에서 이토록 초등의무교육을 무시한 문교정책이 나오게 되었을까가 문제인 것이다. 혁명정부의 정권적 성격이 불가피하게 절대주의 교육정책의 성격을 띠어 국방, 경제, 질서 등이 긴급과제로서 채택되고 초등교육은 국가권력의 정책의 일환으로서 간과되었던 것이다"(성래운, 1965: 9~10). 당시 국가재건최고회의 의무교육 정책을 보면 1962년에 개정된 신헌법 제27조 3항에 의거함으로써 대한민국 수립 당초부터의 정책을 계승하였던 것이다.

즉 6년간의 초등교육을 무상으로 받을 권리를 모든 학령아동에게 부여하는 동시에 그러한 교육을 받게 할 의무를 아동의 보호자에게 과하였다. 그러나 이러한 정책을 수행함에 있어서 정부가 보여 준 성실성에 있어서도 구정권과 다를 바가 없었다는 점이 주목을 요한다(대한교육연합회, 1964: 20~21). 환언하면 국가재건최고회의는 집권과 동시에 발표한 혁명공약에 따라 경제개발 5개년 계획을 수립하였고 경제기획원을 두어 강력한 추진을 꾀하려 하였다. 따라서 1961년 이후의 경제개발 초 중점주의에 입각한 예산편성방침은 1963년도에도 답습되었다. 국가재건최고회의가 세운 이 계획은 국가교육제도의 비중을 크게 무시함으로써, 국가 교육제도를 국민경제의 개발을 도우려야 도울 수 없는 위치로 전락시키고 말았다. 6년간 초등교육을 무상으로 시행한다는 것이 군사정부 정책 수립자에게는 기술진흥이나 인적 자원의 개발에 별 무관계로 보였고, 따라서 의무교육 완수에 따르는 막대한 재정적 수요가 도리어 경제개발 계획 수행에 지장을 주는 조건으로밖에는 보이지 않았던 것이다.

이상으로 의무교육재정에 대한 국가재건최고회의 정책 수립자들의 일반적인 태도를 살펴보았거니와, 이러한 태도는 군사정부가 심의 확정한 1963년도의 빈약한 의무교육예산[4]에 잘 나타나 있다. 이러한 의무교육 예산의 부당성은 이 예산이 의무교육에 의미하는 바를 구체적으로 분석할 때 더욱 명백해진다. 1963년 6월에 문교부가 작성한 '의무교육 연차계획과 재정수요'를 보면 1963년도의 시설 부족은 실로 믿기 어려운 정도[5]인 것이다. 당시의 국가재건최고회의 정책 수립자들은 경제 개발 5개년 계획을 강력히 추진하는 과정에서 국가 예산 편성에 있어서도 경제개발 초 중점주의에 입각해서 예산을 편성하였고 의무교육에 소요되는 막대한 재정적 소요가 경제개발을 강력히 추진함에 오히려 지장을 초래한다는 판단하에 의무교육의 비중[6]을 크게 무시하는 과오를 범하게 되었던 것이다.

다음은 5·16 후 학부모 교육 참여제도인 기성회의 발족경위에 대해 살펴보기로 한다.

1963년도 문교부 의무교육 정책 중에 초등학교 아동의 취학률을

---

4) 일반회계세출에서의 의무교육비는 7,712,095,000원(1985년 기준 불변가격 113,413,161,765원)이고 경제회계세출에서의 의무교육시설비는 599,096,000원으로 계 8,311,191,000원(1985년 기준 불변가격 122,223,397,059원)에 불과한 것이다. 1963년도 정부예산은 76,322,511,000원이며 이 중 문교예산이 10,916,095,000원으로 정부예산과 문교예산을 대비하면 14.3%이고, 문교예산 대 의무교육예산 (8,311,191,000원)은 76.1%로서 의무교육예산은 1957년 이후 가장 낮은 비율이다.

5) 1963년도의 예산으로 의무교육 시설비를 전액 쓰고도 새로 건축해야 할 교실이 무려 13,463이나 되고 노후한 채 고치지 못하는 것이 21,512교실인 것이다. 이 외에도 가교실을 개축할 것이 7,078교실이며, 수리해야 할 것이 14,434교실이나 되는 것이다.

6) 1963년도 정부예산 중 각 분야별 예산을 비교하면 경제적 경비는 30.0%, 국방비 27.6%인 데 비해 의무교육비는 10.8%에 불과하였다.

95%로 높인다는 내용이 들어 있다. 또한 이러한 군사정부의 의무교육 정책은 신속한 명령하달을 주안으로 개편된 지방행정 기구를 통하여 현실화됨으로써, 92만 명에 달하는 적령아의 취학을 보게 되었다. 그러나 이러한 계획이 현실성을 지니자면 그에 따르는 재정이 확보되어서 교원과 교실 등 교육여건이 구비되어야 할 터인데, 그러한 계획을 실시할 만한 교육여건이 구비되지 못했다. 이러한 현실을 무시하고 적령아의 수용만을 증가시키는 결과를 초래하였으니, 참으로 무리한 취학 독려라 할 것이다. 그런데 국민을 더욱 실색게 한 것은 1963년도의 자연증가 학급 수는 4,843에 달하고 있음에도 불구하고 실지로 이해에 건축한 교실 수는 1,742에 불과한 형편이었으니, 정부는 새로 지어야 할 3천여 교실을 짓지 아니하고 아동들을 기존교실에 초과 수용해 버렸다는 사실이다(대한교육연합회, 1964: 42). 이와 같이 폭발하는 교육인구의 자연증가를 뒷받침하지 못하여 교실난, 시설난 등 교육이 위기에 직면케 되었으니 그야말로 의무교육의 위기는 최절정에 이르러 실로 파산상태에 직면하게끔 된 것이다.

대도시에서는 3부제 4부제 수업을 해야 함에도 정부는 사친회만 해산시켜 놓고 국고의 재정 부담은 아동의 자연 증가에 따르는 액수만큼도 증액하지 않았던 것이다. 더구나 "'63년도 문교예산의 교실수리비로 4억 4백만 원을 세웠던 것이 전액 삭감당하여 수리를 요하는 1만여 교실의 증축과 절대 불가결의 부족 책걸상의 해결을 위하여"(대한교육연합회, 1964: 39) 만부득이 부형의 협조를 바랄 수밖에 없는 실정에서 초등학교에 기성회를 설치하는 소극적인 방법이 채택되었다.

당시 기성회가 조직되지 않으면 아니 될 급박한 상황에 대해 백현기(1963: 127∼128)는 "5·16 이후 잡부금의 금지와 취학 독려의 철저로 취학 아동 수의 격증은 의무교육 시행 이래 보다 높은 취학률을 보임으로써, 의무교육 재정수요가 이에 따르지 못하여 시설과 인원의 부족은 매년 누적되고 의무교육의 정상적 운영은 극난한 실정에 있다”라고 했으며, 새한신문(1963. 4. 29)이 보도한 내용에서도 “장마철을 앞두고 쓰러져 가는 노후교실에서 귀중한 어린이들의 생명을 보호해야 할 예산이 한 푼도 마련되어 있지 못한 문교부로서는 만부득이 국민의 교육에 대한 이해와 학부형의 협조를 바랄 수밖에 없게 되어 이번에 기성회 조직을 시달하게 된 것이다”라고 기성회 조직의 필요성을 나타냈다.

또한 한윤덕(1966: 4)도 “의무교육에 있어서는 그 재정을 국가가 담당하는 것이 마땅하나 우리의 현실이 교육재정의 일부를 수익자인 학부형에게 부담시키지 않으면 안 될 형편이므로 기성회의 필요성을 느낀다”라고 기성회 조직의 필요성을 역설했다.

이와 같이 공비부담으로는 도저히 정상적인 의무교육을 담당할 수 없는 급박한 상황에서 의무교육의 정상적인 운영을 위해 기성회가 조직되었으니, 기성회 발족 당시 초등학교 기성회 운영관리 요령에 나타난 기성회 창설 취지는 다음과 같다.

> “의무교육의 정상적 운영은 국가의 기본 과제로서 정부는 이에 전력을 경주하고 있으나 취학아동은 매년 증가일로에 있으며, 자연증가 아동만을 수용함에 소요되는 시설비만 연간 20억 원을 상회하고 있는 실정이며 과거부터 누적된 부족시설의 건설비는 무려 100억 원에 달하고 있다. 더욱이 현재 시설의 실태를 살펴보면 과거 건축수명을 초과하여 노후화된 교실과 6 · 25 사변 이후 갑작스럽게 건축한 관계로 중수리 또는 개축을 요하는 교실이 무려 21,000여 개에 달하고 있으며 더욱이 금년에 들어 위험상태에 있어 사용

금지를 명한 교실이 나타나고 있는 현하 국가재정만으로는 이를 해결하기에는 요원하며 시설의 부족은 해가 갈수록 누적상태에 놓이게 되므로 국가재정만을 구실로 무시할 수 없는 실정임에 우선 금년에 긴급히 보수치 않으면 도괴될 우려가 있는 것에 한하여 지방민이 자발적으로 이를 보수하여 지역사회의 공기인 학교시설의 보호를 도모하고자 하는 바이다. 정부는 이와 같이 학교시설의 보호를 위하여 국가재정이 미치지 못하는 부분은 지방민에게 부담시키도록 하였으나 그 운영에 있어서 과거 사친회와는 달리 어디까지나 현존시설의 긴급보수와 절대불가결의 책걸상만을 보충함에 있으며… 이와 같은 조치는 국가재정상 부득이한 것이며, 또한 고장의 학교를 내 손으로 가꾸어 보겠다는 지방민들의 자발적인 의욕을 증진하는 것이다"(대한교육연합회, 1964: 89).

위에서 초등학교 기성회 창설 취지를 살펴보았거니와, 실제 사친회가 해산된 1962년도의 빈약한 의무교육 재정상황을 살펴보면 기성회가 발족을 보게 된 연유를 알 수 있다. 1962년도 의무교육비 재정수요 대 예산액 비교(백현기, 1963: 129)를 보면 총수요액은 10,956,498,550환인데, 예산액은 불과 8,204,876,460환밖에 되지 않아 부족액은 2,751,622,090환이나 되고 있어 의무교육 재정은 의무교육에 소요되는 재정 전액을 국고로 지출하지 못하여 의무교육의 정상적인 운영은 그야말로 극난한 실정에 처해 있었던 것이다.

그 당시 초등학교의 교육환경을 교육 시설 면에서 보면 암담한 형편이었으니, 교실 및 부속시설과 책걸상과 교구 등의 부족 상황을 살펴보면 다음과 같다(백현기, 1963: 91~92).

먼저 초등학교 교실 부족 상황을 보면, 부족 교실 수가 무려 21,892[7]교실로서 2부 내지 3부 수업을 해야 할 실정에 놓여 있었다. 여기

---

7) 인용문헌인 백현기, 교육재정(서울: 을유문화사, 1963, pp. 91~92)에는 부족 교실수가 29,191이나 숫자 착오이므로 이 책에서는 21,892로 정정하였음.

에 또한 현 보유 교실 중 노후 교실 수도 적지 않아 이에 대한 보수책도 시급을 요하니 15년 이상 사용한 교실이 전체의 약 40%나 되어 이에 대한 보수도 필요했던 것이다. 또한 교실 이외에 아동교육에 필요한 초등학교 부속건물 현황을 보면 강당, 숙직실, 변소, 창고 등 모두가 부족하였지만 교실 부족 해결에도 급급한 국가재정 형편에 비추어 부속시설의 완비는 더욱 어려운 과제였다. 다음으로는 아동교육에 있어서 불가결의 책걸상과 교구 등의 현황을 보면 초등학교 교구는 소요량에 비하여 그 부족은 막대한 것이었다. 특히 책걸상은 27만 개나 부족하여 발육기에 있는 아동 보건상이나, 신체 발육상 장애를 미치는 영향은 막심하므로 이의 완비가 긴급히 요청되고 있다.

한편 기성회가 조직된 1963년도에 문교예산 중에서 학교 교육비를 살펴보면 "FY '63 문교예산 중에서 95.2%인 약 126억 원을 차지하고 있고 그중에서 의무교육비가 약 83억 원(65%)"(이중, 1963: 35)이며 이중 "의무교육 시설비는 약 6억(7%)에 불과한 것이었다"(대한교육연합회, 1964: 21). 그런데 교육시설의 현황을 보면 빈약하기 짝이 없으니, "1963년도의 4월 1일 현재 학급 편성은 68,088학급인데 이 중에서 교실 수는 54,816교실이며 부족 교실 수가 13,272교실에 달하고 있다. 그러나 이 교실 중 정규 교실이 48,287, 가교실이 5,444, 대용 교실이 1,985로서(1963. 4. 1. 현재) 교실 수의 대폭 부족으로 이를 완화하기 위하여 2부제 심지어 3부제 수업을 해야 할 실정에 있는 곳도 있으니, 설립자별로 볼 때 부족교실과 수리해야 할 교실은 공립에서 심각하게 나타나고 있다. 공립에서는 2부 또는 3부 수업을 하면서도 학급당 수용인원은 64명으로서 세계에서 가장 많은 숫자에 달하고 있는 셈이다. 또한 이와 같은 다부제 수업을 해소하려면 95억 원의 예산이 필요하다는 것이다. 그런데 1963년도 의무교육비 규모는 83억 원으로, 이는 정부 전체 예산의 769억 원에 대하여, 10.8%의 비중을 차지하고 있어 부족액의 확보가 어려운 처지에 있다"(대한교육연합회, 1964: 105~106). 한편 연간 2.88%를 초과하는 인구의 팽창은 매년 취학하는 입학아동 수의 자연 증가율에 따라 국가나 지방자치단체만의 시설로서는 완전히 수용하지 못하기 때문에 정부가 궁여지책으로 생각해 낸 것이 사립초등학교8) 설립을 권장하는 일이었다. 그리고 교육법에 정한 바에 따라 사립초등학교의 교원에 대한 인건비는 국고에서 지불하도록 한 것이다.

또한 1962년도부터 향후 10여 년간 예상되는 초등학교 아동의 자연증가 상황에 따른 소요 교실 수와 부족 교실 수를 보면, 1962년도에 있어서는 국고에서 약 5,129교실은 건축하였고, 1963년도에 있어서는 1,865교실을 건축하고 있음에도 불구하고 필수 시설인 교실만도 약 15,000교실이 부족하며, 매년 정부에서 약 5,000교실을 건축하지 않는 한 초등학교의 교실난은 당분간은 면치 못할 것이다. 더욱이 해방 후의 학부모의 힘에 의하여 건축하였던 가교실 또는 대용 교실이 약 20년 가까운 시일이 경과되므로 인하여 노후화되고 도괴 직전의 상태에 놓인 것이 14,000여 교실이나 있다는 사실이다. 이러한 노후 교실 수리를 위한 대책이 국고에서 전혀 예산으로서 계산되지 못하였으므로 문교부에서는 부득이 초등학교의 기성회 조직을 승인하고 학교 단위로 시급한 시설의 수리에 충당토록 응급조치를 강구(대한교육연합회, 1964: 106~108)하게 되었다.

---

8) 1963년도의 사립초등학교 수는 46개교이며, 학급 수는 263학급, 학생 수는 13,512명이었다.

이상과 같이 5·16 이후 잡부금의 금지와 취학독려의 철저로 의무교육의 높은 취학률을 보였으며, 의무교육재정 수요가 이에 따르지 못하여 교실난, 시설난 등에 봉착하게 되었고 의무교육의 정상적 운영은 극난한 실정에 처하게 되었다. 이와 같은 초등교육의 위기를 해소시키기 위하여, 부득이 비정상적인 긴급조치를 취해 교육재정의 일부를 수익자인 학부모에게 부담시키지 않으면 아니 될 급박한 실정에서, 사회의 물의를 무릅쓰고 학교 건축이나 시설을 지원하는 조직체로 문교부 지시에 의해, 1963년 전국적으로 기성회가 조직되었던 것이다.

2. 기성회의 성격

앞에서 기성회의 조직경위에 대해서 살펴보았거니와, 이미 고찰한 바 있는 후원회와 사친회와는 기성회가 어떠한 차이점이 있는가를 알아보기 위해, 기성회의 성격에 대해서 살펴보고자 한다.

기성회란 "학교 설립자의 능력이 미치지 못하는 학교시설의 운영을 지원함으로써 교육의 정상화를 기하기 위한 학부모들의 단체로서 기성회의 조직은 그 주된 취지가 경제적인 데 있다"(새한신문, 1968. 7. 1).

이때 조직된 기성회의 성격에 대하여 심태진(1964: 55)은 "기성회는 학교의 교실 건축이나 내부시설의 확충을 목적으로 한 후원단체이긴 하지만 후원단체인 점에서는 종전의 후원회와 별로 다른 점이 없다"라고 기성회의 성격을 밝혔다.

기성회 사업의 성격상 "기성회비는 원래 시설비에만 충당하는 것이 원칙이다. 그럼에도 불구하고 5.16 후의 기성회는 교원후생(교원

연구비)과 교육내용 충실을 위한 수용비 보충 등의 긴급한 현실적인 요청에 따라 시설비 외에 기성회 예산 50% 범위 내에서 운영비를 부담하도록 인정하여 기성회의 질적 변화"(신순갑, 1965: 20)를 가져왔다고 본다. 이에 대해 이필(1968: 57)은 "서울 시내 각 국민학교에 조직되었던 기성회는 그 성격이 변질되어 어느 계획된 사업도 할 수 있으며 동시에 운영에 필요한 재정보충도 할 수 있으므로 자연 항구적인 조직체가 되었던 것이다"라고 당시의 기성회의 특성을 들었다.

이와 같이 1963년 발족한 기성회는 어떤 특정한 목적의 사업을 달성하고 해체되는 조직이 아니고, 그때그때 필요한 사업을 계획하고 추진하는 변질된 기성회 조직이었음을 알 수 있다. 이때에 기성회 조직은 해방 후 학교의 신설 증축 등 벅찬 사업을 전담했던 후원회와 비슷한 성격을 갖고 있으며, 자유당 시절의 사친회와 같이 학교운영비와 교원 후생비까지도 보조할 수 있는 조직체였다.

"원래 기성회란 어떠한 사업을 목표로 하고 조직되는 것이고, 그 사업이 완성되면 자연 해체되는 것이며, 학교별로 조직한 임의단체라고 할 수 있다. 따라서 학부모들은 이와 같은 목적을 달성하기 위하여, 기성회를 임의적인 의사에 따라 운영할 수 있어야 하며, 기성회의 사업규모나 내용과 재정의 부담한도는 학부모들의 의사에 따라야 하며, 회비 징수는 그들이 자진납부"(새한신문, 1968. 4. 11)를 해야 하는 것이다. 그러나 5·16 후에 발족된 기성회는 그 운영 자체가 철저하게 관에 의하여 감독받도록 되어 있었다. 1963년 발족 당시 문교부에 의해 제시된 바 있는 기성회 운영원칙에 나타난 목적과 대상사업 그리고 초등학교 기성회 운영관리 요강에 제시된 관리지침에서 관리방법을 보면 기성회의 성격을 잘 알 수 있다.

'63년 기성회 운영원칙

1. 목적
설립자 부담으로 미치지 못하는 부분을 수익자 부담의 원칙하에
회비 징수로서 해결코자 함.

2. 대상사업
(가) 문교부 훈령 104호 제4조에 규정하는 사업(내부시설)
(나) '63년도까지 완성을 목표로 한 계속공사
(다) 절대수요, 부족한 외곽시설의 건축 및 불가결한 중수리
(라) 구채정산(대한교육연합회, 1964: 88)
이러한 기성회의 대상사업을 보면 기성회가 자치적으로 사업을 전
개할 수 없게 사전에 사업내역을 규제하고 있다.

다음으로는 초등학교 기성회 관리지침에 제시된 관리방법을 보면
다음과 같다.

관리방법
(가) 각 학교 기성회 운영과 예산이 편성되면 감독관청의 승인을
　　받도록 한다. 결산 또한 같다.
(나) 기성회에서 이룩되는 사업은 그 설계서, 시방서, 공사비, 예산
　　서, 계약방법 등을 감독청의 승인과 기술검토를 받아 시행한다.
(다) 기성회 사업은 제정법규를 준용하여 일체 일반 공개입찰에 부
　　하여 공사비의 절약을 기하고 시공 감독에 철저를 기한다.
(라) 공사완료 후 시공검사는 감독관청의 기술자의 확인을 받은 후
　　공사비를 지출하도록 한다(대한교육연합회, 1964: 90).

위에서 기성회 운영목적과 대상사업내역과 기성회 관리지침에 제
시된 관리방법을 통하여 기성회의 특성을 살펴보았거니와, 기성회 운
영 자체가 철저하게 관에 의하여 감독과 통제를 받도록 되어 있다는
점이 과거 후원회나 사친회와 다른 점이라 할 수 있다. 즉 기성회는

운영원칙에 의하여 운영하도록 되어 있어서 학교 실정에 맞게 운영할 수가 없었다.

이러한 기성회 운영상의 문제에 대해 이수완(1966: 10)은 "기성회는 회비 징수 문제와 그 운영 문제까지도 당국의 심한 통제와 간섭 때문에 학교실정에 의하여 자치적으로 운영할 수 없고, 효과적인 운영보다는 말썽 없는 운영이 더욱 절실한 문제가 되고 있다"라고 하였으며, 한윤덕(1966: 4~5)은 "기왕에 생겨난 기성회라면 학교운영의 편의를 제공해야겠는데, 기성회 운영지침이라는 반강제적인 규제 밑에서 준칙에 의하여 그대로 시행하고, 더구나 예산편성조차 관에서 항목, 비율 등을 규제함으로써 기성회 운영 면에 불합리한 점"이 한두 가지가 아니라는 점을 지적했다. 또한 기성회의 조직 및 운영원칙의 획일화 문제에 대해 신순갑(1965: 22~23)은 "기성회 조직 및 운영원칙의 규정에 있어서는, 각 지방의 실정과 학교의 특수성이 충분히 존중될 수 있는 적합한 방법이 수립되어야 한다. 종래 중앙에서 조직에 관한 규약준칙과 운영관리지침 등 상세한 세칙을 제시하여 획일적으로 통제하여 오던 방식은 이를 지양"할 것을 주장함으로써, 문교부 관리지침에 의한 기성회 감독규정이 너무 세밀한 데까지 엄격히 규정하고 있어, 지역실정에 적합한 효율적인 기성회 운영을 할 수 없음을 지적했다.

다음으로는 기성회 성격 자체의 변질과정을 운영 면에서 살펴보기로 한다. 기성회 조직 당시에는 혁명정부에 의해서 사친회가 해체된 직후였으므로, 새로 조직된 기성회는 사친회의 전철을 밟지 않기 위해, 그 운영에 있어서 현재 시설의 긴급보수와 절대불가결의 책걸상만을 보충한다는 전제 아래 기성회가 발족을 보았다. 이때 서울특별시 교육위원회의 기성회 운영 상황을 보더라도 "교실증축비의 일부를 기성회가 담당하여 각 학교에서 할당된 소정액을 시교육위원회에 납부하여 기성회 본래의 사명을 다하여 왔다"(이필, 1968: 57). 그러나 기성회 운영과정에서 학교시설 못지않게 "교원봉급문제가 더 심각하게 부각되어, 1964년 3월부터는 이 기성회비에서 교재연구비란 명목으로 얼마씩 교원들에게 생계보조비를 지급"(동아일보, 1970. 2. 10)하여 기성회의 성격이 변질되기 시작했다. 이에 대해 김종철(1970: 57)은 "기성회비 중 일부를 교원 후생비로 충당하고 있는 현상에 눈을 감을 수는 없으며, 이와 같은 진전은 그것이 이론상 타당해서 그렇게 주장한다기보다는, 현실적으로 불가피하다는 데 그 근거를 두고 있다"라고 말함으로써 교육재정의 현실과 교원처우 개선의 긴박성에 비추어 불가피하다는 입장을 취했다.

"원래 기성회비는 시설비로만 사용하는 것이 당연하지만, 운영비를 영달하지 못하는 이상 운영비를 계산하지 않을 수가 없었던 것이다. 따라서 전 징수 총액을 2등분하여 반을 시설비에 반을 운영비에 충당하여 왔던 것이다"(이필, 1968: 58). 이렇게 운영되어 오던 기성회는 1967년 3월에 "국민학교 교육은 의무교육이니, 학부형들에게 여하한 명목의 부담을 가할 수 없다는 명분을 내세워 기성회비를 '66년도 징수액의 반액으로 삭감했다"(새한신문사설, 1968. 4. 11). 이렇게 기성회비를 무조건 반감함으로써 시설비 전액이 반감되어 교사수리·부대시설 등은 전연 손을 댈 도리가 없어 각 학교가 심각한 수리난에 봉착하게 되었으며, 징수된 기성회비로는 겨우 운영비만을 계상하게 되어 기성회라는 성격은 완전히 상실하고 말았다(이필, 1968: 58). 또한 운영비조차도 차츰 사용 목적이 변질돼 60%가량을 교원 후생비에 쓰게 되었으며(동아일보, 1970. 2. 10) 특히 명목만의 기성회비 책정의 결과는 의무교육에 중대한 위기를 조성하게 되었으며, 교원의 사기와 근무의욕이 극도로 저하되었다. 이에 의무교육의 정상화를 위하여 초등학교 기성회비의 현실화가 시급하다는 판단 아래 1969년 7월 기성회비를 다시 인상시키는 악순환을 되풀이했던 것이다. 그러나 기성회비 인상에도 불구하고 학교운영비 부족 등으로 40여 종에 달하는 학원 잡부금이 발생하여 교권의 추락은 물론 학교와 학부모 간의 비정상적인 관계를 초래하게 되었던 것이다.

위에서 기성회의 특성과 운영 면에서 제기된 문제점을 중심으로 살펴보았거니와, 기성회는 발족 시부터 철저히 관에 의해서 조직되고 당국의 엄격한 통제 아래 운영되어, 지역적 특수성과 학교 실정에 따르는 운영의 묘를 기할 수 없었다.

3. 기성회의 운영과 공·과

5·16 후 기성회가 조직 운영되었던 1960년대는 취학 아동은 급증하는데, 국가의 의무교육 재정이 이를 따르지 못해 교실난, 시설난에 봉착하게 되자 일부 도시지역에서는 교실 부족으로 다부제 수업으로 이에 대처했으며, 심지어는 의무교육 연한의 단축론까지 거론되기도 하였다. 당시 서울시의 경우 다부제 수업상황을 보면 1963년도에는 "133개교 중 3부제가 70개교, 2부제가 53개교"(백현기, 1963: 134)나 되었으며, 1964년도에도 "4대 도시에 있어서는 3, 4부제를 면할 수 없는 형편이었고"(대한교육연합회, 1964: 106) 교실사정은 해를 거듭할

수록 더욱 악화되어 1965년 초에 "5부제 수업을 한 서울시내 국민학교가 19개교, 4부제가 26개교에 달하는 교육이전의 실태까지 빚어졌다"(합동통신사, 1966: 312).

이와 같은 당시의 의무교육 상황을 볼 때, 교원과 시설 면에서 의무교육의 정상적 운영은 극난한 실정으로 초등의무교육의 무시가 지나쳤으며, 초등교육의 수난이 절정에 이르렀음에 대해서는 이미 언급된 바 있거니와, 당시의 의무교육 정책에 대해 성내운은 다음과 같이 비판하였다.

> "아직도 우리나라에는 초등교육의 혜택을 받지 못하고 있는 어린이가 47만 명이나 있고… 국민학교에 다니고 있다는 402만 어린이들이 받고 있는 교육조건이란 그것을 어찌 교육하겠다는 국가의사의 표시로 볼 수 있으랴… 1962년도에 있어 필요한 교원 수는 83,478명인데 정부가 확보한 교원 수는 불과 68,100명인 것이다. 실로 92,000명의 어린이가 선생님 없이 학교에 가고 있는 셈인 것이다. 이러한 조건하에서 우리 아들딸이 어떤 교육을 받고 있을까를 상상만 해도 끔찍하지 않은가? 그런데 문제는 이에 그치지 아니한다. 어린이를 학교에 오라고 하였으면 교실과 책걸상과 마실 물과 변소는 있어야 하지 않느냐 말이다. 가교실을 교실로 치고도 29,191 교실이 그러니까 약 3만 교실이 부족이고, 268,902개 그러니까 약 27만 개의 책·걸상이 부족하며, 물에 이르러서는 6,673개소(수도, 펌프 아니면 우물이라도)를 시설해 주어야 할 형편이다. 꼬마들을 모아 놓고 가르친다는 학교에 4,532동의 변소가 부족한 실정에 대해서는 할 말이 없다"(성내운, 1965: 134).

고 5·16 후의 의무교육기관의 교육답지 못한 최악의 교육 상황을 지적하여 혁명문교정부의 의무교육정책의 과오를 비판하였다.

이러한 때에 초등교육의 위기를 면하기 위한 방편으로 조직된 기성회 운영에 대한 문교부 계획을 보면 다음과 같다.

1963년도 국민학교 기성회 운영계획
1. 징수예상액 449,759,984원
2. 사업내역
가. 교실신축 예정 수 10교실(강원 1, 전북 9)
나. 교실수리 예정 수 17,469교실
　　중수리 5,443
　　소수리 12,026
다. 교실개축 예정 수 292교실
라. 부속건물수리계획
　　변소 2,696동
　　상수도 339개소
　　우물 812개소
　　숙직실 621동
마. 교지구입 134.210평
　　본교 154교용 117,013평
　　분교 24교용 17,197평(대한교육연합회, 1964: 108)

이와 같이 기성회 운영계획에 따라 시급을 요하는 시설확보를 위해 1963년도의 기성회 사업이 추진되었다. 한 해 동안 교실수리와 개축만 해도 1만 7천여 교실이나 되며 기성회비 징수액이 약 4억 5천여만 원이나 되어 어렵던 시절에 공교육 사업에 대한 학부모의 지원이 적지 않았음을 알 수 있다.

다음으로는 서울특별시 초등학교의 기성회 규약준칙(1964. 12. 서울교행, 1044)에 나타난 그 목적과 대상사업을 살펴보고, 기성회가 국가보조만으로 여의치 못한 시설비와 학교운영비를 얼마나 도왔는가를 살펴보기로 한다.

　　제1조(목적): 본회는 설립자의 부담으로 미치지 못하는 긴급한 교육시설의 확보와 학교의 운영을 지원함으로써 교육의 정상화에 기여함을 목적으로 한다.

제4조(사업): 본 회의 사업순위는 다음과 같다.
1. 당해학교 시설기준에 미달되는 부족 시설의 보충과 확충의 지원
2. 학교운영이나 교육활동에 필요불가결한 원조(서울특별시, 1969: 45)

이와같은 목적하에 조직 운영되었던 기성회가 초등학교 운영에 끼친 영향은 대단히 큰 것으로서, 이것으로 인하여 공교육비의 대부분을 부족한 교실 증축비로 전환시킬 수 있었으며, 학교운영에도 큰 비중을 차지하게 되었다. 실제 당시 서울과 지방소재 초등학교에서 학교운영 면에서 기성회의 의존도를 보면, 기성회비 징수가 왜 필요했는지를 쉽게 알 수 있다.

서울특별시 S초등학교 기성회비와 영달금 관계를 살펴보면, 기성회 예상액은 총 7,044,400원인 데 비해 전도금 예상액은 1,314,910원으로 부족한 교육재정을 돕기 위해 학부형 부담으로 82%가 기성회비의 수입으로 학교운영을 하였으며, 관에서 영달하는 재정은 기성회비의 18% 정도에 불과한 실정이었다(이필, 1968: 58). 한편 지방 초등학교 운영에 있어서도 기성회의 의존도는 높았으니, 경기도 A초등학교의 경우 "학교운영을 위한 연소요 경비 200여만 원 중 30% 이내가 교비 부담이고, 잔여의 대부분인 70% 이상이 기성회에 의존"(고창균, 1966: 31)했다. 이것을 전국적으로 본다면 실로 막대한 금액이며, 이만한 액수를 교실증축에 사용하여 교실난 해소에 이바지하였던 것이다. 이와 같이 징수한 기성회비로 많은 교실을 증축했으니, 그 상황을 보면, 학부형들의 도움으로 3년간에 무려 3천여 개의 교실을 증축하게 되었으니, 기성회가 학교 시설 면에 공헌한 업적은 실로 현저한 바가 있다고 하겠다(이필, 1968: 58).

1965년도 기성회 예산이 학교총예산에서 차지하고 있는 비율을 공·

사립별로 볼 때 공립 초등학교는 기성회 예산이 39%를 차지하고 있으며, 사립초등학교는 32%를 차지하고 있어(신순갑, 1965: 20) 사립보다 공립이 기성회 의존도가 높음을 알 수 있다.

이상과 같이 기성회는 5 · 16 후 취학아동의 급격한 증가와 교육재정의 핍박으로 초등교육이 최악의 상태에 처해 있을 때 조직되어, 부족한 교실 및 부속시설의 신 · 증축, 개축, 보수 및 내부 시설, 책걸상 교구 등 일체의 교육시설 확충에 큰 역할을 하였다. 또한 기성회는 부족한 학교운영비를 보조하였고, 특히 학교운영비 중 대부분의 예산이 연구비란 명목으로 지급되어 교원 후생 면에도 큰 몫을 하였다.

이와 같이 기성회는 5 · 16 후 의무 교육의 위기를 타개하는 데 큰 업적을 남겼으나, 이에 못지않게 운영 면에서 야기된 폐단도 적지 않았다. 무상교육이 보장되어야 하는 의무교육기관에서 기성회비를 학부모로부터 징수한다는 사실 자체는 "초등교육은 무상으로 한다"는 무상 의무교육정책에 위배되는 것으로 국가 교육재정상의 모순을 드러낸 것이다.

기성회 운영과정에서 빚어진 폐단 중 가장 문제가 되는 것은 회비 징수과정에서 비롯된 문제들로서, 이러한 문제는 과거 후원회나 사친회 시절에 회비 징수과정에서 있었던 폐단과 다를 바가 없다. 초등학교 기성회 관리지침에 제시된 회비 징수 방법을 보면 "회비의 징수는 기성회의 자치에 일임하여 징수할 것이며, 교직원을 동원하여서는 아니 된다"(대한교육연합회, 1964: 90)라고 엄격히 규정하여 놓았다. 또한 "기성회비 징수에 있어 아동을 매개체로 하여서는 아니 되며, 미납자의 아동이라 하여 교육활동 또는 기타의 방법으로 아동에게 심리적 작용을 주어서는 아니 된다"(대한교육연합회, 1964: 70)라고 규정했다. 이러한 규정은 사친회 시절에 사친회비 징수로 인해 빚어졌던 사제 간의 비교육적 행위를 기성회 운영에서는 엄격히 배제하려는 의도였다고 할 수 있다.

그러나 기성회 운영 역시 운영 관리지침에 규정된 대로 준수하지 못함으로써 "사친회가 걸어온 것과 거의 같은 많은 물의를 일으켰고 학교로서도 이 기성회 운영 때문에 많은 피해"(주세환, 1970: 62)를 입게 되었던 것이다.

당시 기성회비 징수과정에서 교사와 아동이 입은 정신적인 피해는 대단히 큰 것이었으니, 기성회비 징수과정에서 빚어진 폐단에 대해한 학교운영자는 다음과 같이 표현하였다.

> "기성회비 징수는 학급담임에게 위촉되어 있으며, 징수성적이 불량한 학급은 견책 아닌 추궁을 당한다. 그러기에 교사들 간에는 기성회비＝근무성적이란 은어가 생기게 되었다. 그러므로 교사는 신경을 이에 쏟고 있다. 심한 교사는 심한 독촉으로 배척까지 당하는가 하면, 자기 호주머니를 털어 체당하는 선의의 우를 범하는 일도 나타났다. 학교장과 학부모에게 눈총을 받는 듯한 진퇴유곡의 위치가 교사인 것이다. … 귀여운 어린이에게 아침에 징수확인, 귀가 시는 독촉, 방과 후는 납부 독려로 방문을 해야 하는 고달픔(?)을 누가 감히 이해하며 동정해 주었던가? 이러한 비극이 언제까지 계속되어야 하며, 이 책임은 누구에게 있는 것인가? 교사의 넋두리로만 받아들이기에는 정신적인 수탈을 당하고 있는 셈이다.(라고 교사가 당해야 하는 심적인 고통을 표현했다) 비극은 교사의 선에서 멈추는 것이 아니다. 천진난만한 아동, 돈하고 거리가 먼 파란 눈들을 흐리게 하고 마음을 그늘지게 하는 것이 또한 기성회비인 것이다. "아동은 담임선생과 부모의 중간에 끼어 기를 펴지 못하고 위축된 우울한 나날을 보내야 하고"(한윤덕, 1966: 5) 언짢은 기색의 선생님 얼굴, 체납을 독촉하는 세리와 같이 되풀이 하는 한소리, 또 그소리… 여기에 움츠리고 기를 못 펴는 아동이 있다면 이는 누구를 탓할 것인가? … 자라나는 새싹, 거리낌 없이 뻗어야 할 그들이 몰

지각한 성인들의 함정에 말려들어 감은 방관만 해야 한다는 것일까?"(고창균, 1966: 33)라고 아동들이 당해야 했던 수난을 나타냈다.

이와 같이 기성회비 징수는 교사에게 교직에 대한 회의와 환멸을 안겨다 주었고, 아동들에게는 교사와 학교에 대한 공포심과 스승에 대한 존경심마저 잃게 하였다.

당시 이러한 기성회비 징수문제에 대한 폐단은 사회문제로까지 번져 동아일보(1970. 2. 10)지에 게재된 교사를 힐난한 기사를 보면 "일부 비양심적인 교원들은 사도를 망각하고 돈 못 낸 어린이에겐 매질을 하고 시험을 못 치게 해 물의를 일으켰다"라고 보도함으로써 죄 없는 교사가 사회로부터 폭력을 휘두르는 세리와 같은 인상을 받게 되었다. 또한 자녀로부터 회비 납부에 시달림을 받은 학부모는 학교와 교사를 원망하게 되는 결과를 빚어 교권이 여지없이 짓밟혔던 것이다.

이상과 같이 5·16 후 발족된 기성회는 우리나라 의무교육 발전에 커다란 공헌을 했으나 이에 못지않게 폐단도 컸으니, 기성회가 의무교육에 끼친 공·과를 평가해 보면 다음과 같다.

기성회의 공적

(가) 폭발하는 교육인구의 자연증가로 인한 부족교실 증축사업에 큰 구실을 하였다.

(나) 교원연구비 지급으로 교원 생활안정에 도움을 주었다.

(다) 부족한 학교운영비를 보조하여 의무교육 발전에 크게 기여하였다.

기성회의 과실

(가) 교사가 회비 징수의 책임을 지게 되어 교권이 실추되었으며, 회비 징수로 인한 부담을 가중시킴으로써 수업에 많은 지장을 초래하게 되었다.

(나) 기성회비로 인한 영세층 자녀의 취학거부 및 중도 퇴학자가 생겨 의무교육 수행에 지장을 초래하였다.

(다) 기성회비 징수과정에서 교사와 아동이 개입되어 사제 간의 정을 흐리게 하였으며, 교사와 아동이 기성회비로 인해 심한 정신적인 타격을 받았다.

(라) 기성회의 성격이 완전히 변질되어 기성회 본래의 사명을 다하지 못했다.

앞에서 1960년대의 학부모 교육 참여제도인 기성회 운영에 관해서 고찰하였거니와, 당시의 기성회는 학교 건축이나 시설을 지원하는 학부모 조직으로 출발하였다. 이러한 기성회는 발족취지와는 달리 그 성격이 완전히 변질되어 과거 사친회와 같이 학교운영비와 교원후생비까지도 보조할 수 있는 조직체가 되어 기성회 본래의 사명을 완수하지 못했다. 그러나 당시의 기성회 운영은 그 폐단이 대단히 컸지만, 교육재원의 부족으로 필요악으로서의 기성회비 징수는 불가피하였다. 1963년 이래 운영되어 오던 기성회는 학교 교육환경 정상화 방안의 하나로 학교육성회가 발족됨에 따라 1970년 2월 말로 해체되었다.

PART 04

학교육성회(1970~2000)

1. 학교육성회의 발족취지

앞에서 이미 언급된 바와 같이, 5·16 후 교육의 위기를 해소시키기 위해 부득이 비정상적인 긴급조치를 취해, 교육재정의 일부를 수익자인 학부모에게 부담시키지 않으면 아니 될 급박한 실정에서 사회의 물의를 무릅쓰고, 학교 건축이나 시설을 지원하는 조직체로 기성회가 발족을 보게 되었다. 당시의 기성회는 교육시설 확충에 지대한 공헌을 하였다. 그러나 기성회 예산에서 60%가량을 교원 연구비 지급에 쓰고도 모자라 40여 종의 학원 잡부금이 발생하였고, 사제 간의 금전 거래로 교권이 추락되었다. 그리고 이러한 학원 내의 문제는 급기야 사회문제로까지 번져 나갔다(안창선, 1971: 61). 학교 교육을 사회적인 비난과 불신의 대상으로 확대시켰던 학원 잡부금이 발생하게 된 원인을 살펴보면 무엇보다도 공비부족에 있었던 것이다. 초등학교의 경우는 헌법규정상 일체의 경비를 국고에서 부담해야 하겠으나, 국가의 교육재원 부족으로 인해 학부형의 부담은 가중되었고, 그중에서도 잡부금이 생기게 한 직접적인 원인은 학급경비의 부족과 교원봉급의 부족이라 하겠다.

1969년 12월에 문교부가 국정감사 반에 제출한 잡부금의 통계를 보면 그 종류와 액수의 과다함을 알 수 있다. 연간 잡부금 징수액은 110억 3천8백6십8만 원에 달하는 것이다. 초등학교의 경우, 학생 5,274,960명이 7,331,498,000원을 내어 1인당 1,470원을 내었고, 중·고교의 경우 학생 1,679,810명이 3,707,182,000원을 내어 1인당 2,200여 원을 냈다는 것이다(최종진, 1970: 101).

학원 내에서 잡부금을 징수한다는 것은 원칙적인 면에서 바람직스럽지 못한 일이지만, 국가재정 형편과 교육여건이 잡부금을 없앨 수 없는 당시의 교육환경으로는 어쩔 수 없는 하나의 고질화된 필요악으로서 존재하였던 것이다.

1970년대에 접어들어 새로운 교육풍토의 쇄신을 위해 학교·가정·지역사회의 협동을 통한 학교육성 방안을 수립하자는 여론은 정책당국자들로 하여금 학교육성회조직의 결정적인 계기를 마련해 주었다(한국청소년문화연구소, 1981: 381). 당시의 사회적 배경으로 보더라도 "학교 교육의 정상화가 바로 학교·가정 및 지역사회의 긴밀한 협력 체제로서 가능하다는 것은 교육계를 비롯한 각계각층의 집약된 결론이었다"(대한교육연합회, 1971: 44).

이와 같은 추세와 관련하여 1970년 2월 6일 박대통령이 시달한 8개 항목의 「학교 교육환경 정상화에 관한 지침」을 시달하였는데 그 내용은 다음과 같다.

「학교 교육환경 정상화 지침」

첫째, 학교 내에서 각종 명목의 잡부금 징수행위 등 잡다한 금전 논의가 일소되도록 할 것.

둘째, 국가재정형편과 관련하여 실질적인 무상교육이 실현될 때까지 학부형들이 자신들의 자녀교육을 위하여 최소한도의 교육비를 협찬 부담하는 방안을 승복한다면 이를 받아들여 효율적으로 활용할 것.

셋째, 교사는 지역단위의 형편에 따라 형평하게 생활보조를 받도록 할 것.

넷째, 교사는 퇴직 후나 노후의 걱정이 없도록 금고 부금제도 등을 마련하여 자신의 장래에 대해 자신과 희망을 갖고 봉직토록 할 것.

다섯째, 학교 내에서 사제 간에 금전취급이 없도록 하여 선생은 자존심과 교직자로서의 위신에 손상을 받지 않게 하고 학생은 부형과 선생 사이에 납입금의 시달림으로부터 해방되도록 하며, 학부형은 자녀들로부터 잡부금 독촉을 받는 일이 없도록 할 것.

여섯째, 교통사고로 인한 부상학생 및 극빈학생들에게 무료 의료혜택을 줄 수 있는 학생복지 증진 방안을 강구할 것.

일곱째, 적정한 조처가 있은 후 학원 안에서 현금이 취급되는 사례가 있으면 이를 엄단하고 최선을 다한 처우에도 불구하고 불만 있는 교원은 2세 국민의 교육을 위하여 교육계에서 떠나도록 할 것.

여덟째, 학교주변의 유흥업소 사행행위, 유해식품판매, 불량서적취급, 기타 교육환경을 어지럽히는 모든 요소를 제거, 교통 위험지역 학교주변에는 경찰관을 고정 배치하는 등 학부형들이 자녀를 마음 놓고 학교에 보낼 수 있는 환경을 조성할 것.

당시 이와 같은 박 대통령이 시달한 8개 항목의 「학교 교육환경 정상화에 관한 지침」은 학부모의 교육 부담금을 공식화하자는 요지로서 학교육성회 조직을 급진전시켰다. 박 대통령은 동 지침에서 학원 안에서의 각종 명목의 잡부금 징수행위가 일소될 수 있도록 국가재정이 허락되는 일정 시기까지 학부형들의 교육비 부담을 양성화할 수 있는 방안을 강구할 것을 제시한 바 있다. 이에 따라 내각은 문교부가 제안한 학교육성회 징수세칙을 의결하였던 것이다. 이것은 지금까지 각급 학교에서 각종 명목으로 징수해 오던 각종 잡부금을 양성화하여 종전까지의 기성회를 발전적으로 해체, 학교육성회로 개편함에 따라 교원의 처우개선, 학생복지증진 및 학교운영비에 충당하자는 것이 그 취지였다(한국청소년문화연구소, 1981: 381~382). 물론 우리 헌법은 무상의무교육 원칙을 규정하고 있지만, 그 당시 우리 국가사회의 재정형편이 양적 팽창 일로에 있는 학교인구에 대하여 만족할 만한 교육 재정적 지원이 불가능하다는 사실을 인정할 때 학원 잡부금의 양성화는 불가피하다는 것이 사회적 공론으로 제기되어 왔던 것이다. 따라서 학교 육성을 위한 학교·가정·지역사회의 협력체제로서의 학교육성회 조직은 시대적 당위성이 인정되지 않을 수 없는 사회적 배경(대한교육연합회, 1971: 44)을 갖고 있었다.

학교육성회의 발족은 학생·교사·학부모 사이에 고질적으로 팽배했던 불협화음의 불식은 물론 생계 불안정 때문에 증가일로에 치닫던 교원의 퇴직률을 감소시킬 수 있다는 의미에서 교육계뿐만 아니라 언론계에서도 전폭적인 찬성을 하였던 것이다(한국청소년문화연구소, 1981: 382).

학교육성회 발족 후 문교부가 전국적으로 조사한 바에 의하면 학교육성회 발족에 대한 긍정적 반응으로 학교장 83%, 교사 73%, 학부모 62%가 찬성(대한교육연합회, 1971: 46)한 것으로 나타났다. 이에 각종 잡부금을 양성화하여 과거 기성회비와 함께 육성회비로 단일화시켜 잃었던 교권을 회복하고 교육계의 명랑한 질서 확립을 목적으로 1970년 3월 1일을 기하여 초·중등학교의 학교육성회가 전국적으로 발족을 보게 되었다. 학교육성회 발족에 즈음하여 전국 교직원에게 당부하는 문교부 장관 담화문을 보면 학교육성회 발족의 교육적 의의를 잘 알 수 있다.

"친애하는 전국의 교직원 여러분!

오늘 본인은 오는 3월 새 학기부터 새로 개편되는 학교육성회에 관한 계획을 밝힘에 있어… 지금 우리는 사명의 '70년대를 맞이하여, 온 국민이 민족중흥의 찬란한 기치 아래 한결같이 힘을 모아 전진하고 있으며… 그러나 이와 같은 역사적 시점, 이 엄숙한 역사적 전환기에, 과연 우리 가운데, 사명의 대열에서 벗어난 사람은 없었겠습니까? 뼈아프고 원통한 일이나마 교육자로서의 자랑을 버리고 사명의 숭고함을 잊어버린 채, 추락의 수렁 속에 빠져 헤어나지 못하는 동지들이 없지 않았으니, 그 두드러진 예가 바로 이른바 잡부금에 따르는, 어둡고 추악한 잡음이었던 것입니다. 비록 그것이 적은 부분의 현상이라 할지라도 교사와 학생 사이, 학부형과 교사 사이 금전의 수수로써 양심과 긍지를 팔고, 납부의 성적으로써 인간의 존엄성을 저울질하던 끝에 드디어 교권은 땅에 떨어지고, 교육 불신의 풍조가 성스러운 교단을 더럽히려 들고 있다는 현상, 이 기막힌 현상이 티끌만큼이라도 남아 있는 이상, 우리가 무슨 면목으로 겨레의 길잡이를 자처하고 사명의 시대를 운운하겠습니까?
친애하는 교직원 여러분!
여러분에게 주어진, 오늘의 여건은 고달픔, 그것입니다.
우리 교직원 처지가 더욱 참담한 것이었다 하더라도 오히려 도도하고 떳떳한 몸가짐으로 수난자의 고결함을 과시해 마땅한 일이었을 것입니다.
이제 본인은 전국 학부형 여러분의 뜨거우신 협조에 힘입어, 학교육성회를 발족시킴으로써… 새로운 결의와 다짐으로써 스스로를 정화하고 승화시킬 새 기운을 이룩해 나갑시다… 오로지 여러분의 슬기에 호소할 따름입니다"(문교부, 1971. 3. 1. 10~11).

1970년 2월 7일
문교부장관 홍종철

이와같은 문교부 장관의 담화문의 내용은 기성회 시절에 각종 잡부금으로 인한 폐해에 대한 책임의 일부가 교육자 자신에게도 있음을 지적하고 있으며, 그간 금전관계로 인한 교권의 실추와 교육 불신의 풍토가 조성되었음을 특히 강조하고 있다. 그리고 교권의 확립과 교육풍토 개선에 교직원이 앞장서 줄 것을 간절히 호소함으로써, 교육자로서의 양심과 긍지를 잃지 않을 것을 간곡히 당부하였다.

당시 학교육성회 발족의 교육적 의의에 대한 각계의 의견을 살펴보면, 정운종(1970: 94)은 "학교육성회는 가정·학교 및 지역사회가 아동교육의 정상화를 위하여 협동할 수 있는 체제로서 진정한 의미의 사친회 부활이나 다름없는 것이니, 그 운용 및 관리에 있어 지난날 사친회 성격을 크게 탈피시켰다는 데서 그 교육적 의의를 찾아볼 수 있다"고 하였으며, 주세환(1970: 62)은 이에 대해 "육성회 운영은 교사가 납입금 독촉을 안 하게 됨으로써 학생들은 납입금 때문에 교사와 부모들 사이에서 시달리지 않게 되었고, 육성회는 과거와 달리 협찬금 제도가 있어서 지역사회 유지들의 경제적 협조를 얻을 수 있고, 지역사회 기관장이나 유지를 그 회원으로 할 수 있어 학교와 지역사회 간에 유대가 더욱 강화되었다"라고 학교육성회 발족의 교육적인 의의를 밝혔다. 또한 당시 동아일보 사설(1970. 3. 23.)에서는 "정부당국이 학원의 잡부금을 양성화함으로써 40여 종에 달하는 각종 잡부금이 일소되고 교사들로 하여금 스승으로서 위신을 살리도록 했다"고 하였으며, 한국일보 사설(1970. 4. 22.)에는 "말썽 많던 부당한 잡부금 시비를 일소하고 무리가 가지 않는 범위 내에서 학부모들로부터 징수한 회비를 재원으로 교원연구수당 지급을 함으로써, 교원의 처우를 개선함과 아울러 학교운영을 합리화시키자는 데 참뜻이 있는 것이다"라고 그 교육적 의의를 밝혔다.

이상과 같이 학교육성회 발족의 교육적 의의는 과거 교사들이 부족한 생활비를 보충하기 위해 각종 명목으로 징수하던 잡부금과 기성회비를 일원화시켜 양성화함으로써, 교원들의 생활보장을 시키는 동시에 고질화된 학원 잡부금을 일소시켜 잡부금으로부터 아동들을 해방시키고, 추락된 교권을 확립시킴과 아울러 일반사회의 학원불신 풍조를 씻어 버리고, 학교 교육을 정상화하자는 데서 그 교육적 의의를 발견할 수 있는 것이다.

2. 학교육성회의 성격

1970년 3월 새롭게 발족된 학부모 교육 참여제도인 학교육성회는 그 발족 근거가 교육적 이상을 실현하기 위한 것이라기보다는, 그 당시 절대적으로 부족한 학교운영비와 교원후생비를 보조하고 음성화된 잡부금에 의한 악영향을 지양할 수 있다는 차선책으로 발족되었다. 이렇게 발족된 학교육성회는 국가재정 형편과 관련하여, 실질적인 무상의무교육이 실현될 때까지 하나의 단계적 조치였다고 할 수 있다. 과거 기성회와 학교육성회의 차이점은 기성회 운영에서는 학교시설 설비의 보완에 중점을 두었으나, 학교육성회는 그 성격을 달리하여 교원후생(교원연구비)에 제1차적 중점을 두어 이 두 조직의 성격이 유사하면서도 상이점을 갖고 있다.

1970년 3월 학교육성회 발족 당시 문교부가 시달한 「학교육성회규약준칙」에 나타난 목적·사업내용과 운영관리지침을 보면 학교육성회의 성격을 이해할 수 있다.

「초·중·고등학교 육성회 규약 준칙」
제1조 (목적) 이 회는 학부모의 자진 협찬으로 학교운영을 지원하고 학생의 복리를 증진함으로써 학교 교육 정상화에 기여함을 목적으로 한다.
제2조 (사업) 이 회는 제1조의 목적을 달성하기 위하여 다음의 사업을 한다.
(가) 교직원 연구 활동에 필요한 연구비의 지원
(나) 학생복리 증진을 위한 사업과 시설기금 등의 부담
(다) 학교시설의 확충과 유지 관리에 필요한 지원
(라) 학교운영과 기타 교육활동에 필요한 지원

이상과 같은 목적과 사업내용을 이루기 위해 학부모로부터 징수한 육성회비의 집행기준을 보면 교직원 연구비 60%, 학생 복지비 4%, 학교운영비 36%로 되어 있다.

위에서 학교육성회 운영 목적을 보면 어디까지나 학부형의 협찬에 의한 학교운영 지원을 규정하고 있으며, 아동에 대한 모든 편의와 혜택을 제공하고 아동의 능력을 최대한도로 개발한다는 선진국의 PTA 정신 이념과 일맥상통한다고 할 수 있다. 그러나 학교육성회 사업내용을 보면 교사의 생활비 보조라는 문제가 학교육성회 운영에 가장 큰 비중을 차지하고 있으므로, PTA의 정신과는 그 운영 면에 있어서 다소 다른 요소가 포함되어 있다고 볼 수 있다.

다음은 초·중·고등학교 육성회 운영관리지침에서 학교육성회의 조직·협찬회비책정·회비 징수·관리원칙·대상사업 및 집행기준을 보면 다음과 같다.

「초・중・고등학교 육성회 운영관리지침」

(가) 육성회의 조직: 육성회는 문교부에서 제정 시달한 육성회 규약 준칙에 의거하여 학교 단위로 조직한다.

(나) 협찬회비책정: 회비한도액 책정에 있어서는 지역별, 학교별로 회원의 소득수준에 따라 육성회에서 등급을 정하고 그 등급에 따라 차등 책정하여야 하며, 등급 수 및 각 등급별 학생 수를 아울러 결정하여야 한다. 전항에 의하여 책정된 회원별 회비는 학생들에게 일체 공개치 않는다.

(다) 회비의 징수: 교사는 학생으로부터 회비를 징수하거나 미납회비에 대한 납입의 독촉을 하지 못한다.

(라) 관리 원칙: 육성회의 사업은 제1차 감독청의 승인을 받아야 하며, 육성회의 사업은 당해 회계연도의 예산을 초과하여 계약행위를 하지 못하며 기채는 일체 인정하지 않는다.

(마) 대상사업 및 집행: 교직원에 대한 연구비 지급 한도액은 교육감이 지역별로 책정하고 시・군 교육장은 교육감이 정한 한도액의 범위 내에서 관내 학교의 연구비 지급 한도액을 정하며, 연구비 책정은 당해 지역의 생계비와 부양가족수를 참작한다. 학생 복지비는 전체 예산의 1,000분의 40을 학생 복지비로 책정하고 이를 학생 복지비와 학생 복지시설 조성 기금으로 구분하되, 조성기금은 금융기관에 적립하며, 학교운영비는 학교 및 학급 운영비의 부족액과 기타 필요액을 학교운영비로 충당하도록 하였고, 또한 당해 학교의 부족한 시설 설비와 기타 보수비에 충당하도록 하였다(대한교육연합회, 1971: 44~45).

위에서 학교육성회 운영관리지침을 살펴보았거니와, 문교부가 학교육성회 운영관리지침을 시달하여 운영관리지침에 따라 학교육성회가 전국적으로 운영하도록 하였다는 점에서 과거 기성회 때의 획일화된 운영과 별 차이가 없었다. 이러한 획일적인 운영은 지역실정과 학교의 특수성이 무시될 수밖에 없었고 창의적인 운영을 할 수가 없었다.

이와 같이 획일화된 운영관리지침에 따른 학교육성회 운영상에는 개선해야 할 문제점이 허다했다. 당시 정부·여당 연석회의에서 공화당 정책위원회는 학교육성회운영 개선방안을 건의하여 주목을 끌었다. 이 건의서에서 육성회의 문제점으로 첫째, 학부모의 참여도가 낮으며, 둘째, 학교육성회 운영관리지침은 각 지역실정에 맞지 않으며, 셋째, 회비의 등급별 책정으로 아동들에게 열등감을 주고 있다고 지적(대한교육연합회, 1971: 46)하였다. 또한 대한교련에서도 학교육성회의 실제운영을 통하여 야기된 문제점과 개선방안(대한교육연합회, 1971: 64~66)을 제시한 바 있다. 학교육성회 운영상 핵심이 되는 등급책정, 회비 징수, 연구비 지급에 대한 운영상의 문제점을 살펴보면 다음과 같다.

첫째, 학교육성회의 운영을 효율적으로 수행하는 데 있어서 가장 중요한 요소는 학부모의 회비부담 능력에 따른 등급별 책정이라 할 수 있다. 종래의 기성회는 지역별, 학교 급별로 회비를 차등 책정하였다. 그러나 동일지역 내의 학교에 대해서는 일률적으로 회비를 책정한 데 비하여, 학교육성회비는 지역별, 학교 급별뿐만 아니라 동일지역 및 동일학교 내에서도 학부모의 소득계층에 따라 회비를 차등 책정하고 있다. 이는 학부모의 소득계층을 구분하여 책정한다는 것이 대단히 어려운 문제일 뿐만 아니라, 차등 책정에서 오는 우열의식 등 아동에게 미치는 심리적 영향도 있을 수 있다고 본다.

둘째, 문교부가 제시한 학교육성회비 징수방법은 교원이 일체 개입하지 않는다는 전제 아래, 학교서무에서 전담 징수하는 방법, 학부모가 직접 납부하는 방법과 학교육성회에서 징수하는 방법 등 각 지역실정에 따라 육성회에서 결정토록 하였다.

이와 같이 학교육성회비는 과거의 기성회비와 달리 교사가 학생들로부터 회비를 징수하거나 미납자에 대한 납부독촉을 못 하게 되었으나, 일부 학교에서는 이 규정을 어기고 있는 것으로 나타났다.

이와 같은 현상은 학부모의 자진납부 실적이 부진하여 학교운영상 불가피한 일이라고 볼 수 있으니, 그 예로는 "학교육성회 발족 후 징수실적이 나빠 발족 첫 달인 3월 전국 13만 교직자 가운데 30%에 해당하는 4만 명가량이 교재연구비를 받지 못했다"(동아일보, 1970. 4. 10)는 것이다.

셋째, 연구비의 책정기준을 보면, 잡부금을 양성화하여 학교육성회비로 단일화한 것은 실질적으로 학부모의 공식적인 협찬금으로 교원의 생계 안정을 위해 재정적인 지원을 하자는 데 있기 때문에, 연구비 보조는 바로 생계비 보조를 위한 것이라고 할 수 있다. 그런데 회비에 대한 지역별 책정으로 인한 연구비 보조액은 지역 간에 큰 차등을 나타내어 농촌지역 교사의 사기저하와 도시진출 증가 등의 문제가 있었으며, 특히 대도시 지역의 교원일수록 학교육성회 발족 전보다 실질적 수입이 줄어 교원의 사기와 자질에 큰 영향을 주었다(안창선, 1971: 66~67).

교원의 사기와 생계 안정과는 깊은 관계가 있는 것으로서, 교사의 부당한 대우와 생활보장의 부족은 교사의 사기 앙양에 크게 저해요인이 된다는 점을 생각할 때, 교원 후생 면에 개선은 고사하고 오히려 악화되었다는 점이 학교육성회 발족 당시의 커다란 문제로 제기되었다.

그 밖의 운영상의 문제로서 지적될 수 있는 것은 잡부금 단속을 엄격히 하여 교사의 사기와 교육활동에 영향을 주었다. 또한 학교육성회 기능 관리 면에서 볼 때 학교육성회는 재정적인 면이 강조되고 있는 반면에, 아동교육과 학교와 지역사회의 협동체로서의 기능이 소홀했다. 게다가 조직 자체가 관에 의한 획일적이고 하향식이었으므로,

육성회의 주체가 되어야 할 학부모들은 자발적인 참여의식을 느끼지 못하고 부담과 피해의식을 느끼는 경향이 있었다. 또한 획일적 운영으로 인해 학부모의 의사가 반영될 수 없었고, 학교 실정에 따른 특색 있는 운영을 할 수 없었던 것이다(대한교육연합회, 1971: 64).

지금까지 학교육성회의 성격을 알아보기 위해 「학교육성회 규약준칙」에 나타난 목적·사업내용과 이에 따른 운영관리지침을 살펴보았다. 특히 운영상 핵심이 되는 등급책정·회비 징수·연구비 지급상 제기된 문제점을 중심으로 언급하였거니와, 학교육성회는 그 운영과정에서 특히 학생의 가정형편을 고려한 등급 책정이 어렵고, 교사가 관여하지 않는 회비 징수는 거의 불가능한 것으로 밝혀졌다. 또한 학교육성회가 부족한 교원 생계비를 보조하고 운영비 지원을 위해 조직된 것인데, 교원 생계비 보조에 심한 등차가 생겨 농촌 지역 교원에게 미치는 사기는 심각한 것이었다. 그리고 농촌지역 교사의 도시집중 경향과 잡부금 과잉단속으로 교육활동이 상당히 위축되기도 하였다.

이러한 문제점이 드러나자 정부에서는 학교육성회의 재정적인 후원기능을 점차적으로 체감시켜 국고로 전환하게 되었다. 이리하여 1970년 3월 1일을 기하여 전국적으로 발족된 학교육성회는 의무 교육의 무상 원칙에 따라 1972년도부터 도서·벽지 지역부터 폐지되기 시작하여 점차 면 이상 지역이 폐지되었으며, 다음으로는 군·읍 지역의 학교육성회가 폐지되었다. 그러나 6대 도시(서울, 부산, 대구, 광주, 대전, 인천) 초등학교에서는 지난 1990년대 중반 학교운영위원회가 발족되기 전까지 학교육성회가 존속 운영되어 오다가 폐지되었다.

1970년도 학교육성회 발족 당시에는 문교부가 육성회 운영관리지침을 시달하여 획일적인 운영관리지침에 따라 전국적으로 육성회가 운영됨으로써, 지역실정에 맞는 창의적 운영을 할 수 없었다. 그러나 그간 육성회 발족 후 근 20여 년간 운영과정에서 제기된 지역 간의 특수성 문제, 학교육성회비 예산 집행기준의 재조정, 학교육성회비책정 등의 운영상의 문제들이 부분적으로 개선되어 왔다. 지난 1988학년도부터는 지방자치제 및 교육자치제 실시에 대비한 자율성 배양을 위해 종래 문교부 장관이 관장하던 각급 학교 학교육성회 운영에 관한 사항을 시·도 교육위원회 교육감에게 일임하였다. 그 후 학교육성회는 '육성회 규약준칙'에 의거하여 각 시·도 교육청 학교육성회 운영관리지침에 따라 운영되어 왔다. 그리하여 각 학교의 학교육성회는 각 시·도 교육청에서 제시한 '육성회 예산 편성 지침'에 의거 교육청의 엄격한 통제하에 획일적으로 운영되어 왔다. 이러한 자주성이 결여된 학교육성회는 각 학교의 특성에 따른 창의적인 운영이 불가능하였고, 자주적인 학부모 단체와는 거리가 멀었다. 이와 같이 학교육성회 운영이 중앙에서 각 시·도 교육위원회로 이관된 이후에도 운영상의 큰 변화는 없었다.

3. 학교육성회의 운영과 공·과

앞에서 1970년대에 있어서 한국 교육재정 제도의 중요한 일부를 형성해 온 학교육성회의 발족취지, 발족의 교육적 의의, 그 성격을 이해하기 위한 운영상의 문제를 중심으로 고찰하였다. 여기서는 1970년대의 교육재정 제도와 관련하여 교육적인 측면에서 학교육성회의 운영과정에서 나타난 공적과 과실을 살펴보기로 한다.

1970년대에 우리나라 교육재정 제도 면에서 가장 획기적인 것은 지방교육재정교부금법의 제정이었다. 1971년 12월 28일(법률 제2330호)부로 제정 공포된 동법은 종래의 의무교육재정교부금법과 지방교육교부세법에 의한 재원을 통합하여 이루어진 것으로서, 의무교육을 위한 재원과 중등교육을 위한 재원을 통합한 것이며, 이는 중등교육 재정을 위하여 획기적 진전을 의미하였다(한국청소년문화연구소, 1981: 656~657). "그러나 지방교육재정교부율은 1972년 8월 3일 국민경제의 안정을 위한 긴급조치9)(속칭 8·3조치)에 의하여 그 효력이 정지되어 지방교육재정에 막대한 감손"(김윤태, 1984: 327)을 나타내었다.

이와 같이 극도로 경비가 부족한 1970년대 교육재정 수난기에 학교육성회가 발족되어 운영되었으니, 1970년 3월을 기하여 제도화된 학교육성회는 그 발족취지가 교육풍토를 개선·정상화하기 위한 소극적 내지 부정적인 면이 있었다고는 하지만, 공비부담의 교육비를 보충하고 학교운영에 있어서 지대한 공헌을 하게 된 새로운 재원확보의 길(한국청소년문화연구소, 1981: 657)을 터놓았다는 점에서 획기적 공헌을 하였다.

학교육성회 발족 후 문교부가 전국의 교원과 학부모를 대상으로 조사한 바에 의하면, 학교육성회 발족은 부족한 교육재정의 지원과 교육풍토 쇄신이란 두 가지로 그 성과를 요약할 수 있다.

먼저 재정적인 후원기능을 볼 때 문교통계연보(문교부, 1971~1976)에 의하면 학교육성회가 발족된 이래 전국적으로 학교육성회가 운영되었던 1975년까지 6개년간 학교육성회비 수입만으로 징수된 금액은

---

9) 경제성장 및 안정에 관한 대통령 긴급명령 15호(1972. 8. 3).

무려 11,949,967,191,000원[10]에 해당되는 막대한 금액이었다. 이와 같이 징수된 학교육성회비는 학교 교육을 육성하기 위하여 교원의 연구비 보조 또는 생계비를 지원하고 학교운영에 필요한 학교재정을 뒷받침하였다.

당시 학교육성회는 학부모의 도움으로 부족한 교육재원을 도와 1970년대의 빈약한 의무교육 재정을 보완하여 학교 교육을 정상화하는 데 큰 몫을 하였다. 또한 학교육성회는 재정적인 후원기능 이외에 교육풍토 쇄신에도 교육적 공헌을 한 것으로 나타났다. 당시 학교육성회 발족 1주년을 맞아 문교부가 발표한 학교육성회 운영백서(1971: 136~137)에 의하면, 첫째, 학교육성회는 교사의 교권을 향상시켰고, 둘째, 학교육성회는 교사와 학생을 잡부금 공세에서 해방시켰으며, 셋째, 학교육성회는 교사·학부모·지역사회의 교육협력 관계를 보다 튼튼하게 하였다는 것이다.

이상과 같이, 학부모의 교육 참여제도로서 학교육성회는 1970년대에 들어서 교육재원의 부족으로 의무교육이 위축되었을 때, 그 위기를 타개하는 데 크게 공헌을 하였으며, 학부모와 지역사회 주민이 학교육성을 위해 협력할 수 있는 길을 터놓았던 것이다. 그러나 그 운영과정에서 야기된 폐단도 이에 못지않게 컸으니, 학교육성회 운영과정에서 빚어진 폐단 중 가장 심각한 것은 회비 징수과정에서 야기된 문제였다. 「학교육성회 운영관리지침」에 제시된 회비 징수방법을 보더라도 "교사는 학생으로부터 회비를 징수하거나 미납회비에 대한 납입의 독촉을 하지 못한다"라고 못을 박았다. 이는 과거 각종 납입

---

10) 1985년 기준 불변가격 34,537,477,430,636원임.

금 징수에 교사가 개입되어 갖가지 비교육적인 처사가 행해짐으로써 교권이 추락되었던 뼈저린 경험에 비춰, 문교당국이 육성회 관리지침을 만들 때 세심한 주의를 기울였다는 점을 알 수 있다.

그런데 "국민학교의 경우 학교육성회 발족 후 1~2개월간은 교사와 아동 간에 육성회비 징수관계로 인한 심각한 문제는 별로 없었으며, 교사들은 오랜만에 각종 회비 징수원으로서의 무거운 책임감을 면한 데서 실수입 감소로 생계에 위협을 받더라도 마음 가벼이 학교생활을 할 수 있었다. 그러나 이와 같은 기간도 오래가지 못했으니, 학부모들의 자진납부만을 지켜보자니 회비 징수 실적이 부진하여 학교운영에 곤란을 느끼게 되었던 것이다"(안창선, 1973: 48).

이에 문교부는 "통학거리와 농번기 등으로 학부형이 직접 회비를 납부하기 곤란한 경우에 한해서 교사가 가정을 방문하거나 서면으로 징수를 권유하는 것을 허용함으로써 교사들이 학교육성회비 징수에 관여할 수 있는"(이희춘, 1970: 44) 길을 다시 터놓았던 것이다. 당시 동아일보 기사(1970. 4. 15.)를 보면 "서울 시내 일부 학교에서는 학생들이 직접 육성회비를 내고 있는 실정이며, 교사를 동원 가정방문을 통해 육성회비를 독려하고 있다"라고 육성회비 징수의 탈선을 보도하였다. 이렇게 육성회비 징수과정에 교사와 학생이 또다시 개입됨으로써, 교권확립 문제와 관련하여 교사가 입은 정신적 피해는 매우 컸으니, 당시 회비 징수과정에서 빚어진 폐단을 보면 다음과 같다.

> "학년 초 육성회비를 책정할 때는 마치 세리와 같이 세금이 아닌 육성회비 등급을 책정해야 하고 학부모와 본의 아닌 입씨름을 하게 되며, 등급 책정에 대한 항의도 받게 된다. …학교운영자는 부진한 회비 징수실적을 올리기 위해 부심했으니, 학교마다 회비 독려 방

법도 여러 형태로 나타났다. 운영자는 학교운영비 확보를 위해 담임교사를 독려하고 담임교사는 회비 징수실적을 올리기 위해 아동들에게 미납회비를 독려하게 되고 이렇게 해서 학교운영자와 회비 납부를 해야 할 학부모 사이에 끼어 고통을 받는 것은 교사와 아동들로서, 아동들은 기성회 시절과 같이 납입금 독려에 시달림을 받아야 하고 교사들은… 육성회비 납부지도까지 떠맡아, 어떻게 하면 내 학급 육성회비 징수실적을 올릴 수 있을까 하고 고심하게 되는 것이 국민학교의 현실이며, 육성회비 징수실적이 좋지 않은 학급담임은 운영자로부터 학교운영에 비협조적인 교사, 학급운영을 제대로 못하는 무능교사라는 인상을 받기 쉽다. 이와 같은 인상을 받지 않기 위해서는 비교육적이긴 하지만 강력하게 아동들에게 회비 독려를 하는 길밖엔 없는 것이다. '일부 학교에서는 육성회비 징수실적…을 근무성적과 관련하여 교원의 능력을 평가하는 수단으로서 악용하는 경우조차'(김노현, 1974: 46) 있어 일선 교사들은 수업에 쏟는 정신 못지않게 육성회비 징수에 신경을 쓰고 있으며, 회비납입 개별지도를 위해 귀한 시간을 바친다… 아동들에게는 선생님은 공부를 가르쳐 주시는 고마운 분이라는 생각 이전에 늘 돈만 걷는 사람이라는 인상을 갖게 될지도 모르겠다"(안창선, 1973: 48~49).

이와 같이 학교육성회비 징수과정에서 회비등급 책정부터, 회비 독려, 회비 징수에 이르기까지 교사가 개입되었으며, 이로 인해 교사와 아동들이 입은 정신적인 피해는 대단히 큰 것이었다. 이러한 폐단은 과거 해방 후 '40년대의 후원회 · '50년대의 사친회 · '60년대의 기성회 시절에 회비 징수과정에서 발생하였던 극심한 폐단의 재판이었다.

그 밖의 학교육성회 발족 후 1년 동안 잡부금 단속을 엄격히 하여 잡부금을 거둔 343개 학교를 적발하여 일벌백계로 교사 82명을 파면하고, 4명을 면직시켰으며, 82명은 감봉처분하고, 17명은 견책을 하였으며, 224명에 대해서는 시말서(문교부, 1971. 3: 132)를 받아 교사의 사기와 교육활동의 위축을 가져오기도 하였다.

이상과 같이 '70년대 들어 발족된 학교육성회 역시 기존의 학부모 조직과 같이 교육재정 면에서 우리나라 의무교육 발전에 커다란 공헌을 했지만, 그 폐단도 이에 못지않게 컸었다. 학교육성회가 우리나라 의무교육에 끼친 공·과를 평가해 보면 다음과 같다.

학교육성회의 공적

(가) 학교육성회는 1970년대의 빈약한 의무교육 재정을 보완하여 학교 교육을 정상화하는 데 큰 몫을 하였다.
(나) 각종 잡부금 공세에서 아동들을 해방시켰다.
(다) 교육풍토 쇄신을 위한 교원들의 새로운 각성에 이바지했다.

학교육성회의 과실

(가) 학교육성회가 오로지 재정적인 후원조직에 머물러 사친 간의 아동교육을 위한 협동체로서 지녀야 할 교육적 기능을 발휘하지 못했다.
(나) 교사와 아동이 다시 회비 징수에 관여하여 정신적인 고통을 받았고 기성회의 재판이 되었다.
(다) 학교육성회는 관의 통제로 운영 면에 있어 자주성도 없고, 활성화되지도 못하여 학교와 가정을 잇는 가교의 역할을 하지 못했다.
(라) 학교육성회는 학부모 대상의 사업내용이 없어, 학교육성회의 주체인 학부모들에게 외면당했고, 오로지 회비 납부의 부담만 느끼게 했다.

앞에서 1970년대 우리나라 교육재정 제도와 관련해 특히 교육적인 측면에서 학교육성회의 운영과 그 공·과에 대해서 살펴보았다. 학교육성회 조직은 비록 부족한 교육재원을 지원하고 학원의 정상적인 교육풍토를 조성하기 위한 소극적이고 부정적인 면이 있었고, 또한 그 운영과정에서 적지 않은 문제점과 폐단이 있었다 하더라도, 1970년대 교육재정 수난기에 교육재원의 확보를 위하여 중대한 역할을 함으로써 의무교육 수행에 큰 공헌을 하였다.

그러나 학교육성회는 '95년 5·31 교육개혁 방안에 따라 각급 학교에서 학교운영위원회가 구성됨에 따라, 국·공립학교에서부터 폐지되기 시작하였다. 사립학교에서는 1999년 사학의 학교운영위원회 설치를 의무화한 초·중등 교육법이 국회에서 통과되어 2000학년도에 학교육성회가 폐지되었으며, 종래의 학교육성회의 기능과 역할은 학부모회로 넘어갔다.

PART

학교운영위원회(1996~현재)

1. 학교운영위원회의 설치 의의

지난 1990년대 들어와 지방자치제 및 교육자치제 실시에 따라 지역사회 주민이나 학부모의 교육에 대한 사회적 관심과 학교 교육에 대한 권리의식이 고조되어 왔다. 이러한 사회적 요구에 부응하여 5·31 교육개혁 방안에 따라 '95학년도 2학기부터 '학교운영위원회' 시범학교 운영을 거쳐 '96학년도 1학기에는 전국 시지역 이상 국·공립 초·중등학교에서 '학교운영위원회'가 운영되기 시작하였다. 또한 '97학년도 1학기부터는 전국적으로 읍·면지역 국·공립 초·중등학교까지 전면적으로 '학교운영위원회'가 설치 운영되어 왔고 지난 2000학년도부터는 사립 초·중등학교에서도 학교운영위원회 설치가 의무화되었다.

이는 교육의 주민자치 정신을 구현하고, 단위 학교의 자율성을 확대하여 학교 교육의 효과를 극대화하기 위하여 교직원, 학부모, 지역 인사 등이 자발적으로 책임지고 학교를 운영하는 '학교 공동체' 중심의 교육운영을 활성화하기 위한 것이다(교육개혁위원회, 1995: 43).

우리나라에서는 처음 시도되는 '학교운영위원회'는 매우 혁신적인 것으로서, 이러한 조직은 PTA의 역사가 100년이 넘은 미국에 있어서도 '90년대 이후 일부 지역 소수 학교에서 조직 운영되고 있는 형편이며, PTA 활동이 활발한 이웃 일본조차 받아들이지 못하고 있는 혁신적인 조직이다(안창선, 1996: 45).

오늘날 교육자치가 제대로 실현되려면 교육활동이 전개되고 있는 단위학교 자치가 실시되어야 하며, 분권화, 자율화, 주민 통제 등의 자치원리가 단위학교 운영에 적용되어야 한다. 또한 이를 위해서는 학교운영에 대한 권한과 책임이 학교행정가 및 소수에 의해 독점되어 있어서는 곤란하다. 또한 의사결정 과정이 민주적이어야 하며, 학부모와 지역사회 인사 등의 고른 참여를 통한 학교운영이 되도록 해야 할 것이다. 학교운영위원회 설치는 바로 다양한 학교운영 사항에 대한 부담과 책임을 학교·가정·사회가 분담한다는 데 그 의의가 있다(한국교육개발원, 1995: 3~4).

그간 단위학교 중심의 책임 경영제가 정착되어 있지 못한 현실 속에서 '학교운영위원회'의 설치는 다음과 같은 의의를 갖는다.

첫째, 학교운영 과정이 공개됨으로써 교육운영의 투명성을 기할 수 있다는 점이다. 그간 제기되어 온 학교단위의 교육문제 중 상당 부분은 학교운영이 공개적으로 이루어지고 있지 못하기 때문에 야기된 것이라 할 수 있으며, 문제해결에 대한 방안이 모색되고 있지 못한 것도 바로 학교운영이 폐쇄적이었기 때문이라 할 수 있다. 학교운영위원회는 그간 다소 폐쇄적이고 비공개적이었던 학교운영과정을 학부모와 지역사회 인사, 그리고 교사에게 공개함으로써 문제를 정확히 진단하고 다수의 중지를 모아 학교발전 방향을 모색할 수 있다는 데 의의가 있다.

둘째, 참여의 학교운영을 통해 교육의 민주화를 도모할 수 있다는 의의가 있다.

앞서 지적한 대로 참여란 어떠한 행동이나 일에 있어 두 사람 이상의 행위자의 참가가 공유된 상황을 의미한다. 따라서 학교운영에 있어서 참여적 의사결정(participative decision – making)은 학교구성원, 즉 교장, 교사, 학부모, 학생 등이 사안에 따라 참여가 공유된 상태에서 학교 교육의 발전을 위한 대안을 결정하는 과정을 말한다. 학교운영 과정에 교사와 학부모 참여가 중요함을 지적한 연구들은 대체로 이들의 참여가 구성원들의 발전을 도모하고, 학교 조직에 대한 이해를 증진시키며, 그로 인해 학교 교육 목표를 효과적으로 달성할 수 있다는 점들을 지적하고 있다. 학교운영위원회는 바로 참여의 행정을 통한 학교운영의 민주화를 도모하는 데 큰 의의가 있다.

셋째, 학교 교육에 대한 교육소비자 및 지역사회의 요구 반영을 통해 지역사회 공동체 의식을 고취시킬 수 있다.

학교운영위원회는 학교운영에 학부모와 지역사회 인사들의 참여를 극대화함으로써 교육수혜자로서의 요구와 지역사회의 요구를 보다 체계적이고 제도적으로 반영하기 위한 것이다. 그 결과 학교와 지역사회는 서로 분리되어 존재하고 있는 것이 아니라, 학교가 지역사회의 일환으로서 존재할 수 있고, 지역사회 공동체의 하나로서 기능할 수 있도록 한다는 의의가 있다. 이러한 교육공동체의 형성은 열린 교육체제를 가능케 하는 것이며, 학교운영 과정에 필요한 인적·물적 자원을 용이하게 지원받을 수 있다는 장점도 있다.

넷째, 학교 교육에 대한 모니터링 기능의 제도적 정착을 통해 교육에 대한 책무성을 제고시킬 수 있다.

자치라든가 자율은 그 표현 안에 이미 책임의식을 포함하고 있는 것이다. 다시 말하면 책임이 수반되지 않은 자율은 의미가 없는 것이다. 진정한 의미의 단위학교 자치를 위해서는 학교운영에 대한 책임도 학교가 스스로 져야 한다. 다양한 구성원의 참여로 성립되는 학교운영위원회는 학교 교육에 대한 모니터링 기능을 행사함으로써 학교운영에 대한 책임도 공동으로 진다는 데 의의가 있다(유현숙, 1995: 36~37).

위에서 학교운영위원회의 설치 의의를 살펴보았거니와, 5·31 교육개혁에 따라 학교운영위원회의 설치·운영으로 학교운영 과정에 교육 관련 집단의 참여가 제도적으로 가능하게 됨으로써 다양한 효과가 예상되는데, 학교운영위원회의 설치·운영으로 기대되는 효과는 다음과 같다.

첫째, 학부모 및 지역사회 인사들의 해당 학교운영에 대한 관심을 높이고 참여를 확대시켜 교육공동체 형성에 크게 이바지할 수 있을 것으로 보인다.

둘째, 학교운영의 합리화를 도모할 수 있고, 민주적이고 개방적인 학교운영체제를 정착시킬 수 있을 것으로 기대된다.

셋째, 학교실정이나 특성을 고려한 자율적인 학교경영이 실천되고 이에 따라 학교 교육의 다양성이 증대될 수 있을 것으로 판단된다.

넷째, 학부모나 지역주민 등 학교운영위원회에 직접·간접으로 참여하고 있는 사람들이 학교 경영상에서 학교의 주요 사안을 논의할 수 있는 권리와 함께 학교운영이 잘못되면 자신들에게도 책임이 있다는 의식을 갖게 되어 부족한 학교재정을 보다 적극적으로 개선하려는 노력이 가일층될 것으로 보인다(한국교육개발원, 1995: 76~77).

위에서 학교운영위원회의 설치 의의와 기대되는 효과에 대해서 알아보았거니와 학교운영위원회는 학부모, 교직원, 지역사회 인사가 자발적으로 학교운영에 협력하고 책임을 지는 바람직한 교육풍토 조성에 기여할 수 있는 여지를 주고 있다. 그러나 교육개혁위원회가 기대하는 바대로 학교운영위원회가 운영될 수 있을지 적지 않은 의문이 제기되어 왔는데, 그간 지적된 문제는 다음과 같다.

첫째, 운영위의 다수를 구성하는 학부모들은 학교운영과 교육에 대한 전문적 식견이 부족하다. 따라서 자칫 운영위의 운영이 형식적으로 겉돌 수 있으며 과거 육성회의 기능 정도로 전락할 여지가 있다.

둘째, 학부모들이 자기 자녀들에 대해 갖는 지나친 애정이 교사의 교권 침해로 나타날 수 있음을 우려한다. 또한 운영위 대표 학부모들의 음성적 치맛바람이 일어날 수 있다.

셋째, 교장 교사 초빙제는 일선 학교에 많은 혼란을 야기할 수 있다. 임기에 제한받지 않는 초빙 교장제로 인해 교장과 학부모 사이에 유착이 일어날 수 있으며 초빙된 교사와 그렇지 못한 교사 사이에 위화감이 형성될 수 있다.

넷째, 운영위 위원 학부모가 전체 학부모를 대표하는 실질적이며 법적 권한을 가질 수 있는가 하는 점에 의문이 든다. 학부모 대표들이 제대로 선출될 수 있을는지 또 이들이 학교 발전 기금의 모금을 결정하고 징수할 경우, 일반 학부모들이 이에 자발적으로 동참할 것인가 하는 데 의문이 든다.

다섯째, 거의 보편화 단계에 이른 초·중등교육에 대한 국가의 교육투자가 매우 부족한 현실이다. 운영위의 설치는 이와 같은 국가의 교육투자 부족을 운영위 학부모 대표들 간에 학교 발전 기금의 모금 경쟁으로 대체하려는 의도가 엿보인다(이해성, 1995: 10).

학교운영위 운영과정에서 나타날 수 있는 이러한 문제점들을 학교 운영위원회가 어떻게 극복하고 교육개혁위원회가 기대하는 교직원·학부모·지역사회 인사의 자발적 참여를 통한 '학교 공동체'를 구축할 수 있을는지 의문이 남으며, 이 점이 앞으로 해결해야 할 과제이다.

2. 학교운영위원회의 법적 근거와 성격

학교운영의 자율성 보장을 위한 법적 근거는 법률 제8705호의 교육기본법 제5조에 기초하고 있다. 즉 동법 제5조에는 국가와 지방자치단체는 교육의 자주성과 전문성을 보장하여야 하며, 지역 실정에 맞는 교육을 실시하기 위한 시책을 수립·실시하여야 한다. 또한 학교운영의 자율성은 존중되며, 교직원·학생·학부모 및 지역 주민 등은 법령으로 정하는 바에 따라 학교운영에 참여할 수 있다. 이와 같은 법 조항이 새로이 제정됨에 따라 교원·학부모·지역인사 등이 학교운영 전반에 민주적으로 참여할 수 있는 법적 토대가 마련되었다.

이와 같은 교육기본법 제5조의 정신을 구체화하기 위한 것으로 초·중등교육법 제31조~제34조, 그리고 초·중등교육법시행령 제58조~제64조에 걸쳐서 학교운영위원회 설치·운영과 관련한 제반 사항들을 규정하고 있다. 이 규정으로부터 학교운영위원회의 성격을 도출하면 다음과 같이 정리할 수 있다.

첫째, 학교운영위원회는 법정위원회이다. 학교운영위원회는 법률, 시행령, 조례에 근거하여 설치·운영되며, 이 법에서 규정한 사항에 대해서는 반드시 학교운영위원회의 심의를 거치도록 하고 있다.

둘째, 학교운영위원회는 학교운영에 관한 사항을 심의하는 기구이다. 초·중등교육법시행령 제60조 제1항은 '학교장의 재심의 요구' 절차를 규정하고 있고, 조례에서는 재심의 의결정족수를 일반정족수보다 엄격한 특별정족수로 하고 있다. 이것은 학교운영위원회의 심의 사항에 대한 집행을 담보하는 법적 효력을 부여하는 것이다.

셋째, 학교운영위원회는 '독립된' 위원회이다. 학교장은 당연직위원으로 학교운영위원의 일원으로 참가하지만, 학교운영위원회는 법적 성격상 학교장과 독립된 기구이다.

넷째, 학교운영위원회는 학교운영과 관련된 중요한 의사결정에 학부모, 교원, 지역인사가 참여함으로써 학교 정책 결정의 민주성·합리성·효과성을 확보하여 학교 교육목표 달성에 기여하기 위한 '집단의사결정기구'이다.

3. 학교운영위원회의 설치 및 구성

학교운영위원회의 발족 시에는 초·중등교육법(제31조와 제34조)에 의하여, 국·공립 초·중등학교 및 특수학교에 학교운영위원회를 설치하되, 학생 수가 60명 미만인 학교의 학교운영위원회의 설치 여부에 대해서는 시·도 조례로 정하도록 하여 종래에는 소규모 학교에는 학교운영위원회가 설치되지 않을 가능성도 있었다.

그리고 국·공립학교에 학교운영위원회 설치시기에 있어서 시·도 지역 소재 학교의 경우는 1996년 4월 30일까지, 그리고 읍·면 지역 소재의 학교는 1998년 4월 30일까지 학교운영위원회를 설치토록 하였다. 그러나 사립의 초·중등학교의 운영위원회 설치 여부는 자율적으로 결정하되, 그 기능 및 운영 등에 관한 사항은 학교법인의 정관에 정하도록 하여 종전에는 사립학교에 대해서는 학교운영위원회의 설치를 권장할 뿐 의무화하지는 않았다.

그러나 사학의 학교운영위원회 설치를 의무화한 초·중등교육법 <제31조>[개정 1999. 8. 31.]가 개정되어 지난 2000년도부터 사립학교에도 자문기구로서의 학교운영위원회 설치가 의무화되었다. 따라서 현재는 국·공립 및 사립의 초등학교·중학교·고등학교 및 특수학교에 그 규모에 상관없이 반드시 학교운영위원회를 설치토록 되어 있으며, 국·공립에서는 심의기구로 운영되고, 사립학교에서는 자문기구로 운영되고 있다.

이와 같이 현재 각급 학교에서 운영되고 있는 학교운영위원회는 학교운영의 자율성을 높이고 지역의 실정과 특성에 맞는 다양한 교육을 창의적으로 실시할 수 있도록 하기 위하여, 국·공립 및 사립의 초등학교·중학교·고등학교 및 특수학교에 학교운영위원회를 구성·운영하도록 초·중등교육법 제31조에 규정하고 있다. 국·공립에 두는 학교운영위원회는 당해 학교의 교원대표·학부모대표 및 지역사회 인사로 구성하도록 하였으며, 국·공립 및 사립학교에 두는 학교운영위원회의 위원정수는 5인 이상 15인 이내의 범위 안에서 학교의 규모 등을 고려하여 대통령령으로 정했다.

초·중등교육법시행령 제58조에 의하면, 학교운영위원회 위원의 정수는 학교의 규모 등을 고려하여 당해 학교의 학교운영위원회규정으로 정하도록 하여, 학생 수가 200명 미만인 학교는 5인 이상 8인 이내로 하고 학생 수가 200명 이상 1천 명 미만인 학교는 9인 이상 12인 이내로 하였다. 그리고 학생이 1천 명 이상인 학교에서는 13인 이상 15인 이내로 하였다.

국·공립학교의 학교운영위원 구성 비율은 학부모위원 40~50%, 교원위원 30~40%, 지역위원(당해 학교가 소재하는 지역을 생활근거지로 하는 자로서 예산·회계·감사·법률 등에 관한 전문가 또는 교육행정에 관한 업무를 수행하는 공무원, 당해 학교가 소재하는 지역을 사업 활동의 근거지로 하는 사업자, 당해 학교를 졸업한 자, 기타 학교운영에 이바지하고자 하는 자를 말한다) 10~30%로 하며, 국립·공립의 산업수요 맞춤형 고등학교 및 특성화 고등학교 운영위원회 위원의 구성 비율은 학부모위원 30~40%, 교원위원 20~30%, 지역위원 30~50%로 구성하되, 지역위원의 50% 이상은 사업자로 선출하도록 하고 있다. 또한 학생 수가 100명 미만인 국·공립의 모든 고등학교에 두는 운영위원회 위원의 구성 비율은 국립학교의 경우에는 학칙으로, 공립학교의 경우에는 시·도의 조례로 정하는 범위에서 위원회 규정으로 달리 정할 수 있다. 이 경우 학부모위원, 교원위원 및 지역위원은 각각 1명 이상 포함되어야 한다.

학교운영위원회의 운영위원은 학부모위원, 교원위원, 지역위원으로 구성되는데, 이들에 대한 선출방법은 초·중등교육법 시행령 제59조에 규정하고 있다. 즉 국·공립학교의 장은 운영위원회의 당연직 교원위원이 된다. 학부모위원은 학부모 중에서 민주적 대의절차에 따라 학부모 전체회의에서 직접 선출한다. 다만 학교의 규모·시설 등을 고려하여 위원회 규정이 정하는 전체회의에서 선출하기 곤란한 사유가 있는 경우에는 당해 위원회 규정이 정하는 바에 의하여 학급별 대표로 구성된 학부모 대표회의에서 선출할 수 있게 하였다.

당연직 교원위원을 제외한 교원위원은 교원 중에서 선출하되, 교직원전체회의에서 무기명 투표로 선출한다. 지역위원은 학부모위원 또는 교원위원의 추천을 받아 학부모위원 및 교원위원이 무기명투표로 선출한다. 운영위원회에는 위원장 및 부위원장 각 1인을 두되, 교원위원이 아닌 위원 중에서 무기명 투표로 선출한다.

사립학교의 운영위원회도 초·중등교육법 시행령 제58조·제59조·제60조 제2항 및 동조 제3항의 규정에 의한 위원의 정수·선출 등에 관하여 이를 준용하되, 당연직 교원위원을 제외한 교원위원은 정관이 정한 절차에 따라 교직원 전체 회의에서 추천한 자 중 학교의 장이 위촉하도록 하였다. 이 경우 '국·공립학교'는 '사립학교'로, '심의'는 '자문'으로 '학칙' 및 '시·도의 조례'는 '정관'으로 본다.

4. 학교운영위원회의 기능과 공·과

초·중등교육법 제32조에 의하면, 국·공립 초·중등 단위학교의 학교운영위원회의 기능은 이 법에 규정한 사항을 심의하는 역할을 담당하도록 하고 있다. 즉 학교운영위원회의 심의에 대한 구체적인 내용은 다음과 같다.

① 학교헌장 및 학칙의 제정 또는 개정에 관한 사항
② 학교의 예산안 및 결산에 관한 사항
③ 학교 교육과정의 운영방법에 관한 사항
④ 교과용 도서 및 교육 자료의 선정에 관한 사항
⑤ 정규학습시간 종료 후 또는 방학기간중의 교육활동 및 수련활동에 관한 사항
⑥ 「교육공무원법」제29조의 3 제8항에 따른 공모 교장의 공모방법, 임용, 평가 등에 관한 사항 6의 2 「교육공무원법」제31조 제2항에 따른 초빙교사의 추천에 관한 사항
⑦ 학교운영지원비의 조성·운영 및 사용에 관한 사항
⑧ 학교급식에 관한 사항
⑨ 대학입학 특별전형 중 학교장 추천에 관한 사항
⑩ 학교운동부의 구성·운영에 관한 사항
⑪ 학교운영에 대한 제안 및 건의사항
⑫ 기타 대통령령, 시·도의 조례로 정하는 사항이다.

사립학교의 장은 제1항 각 호의 사항(제6호의 사항은 제외)에 대하여 학교운영위원회의 자문을 거쳐야 한다. 다만 제1호의 사항에 대해서는 학교법인의 요청이 있는 경우에 한하도록 규정하고 있다. 또한 국·공립 및 사립학교에 두는 학교운영위원회는 학교발전기금의 조성·운용 및 사용에 관한 사항에 대하여 심의·의결한다.

초·중등교육법시행령 제60조에 의하면, 학교장은 운영위원회의 심의결과를 최대한 존중하여야 하며, 그 심의결과와 다르게 시행하고자 할 경우에는 이를 운영위원회와 관할청에 서면으로 보고하여야 한다. 또한 학교장은 운영위원회의 심의를 거치는 경우 교육활동 및 학교운영에 중대한 차질이 발생할 우려가 있거나 천재지변 기타 불가항력의 사유로 운영위원회를 소집할 여유가 없을 때를 제외하고는 반드시 운영위원회의 심의를 거치도록 하고 있다.

아울러 초·중등교육법시행령 제61조에 의하면, 관할청은 국·공

립학교의 장이 정당한 사유 없이 법 제32조 제1항 및 제3항의 규정에 의한 운영위원회의 심의·의결결과와 다르게 시행하거나 심의·의 결결과를 시행하지 아니하는 경우 또는 동법 제60조 제2항의 규정에 의한 사유 없이 심의를 거쳐야 할 사항을 심의를 거치지 아니하고 시행하는 경우에는 시정을 명할 수 있도록 하고 있다.

또한 초·중등교육법 제33조에 의하면, 학교운영위원회는 학교발전기금을 조성할 수 있도록 규정하고 있다. 학교발전기금의 조성방법은 초·중등교육법시행령 제64조에 나타나 있는데 ① 기부자가 기부한 금품의 접수, ② 학부모 등으로 구성된 학교 내·외의 조직·단체 등이 그 구성원으로부터 자발적으로 갹출하거나 구성원 외의 자로부터 모금한 금품의 접수로 한다. 발전기금의 사용목적은 ① 학교 교육시설의 보수 및 확충, ② 교육용 기자재 및 도서의 구입, ③ 학교체육활동 기타 학예활동의 지원, ④ 학생복지 및 학생자치 활동의 지원으로 제한하고 있다.

초·중등교육법시행령 제64조에 의하면, 학교발전기금 조성의 주관은 교육과학기술부령이 정하는 바에 따라 발전기금을 운영위원회 위원장의 명의로 조성·운영하여야 하며, 운영위원회는 발전기금의 관리 및 집행과 그 부수된 업무의 일부를 당해 학교장에게 위탁할 수 있다. 또한 학교장은 발전기금을 별도회계를 통하여 관리하고, 분기마다 발전기금의 집행계획 및 집행내역을 운영위원회에 서면 보고하여야 하며 그 결과를 학부모에게 통지하여야 한다. 아울러 학교운영위원회는 학교발전기금의 집행사항 등에 관하여 감사할 수 있다. 학교운영위원회는 학교의 회계연도 종료 후 20일 이내에 결산을 완료하여 그 결과를 관할청에 보고하고, 학부모에게 통지하여야 한다. 발전기금의 조성·운영 및 회계 관리 등에 관하여 기타 필요한 사항은 교육과학기술부령으로 정한다.

이러한 기능을 가지고 운영되어 온 학교운영위원회는 그동안 기능 상의 변화를 거듭해 왔다. 초·중등교육법 제정으로 그동안 대통령령 또는 조례로 위임하던 학교운영위원회의 기능을 법률로 규정함으로 써 그 기능이 강화되었다. 또한 「지방교육자치에 관한 법률」제62조 에 따라 지난 2000년도부터는 초·중등학교 학교운영위원회 위원 전 원이 교육위원과 교육감을 선출토록 하여 학교운영위원회가 단위학 교 자치기구로서 그 역할이 강화되었다. 그러나 교육감과 교육의원의 선출은 지난 2006년 12월 「지방교육자치에 관한 법률」(교육감 선출, <제22조>, <제43조> 신설 2010. 2. 26, 교육의원 선출, <제8조>, <제 51조> 신설 2010. 2. 26.)이 개정되어 주민의 보통·평등·직접·비 밀선거에 따른 주민직선제 선출방법으로 바뀌어 현재는 지역주민에 의해 교육감과 교육의원이 선출되고 있다.

오늘날 학교운영위원회가 위와 같은 기능을 가지고 발족된 지도 벌써 10여 년이 훨씬 지났지만 아직도 교육현장에서 정착되지 못한 채 그 평가가 엇갈리고 있다. 그간 학부모와 지역인사가 학교 교육에 적극 참여하여 교육적인 성과가 있었다는 긍정적인 시각도 있지만, 교육의 전문성과 자율성이 침해되고 학교 구성원 간의 반목과 갈등 이 심화되었다는 부정적인 비판의 소리도 높다.

게다가 학교운영위원회의 성격과 위상에 대한 논란도 일고 있다. 그간 학교운영위원회가 학교현장에서 운영되어 오면서 학교 교육에 끼친 공·과를 살펴보면 다음과 같다.

학교운영위원회의 공적

(가) 학교운영위원회 활동으로 학교운영이 투명해졌다.

(나) 학교운영위원회 발족으로 학교운영이 민주화되었다.

(다) 학부모 및 지역사회의 요구가 반영되는 학교운영으로 공동체
의식이 고취되었다.

학교운영위원회의 과실

(가) 학교운영위원회 활동과정에서 학교장과 교원위원 간의 갈등관계
가 노출되어 교권이 실추되고 교원에 대한 신뢰감이 상실되었다.

(나) 교원위원 선거과정에서 교원 간의 파벌 조성과 분열·대립 양
상이 빚어졌다.

(다) 학부모위원과 일반 학부모 사이에 갈등과 불신이 조성되었다.

(라) 학교운영위원들이 선출했던 교육감과 교육위원 선출과정에서 학
교급별·학연·지연 등이 동원되어 갈등과 대립현상이 나타났다.

(마) 학교 교육활동에 대한 전문적인 식견이 부족한 학부모위원과
지역위원의 과잉 참여로 교원들의 고유영역이나 전문성이 침
해되어 교원의 사기를 저하시켰다.

(바) 현행 학교운영위원회 제도에서는 학교장 중심의 창의적이고
자율적인 학교운영을 어렵게 한다.

PART 5에서는 학교운영위원회의 설치 의의, 법적 근거와 성격, 설치
및 구성 그리고 그 기능과 공·과에 대해 살펴보았다. 이미 언급된 바와

같이 학교운영위원회는 교육의 주민자치 정신을 구현하고 단위학교의 자율성을 확대하여 학교 교육의 효과를 극대화하기 위한 학부모 교육 참여 조직이다. 이는 또한 교원과 학부모 및 지역인사가 협동하여 학교를 운영하는 학교공동체 중심의 교육운영을 활성화시키기 위한 조직이다. 이러한 조직은 전통적인 우리나라의 학교와 가정 및 지역사회의 관계 형성 면으로 볼 때 매우 혁신적인 조직이라고 할 수 있다.

지금까지 Step 3에서는 해방 후 한국의 학부모 교육 참여제도의 변천과정을 고찰하였다. 우리나라에서 학부모 교육 참여제도로 처음 발족된 후원회는 부족한 교육재정의 확보를 위한 것이었다. 따라서 처음부터 아동교육의 보다 효율적인 수행을 위하여 학교와 학부모와의 협력 체제를 마련하자는 데 있었다기보다는, 긴급한 학교 시설의 확충과 교원 생계비의 보조를 위한 물질적인 후원조직체로서 출발하게 되었다. 그 후 '50년대 발족된 사친회나, '60년대의 기성회와, 지난 '70년도 발족되어 사반세기를 넘겨 각급 학교에서 운영되어 온 학교육성회 역시, 지나치게 재정적인 면만 강조된 반면에, 아동의 교육지도와 학교와 지역사회의 협동체로서 가져야 할 교육적 기능이 매우 소홀히 되었다. 해방 후 우리나라의 학부모 조직은 그 명칭은 각기 다르지만, 모두가 재정적인 면에서 학교를 후원하기 위한 목적으로 발족된 학부모 조직이란 점에서는 공통점을 지녔다.

이러한 조직은 궁극적으로 과중한 재정부담, 강제적 회비징수, 회의비 목적외의 용도로 유용, 돈있는 학부모들의 치맛바람, 등 학부모의 재정지원 기능으로 파생된 문제를 해결하기 위한 조처였다고 평가할 수 있다. 부작용 때문에 기존의 학부모 조직을 폐지하였다고 하지만 학부모에게 의존할 수밖에 없는 재정 때문에 변형된 형태의 학부모 조직을 설립하지 않을 수 없었고, 그 때문에 학부모회가 다시 조직되지 않을 수 없는 현실이었다. 이와같은 학교-학부모 관계가 학교의 지배적 문화와 전통이 되었으며, 공교육재정 확충을 위한 효율적 수단이 되었다(한국교육사회학연구회, 1995:4).

이와 같이 한국의 학부모 조직은 미국이나 일본의 PTA와 같이 부모와 교사가 협동하여 아동과 청소년의 성장 발달을 최대한으로 돕기 위한 교육적인 조직과는 거리가 멀었다.

앞에서 제도화된 우리나라 학부모 교육 참여 활동에 대해 살펴보았거니와, 이러한 제도화된 학부모 교육 참여 활동 이외로 지난 '90년대 이후에는 민간단체를 통한 사회운동으로서 학부모 운동도 활발히 이루어지고 있다. 여기에는 지난 1980년대 말 교사들의 교육민주화 운동과 함께 시작된 학부모 단체로 '참교육을 위한 전국학부모회'(1989년 3월 발족)와 같은 조직이나, 우리 사회 일각에서 학부모의 교육문화 운동단체로 발족된 '인간교육실현학부모연대'(1990년 4월 발족)와 같은 조직들이 있다.

이러한 조직들은 그간 제도화된 학부모 단체였던 '학교육성회'의 활동을 부정적으로 인식하고 교육의 위기에 대한 광범위한 문제의식을 갖고 결성된 단체들이다. 이러한 학부모 조직은 '90년대 들어와 교육권의 주체로서 당당하게 학교 교육 활동에 적극 참여하려는 모습을 보여 왔다(안창선, 1995: 36).

또한 학교운영위원회 발족 이후에 창립된 학부모 모임으로는 '학교를 사랑하는 학부모 모임'(2001년 10월 발족)이 결성되어 활동하고 있다. 이 학부모 조직은 교육환경 개선과 학교현장 정상화를 위해 학습권 보호와 학부모의 교육주권 회복을 목적으로 활동하고 있다. 또한 최근 '평등교육을 위한 전국학부모회'(2007년 7월 발족)가 출범하였는데, 이 학부모 조직은 2006년 11월 '신자유주의 교육정책 중단과 교육양극화 해소, 공교육 강화를 촉구하는 학부모 선언을' 계기로 최근에 정식 출범을 하였다.

이와 같이 각 운동단체들은 독자적인 설립목적을 갖고 교육 문제를 지속적으로 제기하며, 해결 방안을 모색하여 교육 정책의 결정 과정에 학부모의 의견을 관철시키려 하고 있다.

해방 후 발족된 후원회, 사친회, 기성회, 학교육성회를 거쳐 현행 학교운영위원회 조직으로 이어지는 학부모 조직은 그 운영과정에서 폐단도 많았지만 공적도 이에 못지않다. 오늘날 우리 교육이 질적·양적으로 현재의 수준까지 발전함에는 학부모 조직의 역할이 컸으며 그 공헌을 긍정적으로 평가해야 할 것이다.

지금까지 Step 3에서 고찰한 한국의 학부모 조직의 활동내용을 요약·비교하면 다음 <표 2>와 같다.

〈표 2〉 한국의 학부모 조직의 활동 비교표

후원회 (1945~1953)	발족 배경	○ 해방 후 민주적 교육제도의 도입과 의무교육 실시에 따른 취학 아동수의 급증으로, 교육시설 확충에 필요한 교육재정을 국가예산으로 충당할 수 없는 형편에서, 각급 학교의 후원회가 학교 산하 기관으로 산발적으로 조직되었음
	목적	○ 학교운영비의 보조 ○ 부족한 교실의 확보와 교사의 생계비 보조
	활동 내용	○ 물질적으로 학교를 후원하기 위하여 회비와 찬조금, 희사금, 기부금, 자축금 등의 명목으로 기금을 갹출하여 재정적인 후원을 함 (교사의 생활비 보조, 교육시설확충, 학교운영비 지원)
	성격	○ 오로지 재정적 후원조직으로서의 기능 발휘 ○ 교육행정 기관의 감독을 받지 않는 임의 조직체
	공·과	[공적] ○ 교사의 생활안정에 기여함 ○ 교육 시설확충과 학교운영을 지원함 ○ 학교와 지역사회의 유대를 형성함

후원회 (1945~1953)	공·과	[과실] ○ 부모의 교육열에 따른 아동의 편애 현상이 나타남 ○ 경리부정 등 물의를 일으킴 ○ 후원회 간부들이 학교행정에 불필요한 간섭을 함 ○ 후원회비로 인한 취학률 저하와 중도 퇴학자 발생
사친회 (1953~1962)	발족 배경	○ 미국의 PTA(사친회)의 개념을 받아들인 것으로서, 교사와 학부모의 공동노력으로 아동의 복지를 증진시키기 위해, 종래의 후원회를 민주적 조직체로 개편하여 발족을 보게 되었음(1953. 2. 16. 학교사친회 규약준칙, 문교부 훈령 제4호에 의거 국민학교 사친회 발족)
	목적	○ 학교와 가정의 긴밀한 연락하에 교사와 학부모가 상호 협조하여 아동교육의 효과를 증진함에 있음 ○ 아동의 보호 및 지위 향상 ○ 아동의 건전한 성장 조력 ○ 교육적 환경의 조성으로 교육성과 거양 ○ 교사와 아동의 사회적·경제적 생활향상 도모
	활동 내용	○ 6·25 사변 후 파괴된 교실 복구사업(10,000여 개의 교실을 복구함) ○ 교원의 후생비를 지급함 ○ 학교운영비를 지원함
	성격	○ 자연 발생적 조직이 아니고 문교부가 지시하여 획일적으로 조직 ○ 발족취지와는 달리 재정적 후원조직체로 발전 ○ 변질된 사친회(PTA)로 미국의 PTA와는 성격 면에서 근본적인 차이가 있음 ○ 재정지원을 위한 외곽적인 후원조직체
	공·과	[공적] ○ 6·25 사변으로 인한 학교 피해를 복구하는 데 큰 역할을 함 ○ 교원 후생비 지급으로 교육에만 전력하게 함 ○ 부족한 학교운영경비를 지원함 ○ 학교와 지역사회의 유대를 강화함 [과실] ○ 회비 징수로 인해 교사와 학생이 정신적인 고통을 받았으며 사제 간의 정을 흐리게 함 ○ 역원들이 회비를 빙자하여 학교일에 부당하게 간섭함 ○ 경제적으로 학부모에게 과중한 부담을 줌 ○ 아동의 취학률을 저하시키고 중도 퇴학자를 발생케 함 ○ 치맛바람의 부작용을 일으킴 (1962. 3. 10. 사친회 폐지 지시)
기성회 (1963~1970)	발족 배경	○ 5·16 후 학교 설립자의 부담으로 미치지 못하는 긴급한 교육시설의 확보와 학교운영을 지원함으로써 학교 교육의 정상화에 기여하기 위해 발족됨(1963. 3.)
	목적	○ 긴급한 교육시설의 확보와 학교운영을 지원하기 위함

기성회 (1963~1970)	활동 내용	○ 내부시설 공사, 외관시설의 건축 등 수리를 함 ○ 책걸상을 조달함 ○ 교원연구비를 지급함 ○ 학교운영이나 교육활동에 필요한 지원
	성격	○ 발족 시부터 관에 의해 조직됨 ○ 교육행정 기관의 엄격한 통제하에 운영됨 ○ 학교실정에 맞게 운영할 수 없었음 ○ 발족취지와는 달리 학교운영비 조달과 교원 생계보조비 지급 (1964. 3.)으로 그 성격이 변질됨
	공・과	[공적] ○ 취학아동의 자연증가로 인한 부족 교실을 증축하여 다부제 수업 을 완화시킴 ○ 교원 연구비 지급으로 교원 생활의 안정을 줌 ○ 부족한 학교운영비를 보조함 [과실] ○ 회비 징수로 인해 교권이 실추됨 ○ 회비 징수로 인한 미취학 아동 및 중도 퇴학자가 발생함 ○ 회비 징수로 교사와 아동이 심한 정신적인 타격을 받음(1970. 2. 28. 기성회 해체)
학교육성회 (1970~2000)	발족 배경	○ 고질화된 학원 잡부금을 일소하고 추락된 교권의 회복을 위한 「학 교 교육환경 정상화 지침」에 따라 전국 초・중・고교 기성회를 발전적으로 해산하고 학교육성회를 조직하게 됨(1970.3.1)
	목적	○ 학부모의 자진 협찬으로 학교운영을 지원하고 학생의 복리를 증 진함으로써 학교 교육 정상화에 기여함에 있음
	활동 내용	○ 교원 연구비를 지원함 ○ 학생 복리증진을 위한 사업을 함 ○ 학교시설의 확충과 유지관리에 필요한 지원을 함 ○ 학교운영비를 지원함
	성격	○ 육성회는 운영관리지침에 의거 조직, 협찬비의 책정, 회비 징수 관리 등을 함 ○ 육성회는 문교부가 시달한 규약준칙에 의거 학교 단위로만 조직됨 ○ 교사와 아동이 회비 징수과정에 개입될 수 없음 ○ 육성회 운영은 철저히 관에 의해 통제받아 학교가 독자적으로 운 영할 수 없음 ○ 육성회는 교육적 기능보다 재정적 기능이 큼
	공・과	[공적] ○ 육성회는 1970년대의 빈약한 의무교육재정을 보완하여 학교 교육 을 정상화하는 데 큰 몫을 하였음 ○ 각종 잡부금 공세에서 아동들을 해방시킴 ○ 교육풍토쇄신을 위한 교원들의 새로운 각성에 이바지함

학교육성회 (1970~2000)	공·과	[과실] ○ 육성회가 오로지 재정적인 후원조직에 머물러 사친 간의 아동교육을 위한 협동체로서 지녀야 할 교육적 기능을 발휘하지 못함 ○ 교사와 아동이 다시 회비 징수과정에 관여하여 정신적인 고통을 받았고 기성회의 재판이 됨 ○ 육성회는 관의 통제로 운영 면에 있어 자주성도 없고 활성화되지도 못하여 학교와 가정을 잇는 가교의 역할을 하지 못함 ○ 육성회는 학부모 대상의 사업내용이 없어 육성회의 주체인 학부모들로부터 외면당했고 회비납부의 부담만 줌(사립학교:2000학년도에 학교육성회 폐지됨)
학교운영위원회 (1996~현재)	발족 배경	○ 5·31 교육개혁 방안에 따라 학교운영의 자율성을 높이고 지역의 실정과 특성에 맞는 다양한 교육을 창의적으로 실시할 수 있도록 학교운영위원회가 교육 자치의 기본 단위로 발족되었음('96학년도 1학기부터 전국시지역 이상 국·공립 초·중등학교에서학교운영위원회가 조직되었고, 사립학교에서는 2000학년도부터 설치 운영되었음)
	목적	○ 교육의 주민자치 정신을 구현하고 단위 학교의 자율성을 확대하여 학교 교육의 효과를 극대화하기 위함
	활동 내용	○ 학교 헌장 및 학칙의 제·개정 심의 ○ 학교 예산·결산 심의 ○ 학교 교육과정의 운영방법 심의 ○ 교과용 도서 및 교육 자료의 선정 심의 ○ 정규학습시간 종료 후 또는 방학기간 중의 교육활동 및 수련활동 심의 ○ 공모교장의 공모방법, 임용, 평가 등에 관한 심의 및 초빙교사의 추천 심의(국·공립학교) ○ 학교운영지원비의 조성·운영 및 사용 심의 ○ 학교급식에 관한 심의 ○ 대학입학 특별전형 중 학교장 추천에 관한 심의 ○ 학교운동부의 구성·운영에 관한 심의 ○ 학교운영에 대한 제안 및 건의 사항 심의 ○ 기타 대통령령, 시·도의 조례로 정하는 사항 심의
	성격	○ 학교 구성원인 학부모, 교원, 지역인사가 참여하는 단위학교 차원의 교육자치 기구 ○ 학교운영위원회는 법률, 시행령, 조례에 근거하여 설치·운영되는 법정위원회임 ○ 학교운영위원회는 학교운영에 관한 사항을 심의하는 기구임(사립학교는 자문기구임) ○ 학교운영위원회는 법적 성격상 학교장과 독립된 기구임 ○ 학교운영위원회는 학교정책 결정의 민주성·합리성·효과성을 확보하여 학교 교육목표 달성에 기여하기 위한 집단의사결정 기구임 ○ 학교운영위원회는 지역사회교육장으로서의 학교 성격을 강조함

학교운영위원회 (1996~현재)	공·과	[공적] ○ 학교운영위원회 활동으로 학교운영이 투명해짐 ○ 학교운영위원회 발족으로 학교운영이 민주화됨 ○ 학부모 및 지역사회의 요구가 반영되는 학교운영으로 공동체 의식이 고취됨 [과실] ○ 학교운영위원회 활동 과정에서 학교장과 교원위원 간의 갈등 관계가 노출되어 교권이 실추되고 교원에 대한 신뢰감이 상실됨 ○ 교원위원 선거과정에서 교원 간의 파벌조성과 분열·대립양상이 빚어짐 ○ 학부모위원과 일반 학부모 사이에 갈등과 불신이 조성됨 ○ 학교운영위원들이 선출했던 교육감과 교육위원 선출 과정에서 학교 급별·학연·지연 등이 동원되어 갈등과 대립 현상이 나타남 ○ 학교 교육활동에 대한 전문적 식견이 부족한 학부모위원과 지역위원의 과잉 참여로 교원들의 고유영역이나 전문성이 침해되어 교원의 사기를 저하시킴 ○ 현행 학교운영위원회 제도에서는 학교장 중심의 창의적이고 자율적인 학교운영을 어렵게 함

PART 06

요약

Step 3에서는 한국의 학부모 교육 참여제도의 변천과정을 고찰하였다. 여기서는 지난 '40년대 해방 직후 발족된 후원회, '50년대 6·25 사변 중 조직된 사친회, '60년대 초 5.16 후의 발족된 기성회, '70년대 들어서 발족된 학교육성회, 그리고 지난 '90년대 중반 5·31 교육개혁 방안에 따라 새롭게 발족된 현행 학교운영위원회를 중심으로 살펴보았다.

1. 후원회(1945~1953)

해방 후 민주적 교육제도의 실시에 따른 교육의 기회균등 원칙의 보장 및 의무교육이 정상화됨에 따라, 취학인구의 증가와 국민의 교육열 향상으로 교육재정 수요가 급격히 증대되었다. 당시 국가의 교육재원이 부족한 상태에서 교육비의 일부를 학부형이 부담하는 일이 불가피하게 되자, 학교의 산하 기관으로 후원회가 자발적으로 조직되어 학교의 신설, 증축 등 벅찬 사업을 전담하게 되었다.

당시의 후원회는 우리나라 학부모 교육 참여제도의 시초로서 신생 국가의 교육재원 부족으로 의무교육이 위기에 직면했을 때 핍박한 교육재정을 지원하는 데 막중한 역할을 하였다. 후원회는 학교 건축 및 학교운영비 보조와 교원 후생비 지급 등 재정적인 면에서는 많은 공헌을 하였지만, 그 운영과정에서 학교 측과 후원회 간에 경리 관계로 비교육적인 면을 노출시켰다.

이에 문교부는 후원회의 월권과 부정부패를 방지하고 학부형들의 물질적 원조를 받으면서 교권을 확립하고 교육을 정상화할 수 있는 학부모의 학교 교육 참여제도를 구상함에 따라, 후원회를 사친회로 개편하게 되었다.

2. 사친회(1953~1962)

우리나라의 사친회는 미국의 PTA의 개념에서 도입된 것으로 종전의 재정적인 후원단체인 후원회를, 미국의 PTA와 같이 부모와 교사가 아동들의 복리를 증진한다는 공동목표를 향하여 협력할 수 있는 민주적 조직체로 개편하려는 것이었다. 그러나 이와같은 목적으로 출발하려던 사친회는 이 지시가 일선에 침투되어 호응도 받기 전에 6·25 사변을 맞아 사친회 발족은 자연히 지연되었으며, 그 후 한국동란 중인 1953년 2월에 가서야 사친회가 정식으로 발족을 보게 되었다. 그러나 당시의 사친회는 후원회에서 사친회로 명칭이 바뀌고 학부모 교육 참여제도의 기본 철학은 달라졌지만, 그 기능과 역할에 있어서는 과거 후원회와 크게 다른 점은 없었다. 이때 발족된 사친회는 그 본래의 의도와는 다소 다른 점에서 조직되었다. 당시의 사친회는 학교와 가정을 긴밀히 연결시켜 보다 나은 교육적 성과를 얻기 위함보다는, 오히려 6·25 사변 직후 국가예산으로는 학교경영이 불가능한 상태에 빠지자 경제적 후원을 하기 위한 점이 더 컸던 것이다.

이렇게 출발한 사친회는 6·25 사변 후 학교 복구사업 및 교원후생비 지급 등 막중한 역할을 담당하여, 전후 어려운 여건에서도 우리 교육이 그 명맥을 유지하면서 교육발전의 기반을 형성하는 데 큰 공헌을 하였으며, 전쟁 중에도 교육을 중단함이 없이 지속할 수 있었던 것이다. 그러나 사친회는 이에 못지않게 그 운영과정에서 폐단도 적지 않았다. 당시의 사친회는 발족취지와는 달리 비정상적인 운영으로 인해 아동들의 복리 증진에는 기여하지 못했고, 오히려 사친회비 징수과정에서 아동들에게 큰 고통을 주었으며, 사친 간에도 불신현상이 초래되어 교권이 말할 수 없이 실추되는 결과를 가져왔다. 이로 인해 사친회는 사회의 공개적인 비난의 대상이 되었고, 5·16 후 사친회는 '국가재건최고회의' 업적비판에서 부정단체로 규정되어 1953년 이래 학교 후원단체로 큰 몫을 했던 사친회는 급기야 1962년 3월 폐지되고 말았다.

3. 기성회(1963~1970)

5·16 후 잡부금의 금지와 취학독려의 철저로 취학아동이 격증되어 교실난, 시설난 등에 봉착하게 되었다.

더구나 10년간이나 지속해 온 사친회가 해체되어 학부모들이 학교교육을 도울 수 있는 길은 단절되었고, 당시의 국가재정 형편은 여전히 교육비를 전액 부담할 수 없는 형편이었다.

이러한 때에 교육의 위기를 해소시키기 위해 부득이 비정상적인 긴급조치를 취해, 교육 재정의 일부를 수익자인 학부모에게 부담시키지 않으면 아니 될 급박한 실정에서, 1963년 학교 건축이나 시설을 지원하는 조직체로 기성회가 발족을 보게 된 것이다.

이 기성회의 특징은 처음부터 관에 의해서 철저히 감독받도록 되어 있었다는 점이다. 과거 후원회나 사친회가 학부모와 교원 간의 임의단체였다는 점에 비해, 기성회는 후원회나 사친회 운영과정에서 빚어졌던 월권과 경리부정 등의 전철을 되풀이하지 않기 위해, 기성회 관리에 있어서는 방임주의를 지양했던 것이다. 따라서 기성회 조직 및 운영원칙이 획일화되어 회비 징수 문제와 그 운영문제까지도 당국의 심한 통제와 간섭 때문에 학교 실정에 맞는 창의적인 기성회 운영이 불가능했던 것이다. 이러한 상황하에서도 당시 기성회는 부족한 교육시설 확충에 큰 역할을 하였지만, 1964년 이후에는 기성회비에서 점차 교원연구비 지급 면의 비중이 커지게 되어, 기성회 본래의 성격은 완전히 상실하고 과거의 사친회와 비슷한 단체가 되었다. 기성회비에서 60%가량을 교원연구비 지급에 쓰고도 모자라 40여 종의 학원 잡부금이 발생하였다. 이로 인해 교권이 추락되었으며, 급기야는 사회문제로까지 번져 나갔다.

이에 고질화된 학원 잡부금을 일소하고 명랑한 학원 분위기를 이룩하며 추락된 교권을 회복시키기 위하여, 1963년 이래 운영되어 오던 기성회는 1970년 2월 말로 해체되었다.

4. 학교육성회(1970~2000)

학교 교육환경 정상화 방안의 하나로 기성회를 발전적으로 해체, 학교육성회로 개편함에 따라 1970년 3월 1일을 기하여 전국적으로 초·중등학교의 학교육성회가 정식으로 발족을 보았다. 당시 학교육성을 위한 학교·가정·지역사회의 협력체로서의 학교육성회 조직은 시대적 당위성이 인정되지 않을 수 없는 사회적 배경을 갖고 있었다고 하겠다.

학교육성회의 발족은 잃었던 교권을 회복하고 교육계의 명랑한 질서 확립을 목적으로 하고 있다. 그러나 학교육성회의 발족 근거는 절대적으로 부족한 학교운영비나 교원의 생계비를 보충하고, 학원 잡부금 문제로 사회의 비난의 대상이 되었던 교육풍토를 개선하기 위한 것이었다. 이는 국가재정 형편과 관련하여 실질적인 무상 의무교육이 실현될 때까지의 하나의 단계적인 조치였다고 할 수 있겠다.

학교육성회 발족 당시 「규약준칙」에 제시된 운영목적을 보면 학부형의 협찬에 의한 학교운영지원을 규정하고 있으며, 학부모로부터 징수한 육성회비의 집행기준은 교직원 연구비 60%, 학교운영비 36%, 학생 복지비 4%로 되어 있다. 이러한 집행기준으로 보아 학교육성회

운영 자체가 학생의 복지 향상보다는, 교원의 후생과 학교운영비 보충에 더 큰 비중을 두고 있음을 알 수 있다. 또한 학교육성회는 과거 기성회와 같이 조직 및 그 운영원칙에 있어서 문교부가 시달한 획일적인 운영관리지침에 의하여 운영하도록 되어 있어 학교실정에 맞는 창의적인 운영을 할 수 없었다. 그러나 지난 1988학년도부터는 종래 문교부가 관장하던 각급 학교육성회 운영에 관한 사항이 각 시·도 교육감에게 일임되었지만, 이 역시 교육청의 엄격한 통제하에 획일적으로 운영되어 여전히 학교의 특성에 따른 창의적인 운영이 불가능하였고 자주적인 학부모 단체와는 거리가 멀었다.

학교육성회는 1970년대에 교육재원의 부족으로 의무교육이 위축되었을 때, 학부모와 지역사회의 도움으로 부족한 공비부담의 의무교육비를 보충함으로써 학교 교육을 정상화하는 데 큰 몫을 하였으며, 재정적인 후원기능 이외에 교육풍토 쇄신에도 공헌을 하였다. 그러나 학교육성회는 그 운영과정에서 야기된 폐단도 적지 않았다.

학교육성회 운영과정에서 빚어진 폐단 중 가장 대표적인 것은 회비 징수과정에서 야기된 문제였다. 과거 기성회 시절에 각종 납입금 징수에 교사가 개입되어 갖가지 비교육적 처사가 행해짐으로써, 교권이 추락되었던 뼈저린 경험에 비춰, 학교육성회 관리지침에는 교사와 아동이 회비 징수과정에 관여하지 못하도록 하였다. 그러나 회비 징수 실적이 부진하자 교사와 아동이 또다시 개입되어 교사와 아동이 입은 정신적인 피해는 대단히 큰 것이었다. 이러한 폐단은 과거 해방 후 후원회·사친회·기성회 때에 회비 징수과정에서 발생하였던 폐단의 재판이었다.

이 밖에 학교육성회 발족 후 학교운영난으로 인해 오랜 역사와 전통을 가진 일부 사립초등학교가 자진 폐교하기도 하였다. 또한 학원 잡부금 단속을 엄격히 하여 상당수의 교사가 교직을 물러나게 되었고, 이에 영향을 받아 교사의 사기 저하와 교육활동에 위축을 가져오기도 하였다.

1970년도에 발족되어 사반세기 이상 존속되었던 학교육성회는 그 재정적 후원기능을 점차로 전환시켜 국고로 전환함에 따라 의무교육 기관인 초등학교에서는 1972학년도부터 도서벽지부터 폐지되기 시작하여 점차 면단위, 군·읍지역과 각 시·도 지역 순으로 학교육성회가 순차적으로 폐지되었다. 그러나 6대 도시 지역(서울·부산·대구·인천·대전·광주)의 초등학교에서는 1990년대 중반 학교운영위원회가 발족되기 전까지도 학교육성회가 존속되어 아동들이 학교육성회비를 납부하여 왔다. 그 후 학교육성회는 학교운영위원회 발족으로 국·공립학교에서부터 폐지되기 시작했으며, 사립학교에서는 2000년도 학교운영위원회 조직이 의무화될 때까지도 대부분의 학교에서 학교육성회가 존속되었다.

5. 학교운영위원회(1996~현재)

우리나라에서는 처음 시도된 '학교운영위원회'는 매우 혁신적인 조직으로 5·31 교육개혁 방안('95. 5. 31.)에 따라 '96학년도 1학기부터 전국 시지역 이상 국·공립 초·중등학교에서 '학교운영위원회'가 운영되기 시작하였다. 또한 '97학년도 1학기부터는 전국적으로 읍·면지역 국·공립 초·중등학교까지 전면적으로 '학교운영위원회'

가 설치 운영되어 왔고, 지난 2000학년도부터는 사립 초·중등학교에서도 학교운영위원회 설치가 의무화 되었다.

이는 교육의 주민자치 정신을 구현하고 단위 학교의 자율성을 확대하여 학교 교육의 효과를 극대화하기 위하여 교직원, 학부모, 지역인사 등이 자발적으로 책임지고 학교를 운영하는 '학교 공동체' 중심의 교육운영을 활성화하기 위한 것이다. 교육기본법(제5조)과 초·중등교육법(제31조~제34조) 및 초·중등교육법 시행령(제58조~제64조)에 학교운영위원회 설치·운영에 관련된 제반 사항들을 규정하고 있다. 이 규정에서 학교운영위원회의 성격을 보면 첫째, 학교운영위원회는 법정위원회로서 법률, 시행령, 조례에 근거하여 설치·운영되며, 이 법에서 규정한 사항에 대해서는 반드시 학교운영위원회의 심의를 거치도록 하고 있다. 둘째, 학교운영위원회는 학교운영에 관한 사항을 심의하는 기구이다. 셋째, 학교운영위원회는 '독립된' 위원회이다. 학교장은 당연직위원으로 학교운영위원의 일원으로 참가하지만, 학교운영위원회는 법적 성격상 학교장과 독립된 기구이다. 넷째, 학교운영위원회는 학교운영과 관련된 중요한 의사결정에 학부모, 교원, 지역인사가 참여함으로써 학교 정책 결정의 민주성·합리성·효과성을 확보하여 학교 교육목표 달성에 기여하기 위한 '집단의사결정기구'이다.

다음으로 학교운영위원회의 설치 및 구성을 보면 국·공립학교의 학교운영위원회는 지난 1996년 1학기부터 설치되기 시작했으며, 사학의 경우에는 지난 2000년도부터 사립학교에도 자문기구로서의 학교운영위원회 설치가 의무화되었다. 따라서 현재는 국·공립 및 사립의 초·중·고 및 특수학교 등 그 규모에 상관없이 반드시 학교운영위원회를 설치토록 되어 있으며, 국·공립에서는 심의기구로, 사립학교에서는 자문기구로 운영되고 있다. 그리고 국·공립에 두는 학교운영위원회는 당해 학교의 교원대표·학부모대표 및 지역사회 인사로 구성하도록 하였으며, 국·공립 및 사립학교에 두는 학교운영위원회의 위원정수는 현재 5인 이상 15인 이내의 범위 안에서 학교의 규모 등을 고려하여 대통령령으로 정했다.

국·공립학교의 학교운영위원 구성 비율은 학부모위원 40~50%, 교원위원 30~40%, 지역위원 10~30%로 하며, 국립·공립의 산업 수요 맞춤형 고등학교 및 특성화 고등학교 등 운영위원회 위원의 구성 비율은 학부모위원 30~40%, 교원위원 20~30%, 지역위원 30~50%로 구성하되, 지역위원의 50% 이상은 사업자로 선출하도록 하고 있다. 또한 학생 수 100명 미만인 국·공립의 모든 고등학교에 두는 운영위원회 위원의 구성 비율은 국립학교의 경우에는 학칙으로, 공립학교의 경우에는 시·도의 조례로 정하는 범위에서 위원회 규정으로 달리 정할 수 있다. 이 경우 학부모위원, 교원위원 및 지역위원은 각각 1명 이상 포함되어야 한다.

학교운영위원회의 운영위원 선출방법은 학부모위원은 학부모 전체회의에서 직접 선출하고, 당연직 교원위원(국·공립학교의 장)을 제외한 교원위원은 교직원 전체회의에서 무기명 투표로 선출한다. 지역위원은 학부모위원 또는 교원위원의 추천을 받아, 학부모위원 및 교원위원이 무기명 투표로 선출한다. 학교운영위원회의 위원장 및 부위원장은 교원위원이 아닌 위원 중에서 무기명 투표로 선출한다. 사립학교의 학교운영위원회도 당연직 교원위원을 제외한 교원위원은 정관이 정한 절차에 따라 교직원 전체회의에서 추천한 자 중 학교의 장이 위촉하도록 하였다.

다음으로 학교운영위원회의 기능은 초·중등교육법(제32조)에 나타나 있는데, 이 법에 규정한 사항을 심의하는 역할을 담당하도록 하고 있다. 즉 학교운영위원회의 심의에 대한 구체적인 내용은, ① 학교헌장 및 학칙의 제정 또는 개정에 관한 사항, ② 학교의 예산안 및 결산에 관한 사항, ③ 학교 교육과정의 운영방법에 관한 사항, ④ 교과용 도서 및 교육 자료의 선정에 관한 사항, ⑤ 정규학습시간 종료 후 또는 방학기간 중의 교육활동 및 수련활동에 관한 사항, ⑥ 교육공무원법 제29조의 3제 8항에 따른 공모 교장의 공모방법, 임용, 평가 등에 관한 사항 6의 2 교육공무원법 제31조 제2항에 따른 초빙교사의 추천에 관한 사항, ⑦ 학교운영지원비의 조성·운영 및 사용에 관한 사항, ⑧ 학교급식에 관한 사항, ⑨ 대학입학 특별전형 중 학교장 추천에 관한 사항, ⑩ 학교운동부의 구성·운영에 관한 사항, ⑪ 학교운영에 대한 제안 및 건의사항, ⑫ 기타 대통령령, 시·도의 조례로 정하는 사항이다. 사립학교의 장은 제1항 각 호의 사항(제6호의 사항은 제외)에 대하여 학교운영위원회의 자문을 거쳐야 한다. 또한 국·공립 및 사립학교에 두는 학교운영위원회는 학교발전기금의 조성·운영 및 사용에 관한 사항에 대하여 심의·의결한다.

초·중등교육법시행령(제60조)에 의하면, 국·공립학교의 장은 운영위원회의 심의결과를 최대한 존중하여야 하며, 그 심의결과와 다르게 시행하고자 할 경우에는 이를 운영위원회와 관할청에 서면으로 보고하여야 한다.

위에서 학교운영위원회에 대해 간략히 살펴보았거니와, 학교운영위원회는 초·중등학교의 운영에 관한 주요 사항을 심의(사립의 경우는 자문)하는 단위학교 자치기구의 성격을 가지고 있다. 또한 교육의 주체인 교사와 학부모, 지역인사가 학교 교육목표 달성도를 극대화시키기 위해, 학교운영에 동참하여 상호 협력하는 학교공동체의 성격을 갖는다.

이러한 성격을 갖고 있는 학교운영위원회는 전통적인 우리나라의 학부모 교육 참여제도 면에서 보면 매우 혁신적인 조직이다. 현행 학교운영위원회가 발족된 지 벌써 10여 년이 훨씬 지났지만, 오늘날까지도 교육현장에서 정착되지 못한 채 그 평가가 엇갈리고 있으며, 그 성격과 위상에 대한 논란도 일고 있다.

Step 4

학부모 교육 참여활동의
어제와 오늘

Step 4의 PART 01에서는 현행 학교운영위원회 발족 이전의 학부모 교육 참여 실태를 이해하기 위해 당시의 시대적 배경에서 조사된 자료를 통하여 학교·가정·지역사회의 관계 형성 면을 살펴보려고 한다. 이어서 PART 02에서는 현행 학교운영위원회를 통한 학부모 교육 참여 실태를 검토해 보고자 한다.

학교운영위원회 발족 이전의 학부모 교육 참여

Step 3에서는 한국의 학부모 교육 참여제도의 변천에서 이미 고찰한 바와 같이, 해방 이후 교육의 민주화가 촉진되고 교육인구가 급격히 팽창되어 교육재정의 핍박을 가져왔고, 교육재원의 확보를 위해 수익자 부담의 보편화 현상을 초래하였다. 이른바 학교 후원조직체인 후원회가 자발적으로 조직되어 학교의 신설, 증축 등 벅찬 사업을 전담하여 신생국가의 재정형편상 의무교육 활동이 위기에 직면했을 때 재정적인 후원을 하였다.

학교 후원조직체로 후원회 이후의 변천과정을 보면, 1953년도에는 미국의 PTA의 이념을 도입하여 사친회가 새롭게 발족을 보게 되었다. 당시에 사친회는 6·25 사변으로 입은 막심한 학교시설의 피해를 복구했으며, 교원후생비 지급에 큰 공헌을 하여 전쟁 중에도 교육을 중단함이 없이 지속할 수 있었다. 그러나 이에 못지않게 운영상 뭇 폐단을 조성하여 사회의 물의를 일으켰고, 급기야는 5·16 직후 당시

'국가재건최고회의' 업적비판에서 부정단체로 규정되어 1962년 3월 사친회는 폐지되고 말았다. 그 후 취학독려 철저로 취학아동이 격증되어 의무교육 운영이 매우 어렵게 되자, 학교 건축이나 시설을 지원하는 조직체로 1963년 기성회가 다시 발족되었다.

이때 발족된 기성회는 1970년 2월 해산될 때까지 교육재정 지원에 큰 공헌을 하였지만, 지나치게 재정적인 면만 치중하였다. 또한 그 운영과정에서 발족취지와는 달리 교원후생비 지급에 비중이 커져서 변질된 기성회 운영이 되었으며, 각종 잡부금으로 인해 사회적인 물의가 일어나기도 하였다. 이에 잃었던 교권을 회복하고 교육계의 명랑한 질서 확립을 목적으로 1970년 새 학기에 기성회가 발전적으로 해체되어 초·중등학교의 학교육성회가 새롭게 발족되었다.

그러나 학교육성회 역시 운영 자체가 학생복지 향상보다는, 교원후생과 학교운영비 보충에 더 큰 비중을 두어 왔다. 1970년도에 발족된 학교육성회는 사반세기 이상 의무교육 발전에 많은 공헌을 해 왔으며, 전국의 중등학교와 6대 도시 초등학교에서는 1996년 학교운영위원회가 발족되기 전까지도 학교육성회가 존속되어 왔다. 그러나 학교육성회 역시 교육적 기능보다는 주로 재정적 후원기능이 더욱 강했다.

학교육성회가 운영되던 당시 전국 초등학교를 대상으로 광범위하게 그 운영실태를 조사·분석한 연구자료(안창선, 1989)를 중심으로 당시의 학부모 조직의 활동 상황을 살펴보면 다음과 같다.

1. 학교육성회를 통한 교육 참여

(가) 학교육성회 운영실태

(1) 학교육성회는 학교단위의 단일조직으로 회원과 임원의 조직은 대부분 당연직 임원으로서의 학교장과 학부모만으로 구성되었고, 지역사회 주민이나 지역인사가 배제되었다.

(2) 발족취지에서 본 학교육성회 운영의 성과는 비교적 부정적이었고, 학교육성회 운영이 부진한 이유로는 학부모의 참여의식의 저조와 학교육성회가 지나치게 재정적 후원기능만 발휘하였기 때문인 것으로 나타났다.

(3) 「학교육성회 운영관리지침」에 교사와 학생이 회비의 징수과정에 개입되지 않도록 규정하고 있지만, 실제 회비 징수과정에서 교사와 학생이 개입되었다.

(4) 학교육성회 발족 당시인 1970년대는 학교 교육재정 중 학교육성회비 세입의 비율이 매우 높았으므로, 학교육성회의 재정적인 기여도는 높았다. 그러나 1980년대 중반 이후 학교육성회가 존속 운영되어 왔던 6대 도시 초등학교의 경우를 보면, 학교 교육재정 중 학교육성회비 세입의 비율은 상당히 낮아 대부분의 학교가 10% 미만으로 학교재정에 기여도가 매우 낮았다.

(5) 지역인사들은 학교육성회 운영과정에서 배제되어 학교와 유대관계가 소원한 편이었으며, 지역인사들이 학교육성회 운영과정에 참여하지 않은 이유로는, 관심은 있으나 참여할 기회가 주어지지 않았기 때문인 것으로 나타났다.

(6) 학교육성회 회원인 학부모들은 회비 납부에 대한 책임만 있었으며, 아동교육활동에 참여할 수 있는 기회는 마련되지 않았고, 사친간의 아동교육을 위한 상담기회가 거의 없었다.

(7) 학교육성회의 재원확보 방안으로는 동창회, 학부모, 지역인사 등의 기부금 제도가 바람직하다는 의견이 가장 많았다.

(8) 학교장들은 명목상의 학교육성회비를 폐지하여 국고로 전환하고, 학교육성회가 순수한 교육적 기능만을 발휘하는 학부모 조직으로 발전하기를 바라는 반응이 높았다.

(9) 학교육성회의 교육적 기능 강화를 위해 필요한 일에 대한 교원들의 반응은 학교육성회가 '아동교육활동에 협조하는 일', '아동의 건강관리 복리 증진을 위해 협조하는 일', '교사와 학부모가 함께 학교육성회 회원으로 협력하는 일', '부모 교육을 하는 일' 순으로 나타났다.

(10) 학교육성회의 발전적 운영방안에 대한 교원과 학부모, 지역인사 반응에서 학교육성회가 재정적인 후원조직에서 탈피하여 교육적인 기능을 발휘하는 학부모 조직으로 전환되어, 학교와 가정의 협조로 학교 교육의 효과를 높여야 한다는 반응이 가장 높았다.

(나) 학교육성회 운영상 문제점

(1) 당시 학교육성회는 학교 단위의 폐쇄된 단일조직으로서 동일지역의 다른 학교와 연대할 수 있는 지역육성회 조직이 없었으므로, 지역사회의 교육환경 개선 및 아동의 교외생활지도 등의 영향력을 발휘할 수 없었다.

학교육성회가 학교단위, 지역단위, 전국단위 조직으로 확대되고 학부모 교육을 위한 성인교육 프로그램을 운영했더라면, 학부모 참여율이 높아지고 학교육성회 조직의 활동이 보다 활성화될 수 있었을 것이다.

(2) 학교육성회는 교육활동에서 교사와 학부모 간의 협력이 이루어지지 않았으며, 학교와 지역사회 간에도 긴밀한 관계 형성이 이루어지지 못했다.

무엇보다도 학부모와 교사 그리고 학교와 지역사회 주민 간의 긴밀한 관계 형성을 위해서는, 학교육성회 회원조직에 있어 당연직 임원인 학교장과 학부모만으로 구성할 것이 아니라, 교사와 학부모를 학교육성회의 정회원으로 가입하는 일과 학교가 소재한 지역 내의 일정수의 지역인사를 반드시 특별회원으로 가입하도록 하는 일이 요구되었다. 당시로서는 학교와 가정 그리고 지역사회가 학교 교육을 위해 상호 협동할 수 있는 통로가 차단되어, 교육의 주체인 교사와 학부모뿐만 아니라 지역인사의 학교육성회 참여는 필요한 일이었다.

(3) 학교육성회는 학부모의 참여의식 저조와 학교육성회 운영상 자율성 제약 등이 문제가 되었다.

학교육성회 운영의 성과를 높이고 발전적으로 운영하기 위해서는 학부모가 학교육성회 운영과정에 자진 참여할 수 있도록 학교육성회 사업내용에 학교육성회 회원을 위한 사업내용을 포함시키는 일이 요구되었다. 당시의 학교육성회는 외국의 PTA와 같이 사회교육을 담당하는 학부모 조직으로의 전환이 요구되었다. 또한 일본의 PTA와 같이 학부모와 지역주민의 협조 아래 재정적인 후원기능에서 교육 본래의 기능을 확대하는 방향으로 발전시켜 나갔더라면, 그 발족취지에 부합되는 운영을 할 수 있었을 것으로 생각된다. 그리고 학교육성회가 장기간에 걸쳐 운영되는 과정에서 점진적으로 조직의 획일성을 지양하고, 지역별·학교별 특수성이 충분히 반영되는 가운데 운영되지 못한 아쉬움이 있었다.

(4) 학교육성회 운영과정에서 빚어진 폐단 중 가장 심각한 것은 회비 징수과정에서 야기된 문제였다.

학교육성회 발족의 근본 취지는 교사와 아동이 금전관계에서 벗어나 학원의 명랑한 풍토를 조성하기 위한 것이었으며, 「학교육성회 운영관리지침」에서 회비의 징수과정에 교사와 아동이 관여하지 않도록 규정하고 있음에도 불구하고, 교사와 아동이 회비 징수과정에 개입되어 사회적인 비난을 받았다. 이것은 학교육성회 발족취지에 근본적으로 위배된 일이며, 과거 기성회의 전철을 다시 밟는 것이 되므로 교사와 아동이 회비 징수과정에 여하한 일이 있어도 개입되지 않도록 후속조치가 강구되어야 했었다.

(5) 해방 후 학부모 단체 중 가장 오랜 기간 존속되었던 학교육성회는 오로지 재정적인 후원기능에만 치중하여 교육적 기능은 전혀 발휘하지 못했다.

당시 학교육성회의 교육적 기능 강화를 위해, 학급단위의 학교육성회 활동의 활성화가 요구되었으나, 학급 단위의 학부모 교육 참여활동은 전혀 이루어지지 못했다. 아동의 학습지도와 생활지도를 위한 교육활동의 기본단위인 학급단위에서, 교사와 학부모가 대등한 입장에서 아동교육을 위해 상호 협력하는 일은 아동의 교육효과 증진을 위해 매우 중요한 일이다. 당시 아동교육에 대한 상담과 교육활동의 지원, 아동의 교육지도 및 보건안전관리와 부모교육활동의 전개 등의 활동과 교외에서의 아동보호 활동 등 학부모 교육 참여 활동의 기회를 확대하는 일이 요구되었다.

이러한 학부모 참여를 통해 아동교육의 효과를 높이고, 부모의 학교 교육에 대한 이해를 증진시켜 학교육성회가 단순한 재정적인 후원기능만을 담당하는 후원조직에서 탈피하여, 아동의 건전한 성장·발달을 돕는 교육적인 조직체로 전환시키는 노력이 요구되었지만 실현되지 못했다.

이상과 같이 지난 1970년도부터 사반세기 동안 학교육성회가 존속 운영되어 왔던 6대 도시(서울, 부산, 대구, 인천, 광주, 대전) 지역 초등학교에서는, 학교육성회가 지나치게 재정적인 후원기능만 강조되어 학교운영이 중심이 된 교내에 국한된 재정적인 후원조직에 불과하였다. 그리고 학교육성회 운영에서 회원인 학부모를 위한 사업이 전혀 없었으므로, 학부모의 자발적인 참여의식이 매우 저조하였고, 사친 간의 아동교육을 위한 협동의식이 결여되었다. 또한 학교육성회 회원조직에 있어 지역 유지나 기관장이 특별회원이 될 수 있음에도, 지역사회를 대표할 수 있는 이들을 배제함으로써 학교와 지역사회 간에도 협력체제가 이루어지지 못했다. 따라서 아동교육에 대한 지원과 학교와 지역사회의 협동체로서 지녀야 할 교육적 기능을 발휘하지 못하였으며, 학교 교육을 위해 학교와 지역사회가 상호 협동할 수 있는 길이 현실적으로 차단되어 왔다.

2. 학교육성회가 폐지된 지역에서의 교육 참여

학교와 가정 및 지역사회를 연결할 수 있는 조직체로서 6대 도시 지역 초등학교에서는 학교육성회가 존속하였지만, 학교육성회가 이미 폐지된 6대 도시 이외의 모든 지역에서는 지역인사뿐만 아니라 학부모조차도 학교 교육에 참여할 수 있는 통로가 차단되어 있었다. 따라서 학부모나 지역주민의 학교 교육에 대한 참여의욕은 사실상 봉쇄되어 왔으며, 학교 교육이 가정과 지역사회로부터 교육적인 지원을 받지 못하는 불리한 입장에 놓여 있었다.

이와 같이 6대 도시 이외의 전 지역 초등학교에서는 학교와 가정 및 지역사회와의 관계가 매우 소원한 형편이었다. 이러한 지역에서는 학교 교육 효과 증진을 위한 상호 협동적인 체제가 이루어지지 못하여, 교육활동과 학교운영 과정에서 막대한 지장을 초래하였다.

현대 교육에 있어서 학교와 지역사회와는 분리될 수 없는 관계에 놓여 있다. 무엇보다도 학교의 교육목적 달성도를 극대화시키려면, 학교와 지역사회 간의 긴밀한 관계를 유지하고 상호 협조체제가 확립되어야만 한다. 학교 교육 효과를 증진시키고 학교와 지역사회가 상호 긴밀한 협조체제를 구축하기 위해서는, 학교가 소재한 지역단위별로 각 학교 단위의 교원과 학부모 및 지역인사 대표가 참여하는 '학교육성협의체'와 같은 조직의 구성이 필요하였다.

이와 같이 학교육성회가 폐지된 지역에서는 학부모의 교육 참여제도는 존재하지 않았다. 다만 일부의 학부모와 지역인사가 학교를 재정적으로 조력하는 조직이 있다면, 이는 당시 6대 도시를 포함해 전국적으로 조직 운영되어 온 학교새마을어머니회 조직과 학교체육진흥관리위원회 조직을 들 수 있다. 학교육성회가 폐지된 6대 도시 이외 지역의 초등학교에서는 현실적으로 학교새마을어머니회와 학교체육진흥관리위원회가 학교와 가정과 지역사회를 잇는 유일한 통로 구실을 하였다. 그런데 당시 학교 교육에 참여하는 학부모나 지역인사는 극히 일부였으며, 주로 학교를 재정적인 면에서 조력하였을 뿐이다.

학교새마을어머니회와 학교체육진흥관리위원회는 그 조직 동기가 학교육성회와는 달리 학교새마을어머니회는 학교새마을 교육활동의 일환으로 1983학년도부터 조직 운영되어 왔고, 아버지들의 모임이라고 할 수 있는 학교체육진흥관리위원회 역시 학교체육진흥을 목적으로 1980년대 들어와서 조직되었다. 이러한 조직은 학교육성회와는 달리 학교에 재학하는 모든 아동의 부모가 회원이 되어 참여하는 것이 아니라, 희망자나 일부의 선정된 극소수의 부모만이 참여하는 조직이었다. 학교새마을어머니회는 1980년대 후반에 그 명칭이 학교어머니회로 바뀌었다.

이러한 조직은 모든 학부모가 참여할 수 있는 학부모 참여제도와는 거리가 먼 것이었다. 따라서 일반 학부모나 지역주민의 참여의 폭을 넓혀 학교와 지역사회의 유대를 강화하고, 학교 교육활동을 지원하는 교육적인 조직으로의 기능전환이 요구 되었다. 또한 학교어머니회와 학교체육진흥관리위원회 조직 이외에 학교에 따라 급식위원회, 녹색어머니회 등의 학부모 활동이 있었지만, 이러한 학부모들의 활동은 지역이나 학교마다 다르고 그 실적이 미약했다. 여기서는 학부모 교육 참여 조직 중 전국적으로 운영되었던, 학교어머니회와 학교체육진흥관리위원회를 중심으로 당시의 활동 면을 간략히 살펴보고자 한다.

(가) 학교새마을어머니회를 통한 교육 참여

(1) 학교새마을어머니회 목적 및 활동내용

"학교새마을어머니회는 학교를 중심으로 어머니들이 자율적인 모임을 갖는 가운데 서로 화합하고 회원 상호 간이나 학교와의 대화, 각종 강의 등을 통하여 자기 계발에 힘써 자녀교육과 건전가정 육성에 이바지함은 물론, 학교를 바로 이해하는 속에서 학교 교육에의 동참자와 지원자가 되고, 나아가 여성봉사자로서 지역사회 발전에 기여함으로써 새마을운동에 이바지하는 데 있다"(새마을운동중앙본부, 1986: 227). 이러한 목적을 달성하기 위하여 학교새마을어머니회의 활동내용으로는 학교와의 대화를 통한 자녀교육에 대한 정보 교환, 취미활동, 선진지견학, 저명인사 초청강연 등의 활동(새마을운동중앙본부, 1986: 11)을 하였다.

(2) 운영방침

① 운영대상 학교는 전국 초·중 고등학교로 한다.
② 매 학년 초 학교새마을어머니회를 조직하고 새마을 운동에 부응하는 활동을 전개한다.
③ 회원은 해당 학교 재학생의 어머니로 한다. 단 졸업생 어머니도 자문 혹은 고문으로 추대할 수 있다.
④ 학교실정에 맞는 계획을 수립, 사전홍보 및 계도에 힘쓰고 회원모집은 자진 참여를 원칙으로 한다.
⑤ 지도요원은 교장, 교감, 지도교사와 지역사회 인사로 한다.
⑥ 교육내용은 회원의 희망에 따르되, 교양강좌, 여가선용, 선진지 및 산업체 견학 등을 내용으로 한다.
⑦ 조직은 정회원 50명 이상으로 하되 학교의 실정과 지역사회의 여건을 고려한다.

(3) 운영기구와 임무

① 운영위원회: 회의의 조직운영 및 사업의 계획, 진행, 평가 등을 총괄한다.
② 재정부: 회 운영에 필요한 회비 수합과 기금조성을 위한 사업 등 재정 업무를 담당한다.
③ 교육부: 자기 계발을 위한 강좌개설, 강사선정, 선진지 견학 등 교육에 필요한 업무를 담당한다.
④ 취미활동부: 여가선용을 위한 취미활동, 오락프로그램의 수집과 개발을 담당한다.
⑤ 홍보부: 회의 개최안내, 회의록 작성 및 보관과 우수사례 홍보, 학교새마을 신문 활용 등을 담당한다.
⑥ 독서부: 회원의 독서활동 지원, 독서대학 운영, 독후감 발표회, 사례집 발간 등을 담당한다(새마을운동중앙본부, 1986: 227~228).

(4) 교육현장에서 전개되고 있는 사업내역

① 자녀교육에 관한 사업
② 건전 가정 육성을 위한 일반교양 및 자질 향상에 관한 사업
③ 학교 발전을 위한 사업과 학교새마을 활성화에 기여하는 사업
④ 건강, 취미, 특기, 오락 등 어머니 계발에 관한 사업
⑤ 타학교 새마을어머니회 및 새마을운동 중앙본부와 연합활동
⑥ 환경 및 의식주 생활개선, 의례 간소화에 관한 사업
⑦ 소비생활 합리화에 관한 사업
⑧ 저축사업
⑨ 국민 건강 및 국민 영양, 농촌 영양 개선 사업
⑩ 기타 필요하다고 인정되는 사업(춘천교대부국, 새마을어머니회 규약, 1988)

당시 학교새마을어머니회 조직에 있어서는 각 학교별로 학교새마을어머니회 협의회가 구성되어 있고, 각 교육청 단위의 학교새마을어머니회장 협의회와 전국단위의 협의회가 구성되어 조직적으로 활동을 하였다.

새마을어머니회의 조직 목적과 활동내용을 보면, '자녀의 교육과

건전가정 육성을 위한 교양 및 자질 향상을 위한 활동'과 '어머니의 자기 계발을 위한 부모교육 활동'이 중심이 되었다. 그밖에 학교 발전을 위한 사업과 지역사회환경 및 생활 개선, 의례간소화, 소비생활 합리화, 저축, 국민건강 및 농촌영양개선 사업 등 폭넓은 사업내역을 가지고 활동하였다. 이러한 활동 모습은 당시 전교생의 학부모가 회원으로 가입되어 활동하던 학교육성회와 비교해 볼 때, 학교육성회가 아동교육이나 부모교육을 위한 사업 내역이 전혀 없던 것에 비해, 새마을어머니회 활동이 당시의 제도화된 학교육성회 조직보다도 교육적 기능이 더 컸다고 할 수 있겠다. 이는 외국의 학부모 조직인 PTA의 활동내용과도 유사한 면이 있었다. 다만 새마을어머니회 조직은 해당 학교의 재학생 어머니로 되어 있고 회원의 모집은 자진참여를 원칙으로 가입은 희망자에 의하므로, 어머니들의 참여의 수가 극히 적어 일부의 어머니들만이 참여하는 조직으로 운영되어 왔다는 문제가 있었다.

실제 학교새마을어머니회의 운영실태를 살펴보면, 전국 대부분의 학교에서 학교새마을어머니회가 조직 운영되어 왔다. 조직방법은 자의에 의한 회원 가입과 타의에 의한 가입이 비슷한 비율이었다. 또한 학교새마을어머니회의 활동을 통한 사친 간의 유대관계는 긍정적인 편이었고, 학교새마을어머니회에 참여해 본 경험은 가정의 경제적 수준이 높을수록 참여율이 높았다.

학교새마을어머니회의 활동내용을 보면 대도시 지역에서는 '교양강좌'가 가장 높은 비율인 데 반해, 중소도시나 농어촌 지역 학교에서는 '사친 간의 대화'와 '학교 교육활동 지원'을 가장 많이 한 것으로 나타났다. 또한 학교에 대한 재정적인 지원에서는 농어촌 지역 학교보다 대도시와 중소도시 소재 학교에서 어머니회로부터 재정적인 지원을 더 많이 받은 것으로 나타났다. 그리고 당시 학교육성회가 폐지된 중소도시나 농어촌 지역에서는 학교새마을어머니회가 학교와 가정을 연결할 수 있는 유일한 조직이었으므로, 모든 어머니가 참여하는 조직으로 발전하는 일이 요구되었다.

(나) 학교체육진흥관리위원회를 통한 교육 참여

학교체육진흥관리위원회는 국민체육진흥을 목적으로 국민체육진흥법시행령[11]에 의거 학교체육진흥관리위원회를 운영하게 되어 있다. 그 구성을 보면 위원장(학교장), 부위원장 각 1인을 포함한 위원 7인 이상 15인 이하로 구성되며, 위원은 당해학교 학생, 학부모 또는 체육계 인사 중에서 위원장이 임명 또는 위촉하게 되어 있다.

학교체육진흥관리위원회의 활동을 보면 (1) 체육시설의 설치·관리사항, (2) 체육행사, (3) 기타 당해 학교 체육진흥을 위하여 필요한 사항을 지도·관리하도록 되어 있다.

이와 같이 학교체육진흥관리위원회의 사업목적과 활동내용을 보면 학교체육진흥관리위원회는 극소수의 학부모나 지역인사가 위원으로 참여하고 있으며, 조직목적 자체부터 아동의 교육활동 지원보다는 단순히 체육활동을 후원하기 위한 재정적인 후원기구로 발족된

---

11) 국민체육진흥법시행령(1972. 4. 12. 대통령령 제6140호, 1차 개정 1985. 3. 29. 대통령령 제11668호). 제15조 (학교 및 직장의 체육진흥) 법 제9조 제2항의 규정에 의하여 학교 및 직장은 1종목 이상의 체육시설을 갖추고, 1년에 2회 이상의 종합운동경기대회를 실시하여야 한다.
제16조 (체육진흥관리위원회) 법 제9조 제2항의 규정에 의하여 학교에는 학교체육진흥관리위원회를, 직장에는 직장체육진흥관리위원회를 둔다.

것이다. 이는 일반 학부모의 교육 참여를 위한 조직과는 거리가 있음을 알 수 있다.

실제 학교체육진흥관리위원회의 조직을 전국적으로 볼 때, 반수 정도의 학교에서 조직·운영되어 왔으며, 지역적으로 보면 중소도시나 농어촌 지역이 대도시 지역보다 조직률이 높았고, 조직형태는 '학부모만으로 조직'되어 있는 학교가 대부분이었다. 조직형태에서 볼 때 도시지역 학교보다는 농어촌 지역 학교에서 '교원, 학부모, 지역인사'가 학교체육진흥관리위원으로 활동하는 비율이 높았고, 특히 6학급 미만의 소규모 농어촌 학교에서 더 높게 나타났다. 또한 활동 성과 면에서 보면 대도시나 중소도시 지역 학교보다는 농어촌 지역 학교에서 학교체육진흥관리위원회 활동이 더 활발한 것으로 나타났다. 이러한 결과를 보면, 도시지역 학부모들보다는 소규모의 학교가 대부분인 농어촌 지역 학교의 학부모들이 내 고장 학교에 대한 관심과 애착이 더 크고, '우리 학교'라는 의식이 더 강한 데 기인된 것이 아닌가 생각된다.

PART 02

학교운영위원회를 통한 학부모 교육 참여

PART 02는 학교운영위원회 발족 후 학부모의 교육 참여 실태를 알아본 것이다. 여기서는 학교운영위원회가 운영되어 온 시지역 가운데 경기지역(21개시)과 강원지역(7개시)의 초등학교 140개교의 교원(교장, 교감, 교사) 840명과 학부모 1,120명을 대상으로 설문지를 배부하여 학교운영위원회의 초기 운영실태를 진단한 내용(안창선·이주한, 1998)을 다루었다.

설문지 조사내용은 (1) 학교운영위원회의 구성, (2) 학교운영위원회의 운영, (3) 학교운영위원회의 기능, (4) 학교·가정 및 지역사회관계, (5) 학교운영위원회의 발전 방향 등 5개 영역을 중심으로 조사하였다.

PART 02에서는 학교운영위원회 운영실태 조사에서 나타난 운영현황을 살펴보고, 학교운영위원회의 운영상 문제점을 진단하고, 학교운영위원회의 발전방향을 찾아보았다.

1. 학교운영위원회의 운영현황

(가) 학교운영위원회의 구성

(1) 학부모위원 선출은 '학급별로 학부모가 학급 대표를 선출하여 학급 대표자 회의에서 학부모위원을 간접 선출'하였다는 반응이 44.4%로 가장 높게 나타났다. 다음은 '후보 등록 후 전체 학부모가 총회 또는 서신을 통하여 직접 선출'하였다는 반응이 19.7%로 나타나 규정에 따라 선출하였다는 반응이 64.1%로 나타났다. 기타 방법으로는 '후보 등록 없이 학교 어머니회, 체육진흥회, 학교발전협의회 등 학부모 대표자회의에서 선출'하거나 '학부모회 임원 중 학교가 학부모위원을 위촉'하는 등 규정과는 상관없이 선출했다는 반응도 34.4%나 되었다. 한편 학부모위원 선출 시 입후보자의 '등록과 안내·홍보'를 하였다는 반응이 67.5%인 데 비해 '등록과 안내·홍보 없이 학부모위원이 선출'되었다는 반응도 31.3%나 되었다.

(2) 교원위원 선출은 '교원에 의한 직선'이 93.7%인 데 비해 '주임 교사 회의'나 '학교장이 지명'했다는 반응은 5.0% 미만이었다. 한편 지역위원 선출에는 학교운영위원회 운영지침에 따라 '학부모위원과 교원위원이 선출된 이후에 협의하여 지역위원을 선출'하였다는 반응이 67.4%로 나타났지만, 운영지침에 따르지 않고 '학부모위원이나 교원위원이 지역위원을 선출'하거나, '학부모 단체의 임원 중에서 학교가 위촉'하였다는 반응도 32.6%나 되었다.

(3) 학교운영위원회 위원 선출과정의 민주성과 공정성 확보문제에 대해 교원집단은 92.6%가 긍정적인 반응을 보인 데 비해, 학부모의

반응은 이보다 낮은 84.2%가 '민주성과 공정성이 확보'되었다고 응답하였다. 이를 응답자별로 보면 긍정적 반응에 교장·교감(99.2%)이 교사(90.0%)보다 높고, 학부모위원(88.2%)의 반응이 일반 학부모(78.3%)보다 높게 나타났다.

(4) 학교운영위원회가 '각 집단을 잘 대표하는 위원으로 구성'되어 있다는 반응이 56.8%인 데 비해 '교원위원은 대표성이 있지만, 학부모위원과 지역위원은 대표성이 없다거나, 위원구성이 잘못되어 있다'는 반응과 '잘 모르겠다'는 반응 등 부정적이거나 무관심한 반응이 42.5%로 나타났다. 대표성에 대한 긍정적 반응에는 교원집단(64.3%)이 학부모 집단(49.8%)보다 높게 나타났다.

(5) 학교운영위원회 위원 수는 '13~15'명으로 구성되었다는 반응(45.2%)이 가장 높았고, 다음은 '11~12명'(29.4), '9~10명'(14.3%), '7~8명'(10.3%) 순이었다. 지역별로는 경기도 지역이 '13~15명'(79.2%)으로 구성되어 있다는 학교가 가장 많았고, 강원도 지역은 '11~12명'(41.0%)으로 구성되었다는 반응이 제일 높았다. 또한 학교운영위원회 구성 비율에 있어서는 순위별로 보면, ① 학부모위원 40%-교원위원 40%-지역인사위원 20%(34.9%), ② 학부모위원 50%-교원위원 40%-지역인사위원 10%(31.7%), ③ 학부모위원 50%-교원위원 30%-지역인사위원 20%(16.7%), ④ 학부모위원 40%-교원위원 30%-지역인사위원 30%(11.1%) 순으로 나타났다.

(6) 학부모위원의 자질 면은 '교육에 관한 전문적인 식견이 있고 학교운영위원회의 기능과 역할을 잘 이해하고 있는 학부모로 구성'되어 있다는 반응이 16.7%인 데 비해, '교육에 대한 전문적인 식견은 부족하지만, 학교 교육에 적극적으로 참여하려는 욕구가 강한 학부모로

구성'되어 있다는 반응이 79.4%로서 훨씬 높게 나타났다.

(나) 학교운영위원회의 운영

(1) 학교운영위원회에서 심의되는 안건의 제출자는 '학교장'이라는 반응이 54.0%였고, 다음은 '교사위원'이 34.9%로서 심의되는 안건은 거의 90% 정도가 교원위원에 의해 제출되고 있으며 '학부모' 위원이 제출한 경우는 5.6%에 불과했으며 '지역인사위원'이 제출했다는 반응은 없었다. 특히 심의안건을 교원위원이 제출했다는 반응은 경기지역(85.1%)보다 강원지역(94.2%)이 더 높게 나타났다.

(2) 한 학기 동안 학교운영위원회의 소집 빈도를 보면 회의는 ① 6회 이상(22.1%), ② 4회(21.0%), ③ 3회(18.8%), ④ 5회(13.6%), ⑤ 2회(9.4%), ⑥ 1회(1.4%) 순이었고, 학기 중 매월 1회 정도인 5회 이상 회의를 소집했다는 반응은 강원지역(40.4%)이 경기지역(29.5%)보다 높게 나타났다.

(3) 학교운영위원회의 회의 개최 시간은 주로 '오후'(81.2%) 시간이 되고 있으며, '오전'(7.7%)과 '일정치 않다'(6.6%)는 응답은 매우 낮은 비율이었고, '저녁시간'에 회의를 한다는 반응은 불과 1.1%였다. 한편 회의 개최일자나 안건 등에 대해 '사전고시'한다는 반응은 81.2%로 나타났다. 또한 학교운영위원회의 회의 시 참석하는 학부모위원은 '어머니'라는 반응이 86.9%인 데 비해 '아버지'가 참석한다는 반응은 7.0%에 불과하였다. 학부모위원이 주로 어머니로 구성되어 있거나 어머니가 위임받아 회의에 참석하고 있어 아버지들의 참여도가 매우 저조함을 알 수 있다. 특히 아버지의 참여율은 20학급 미만의 소규모

학교에서는 높은 편이며, 어머니의 참여율은 60학급 이상 큰 학교에서 높게 나타났다.

(4) 학교운영위원회 심의 안건에 대한 사전 '학부모의 의견 수렴'에 있어서는 '간혹 의견을 수렴한다'(46.7%)는 반응이 '항상 수렴하고 있다'(32.5%)는 반응보다 높았고, '전혀 의견 수렴을 하지 않는다'는 반응도 17.9%로 나타났다. 또한 학교운영위원회 활동결과를 학년 말에 학부모들에게 보고한다는 반응은 56.2%인 데 비해 보고하지 않는다는 반응도 36.8%나 되었다. 이는 특히 40학급 이상의 규모가 큰 학교에서의 학부모들에 대한 보고 비율이 가장 낮게 나타났다.

(5) 학교운영위원회의 운영 성과에 대해 '성과가 있다'는 긍정적인 견해가 50.0%인 데 비해 '성과가 적거나, 유명무실하고, 운영상 개선해야 할 점이 많다'는 부정적인 견해가 41.0%로 나타났다. 특히 부정적인 견해는 학부모(39.0%)보다 교원(45.6%) 반응이 높게 나타났다. 또한, 학교운영위원회가 '운영상 개선할 점이 많다'는 반응에 평교사(18.4%)보다 교장·교감(29.4%)반응이 높았고, 일반 학부모(16.7%)보다 학부모위원(21.5%)의 반응이 다소 높게 나타났다. 학교운영위원회의 운영 성과가 부진한 이유를 순위별로 보면 ① 운영위원의 전문성 부족, ② 학부모 및 지역주민에 대한 홍보 부족, ③ 학부모와 지역사회의 무관심, ④ 학교어머니회 등 기본 조직과의 역할 혼동과 갈등, ⑤ 운영위원들의 대표성 부족, ⑥ 학교와 운영위원 간의 갈등, ⑦ 교사 집단의 무관심 순이었다.

(6) 학교운영위원회 운영의 긍정적 효과가 무엇인가를 알아본 결과 나타난 순위별로 보면 ① 아동교육을 위한 학교와 가정 및 지역사회의 협동(23.5%), ② 학교운영의 자율성 및 책임성 증대(14.9%), ③ 학

교운영의 민주화 및 투명성 제고(12.6%), ④ 학교 교육에 학부모 및 지역사회 요구 반영(8.9%), ⑤ 부모교육을 통한 가정의 교육적 기능 향상(8.2%), ⑥ 학교나 학급경영 방침의 이해와 협력(7.9%), ⑦ 선택교과 및 특별활동 프로그램의 다양화로 학생의 적성, 소질개발(3.8%), ⑧ 교육과정의 지역사회화(3.6%), ⑨ 교육활동을 위한 지역사회 자원의 효과적 활용(3.1%), ⑩ 교원의 교권확립 및 사기 앙양(1.6%), ⑪ 학교 재정 기반의 확충(1.3%) 순으로 나타났다.

(7) 학교운영위원회 운영의 부정적인 영향을 나타난 순위별로 보면 ① '학교운영에 대한 불필요한 간섭'(30.6%), ② '학부모의 교사 위에 군림하려는 경향'(15.1%), ③ '학부모 간의 불화와 위화감 조성'(13.8%), ④ '교권침해 및 교사의 사기 저하'(9.8%), ⑤ '치맛바람에 따른 교육의 악영향'(7.7%), ⑥ '학교에 대한 압력단체 구실'(7.5%), ⑦ '자주적이고 창의적인 학급·학교운영에 지장 초래'(6.6%), ⑧ '교사의 전문성 약화 초래'(3.5%)의 순이었다. 교원과 학부모들의 의견을 비교해 보면, 학교운영위원회 운영이 '학교운영에 불필요한 간섭을 초래'할 수 있다는 점에 대하여 학부모들(33.4%)이 교원들(27.0%)보다 더 우려하고 있으며, '학부모 간의 불화와 위화감 조성', '치맛바람에 따른 교육의 악영향'에 대해서도 교원들(13.8%)보다 학부모들(27.6%)이 더욱 민감하게 받아들이고 있는 것으로 나타났다. 반면에 '일부 학부모의 교사 위에 군림하려는 경향', '교권침해 및 교사의 사기저하', '학교에 대한 압력단체 구실'에 대해서는 교원들(44.7%)이 학부모들(22.4%)보다 훨씬 높은 반응을 보였다.

(다) 학교운영위원회의 기능

(1) 학교운영위원회 심의 사항 중에서 실제로 학교운영위원회를 통하여 심의한 내용을 나타난 순위별로 보면 ① 수학여행, 극기훈련 등 학부모가 경비를 부담하는 사항(84.9%), ② 교과 및 특별활동, 교과서 및 교재선정(72.2%), ③ 학교운영에 관한 위원들의 제안사항과 학교장이 심의 요청한 기타 사항(61.1%), ④ 유상특별 프로그램의 실시에 관한 사항(52.4%), ⑤ 학교운영 지원비, 교특회계 등의 예산 및 결산(48.4%), ⑥ 학부모·학생·지역주민이 제출한 학교운영과 관련된 건의사항(34.1%), ⑦ 교복 및 체육복 선정(32.5%), ⑧ 학교 발전 기금에 관한 사항(24.6%), ⑨ 학교 헌장 및 규칙의 제·개정 문제(23.0%), ⑩ 학생 지도 사항(19.8%), ⑪ 학부모 및 지역주민 대상의 평생교육 프로그램의 설치·운영(19.0%), ⑫ 지역사회 교육에 관한 사항(14.3%), ⑬ 교원(교장·교사) 초빙을 위한 추천대상자의 선정(4.8%) 순이었다.

(2) 학교운영위원회가 교장·교사를 초빙할 때 그 추천대상에 있어 '교장·교사를 모두 추천대상에 포함시켜야 한다'는 반응이 39.0%인 데 비해 학교운영위원회가 '교원 채용에 관여해서는 안 된다'는 견해도 33.8%로 나타났다. 한편, '교장만 추천대상이 되어야 한다(8.6%)'거나 '교사만 추천대상이 되어야 한다(2.1%)'는 반응은 낮은 비율이었다. 이를 응답자별로 보면 학부모의 경우 '교장·교사 모두 추천 대상에 포함시켜야 한다'는 의견이 45.9%인 데 비해 교원의 반응은 31.7%로서 학부모보다 훨씬 낮은 반응을 보여 교원과 학부모 간의 견해 차이가 있음을 알 수 있다.

(3) 학교운영위원회가 현재 어떠한 기능을 발휘하고 있는지를 알아

본 결과 전체적인 경향을 보면 '교육적 기능이나 재정적 기능 또는 양자의 기능을 발휘하고 있다'는 긍정적인 반응이 48.5%인 데 비해 학교운영위원회가 '교육적 기능과 재정적 기능 어느 것도 제대로 발휘하지 못하고 있다'고 부정적인 견해를 나타내거나 학교운영위원회 기능상의 평가 자체를 유보하고 있는 의견도 48.0% 정도 나타났다. 특기할 만한 사실은 학교운영자인 교장·교감 반응에서 학교운영위원회가 '교육적 기능과 재정적 후원 기능을 아울러 발휘하고 있다'는 긍정적인 반응(27.0%)보다 부정적인 반응(33.3%)이 훨씬 높게 나타났고, 학부모 반응에서도 긍정적 반응(46.0%)보다 부정적이거나 평가를 유보하고 있는 반응이 더 높게 나타났다.

(라) 학교와 가정 및 지역사회 관계

(1) 학교운영위원회가 설치된 후 학교와 가정의 관계를 보면 '긴밀히 연결되어 교육의 효과를 올리고 있다'(12.6%)는 반응은 비교적 낮게 나타났고 이보다는 '어느 정도 협조하고 있다'(58.1%)는 반응이 더 높게 나타났다. 이와는 달리 '아동교육의 효과를 올릴 만큼 가깝지 않고', '아직도 학교와 가정은 서로 동떨어져 교육상 지장이 크다'는 부정적 반응도 30% 정도 나타났다. 이를 응답자별로 보면 긍정적 반응에서는 교원과 학부모 간의 차이가 없지만 특히 교원 반응에서는 교장·교감의 반응(85.7%)이 교사 반응(65.9%)보다 높게 나타났으며, 부정적 반응에서는 교사 반응(32.7%)이 교장·교감(14.3%) 반응의 2배 이상으로 나타났다.

(2) 학교운영위원회가 설치된 후 교육공동체인 학교와 지역사회관

계의 변화에 대한 학부모의 견해는 '전보다 훨씬 가까워졌다'는 긍정적 반응이 46.1%인 데 비해 '전과 같거나, 전보다 오히려 멀어졌다'거나, 평가를 유보하는 반응을 포함시키면 긍정적 반응보다 더 높은 편이다. 지역별로 보면 긍정적인 반응에 강원지역(42.1%)보다 경기지역(51.7)이 높게 나타났고, 응답자별로 보면 '일반학부모'(36.5%)보다 '학부모위원' 반응(52.9%)에서 더욱 높게 나타났고, 연령별로는 연령이 높을수록 긍정적 반응이 높게 나타났다. 특히 젊은 세대인 30세 미만 학부모 반응에서는 긍정적 반응(25.0%)보다 부정적 반응(62.5%)이 훨씬 높게 나타난 점이 주목된다.

(3) 학교운영위원회가 설치된 후 학부모와 교사 간의 교육상담 현황에 대한 교사들의 반응을 보면 '전보다 자유롭게 자주 한다'는 긍정적인 반응이 16.0%인 데 비해 '자유롭게 상담할 여건이 못 된다'거나 '교육상담을 거의 해 본 일이 없다' 또는 '전과 달라진 것이 없다'는 부정적인 반응이 82.4%로 나타나 학교운영위원회 운영이 학교의 기본 단위인 학급에서 사친 간의 교육상담에 거의 영향을 주지 못하고 있음을 알 수 있다.

(4) 학교운영위원회가 설치된 후 학급 학부모들의 교육 참여 정도에 대한 교원들의 반응은 '전보다 학부모 참여가 높아졌다'는 긍정적 반응(27.6%)보다 '학부모의 교육 참여 의식이 매우 부족'하거나 '학교운영위원회가 구성되기 전보다 나아진 것이 없다'는 부정적인 반응(71.6%)이 훨씬 높게 나타났다. 이를 응답자별로 보면 학부모의 교육 참여 정도가 '전과 같다'는 반응에 있어 지역별·응답자별·학급 수별로 보아도 공통적인 의견(57.1%)으로 가장 높게 나타나고 있어 학교운영위원회가 구성된 후에도 학급 학부모의 교육 참여도는 큰 변

화가 없음을 알 수 있다.

(마) 학교운영위원회의 발전 방향

(1) 앞으로 학교운영위원회가 가장 우선적으로 해야 할 일에 대한
교원과 학부모들의 반응을 나타난 순위별로 보면 ① '교육 환경 개
선'(29.6%), ② '교원과 학생의 후생복지의 증진'(21.6%), ③ '특별활
동·선택과목 등에 대한 논의'(11.4%), ④ '학교장의 독단적 학교운영
견제'(9.5%), ⑤ '찬조금의 합리적 징수'(6.7%), ⑥ '예·결산 심의'(6.5%),
⑦ '촌지근절'(5.9%) 순으로 나타났다. 이를 응답자별로 보면 교원과
학부모가 공통으로 '교육 환경 개선'과 '교원과 학생의 후생복지의
증진'을 상위 1, 2순위로 꼽고 있으며 이는 학부모 반응(44.4%)보다
교원 반응(58.5%)이 더 높게 나타났다. 특히 '촌지 근절'에 있어서는
교원 반응(1.5%)보다 학부모 반응(10.0%)이 훨씬 민감하게 나타났으
며, 교사 반응에서는 '학교장의 독단적 학교운영 견제'라는 반응에서
민감성을 보였다.

(2) 앞으로 학교운영위원회의 바람직한 성격에 대한 교원과 학부모
의 의견을 보면 '사안에 따라 자문·심의·의결기구화'해야 한다는
반응이 56.1%로 가장 높았고, 다음으로 '자문기구로 해야 한다'는 반
응이 30.7%를 차지하였다. 이에 비해 '심의기구'(9.4%)와 '의결기구'(5.8%)
가 되어야 한다는 반응은 낮게 나타났다. 이를 응답자별로 보면 교원
과 학부모 모두 학교운영위원회가 '사안에 따라 자문·심의·의결기
구화되어야 한다'는 의견에는 일치하고 있지만 이러한 반응에 대해
교원(42.7%)보다 학부모(60.0%)의 반응이 훨씬 높게 나타났다. 이러한

반응과는 달리 '자문기구화되어야 한다'는 의견에도 교원과 학부모가 모두 높은 반응을 보였지만 학부모(22.8%) 반응보다 교원(39.2%)의 반응이 훨씬 높게 나타났다. 또한, 교원 반응에서 교장·교감 반응과 교사 반응간의 차이를 보이고 있는데 교장·교감이 '자문기구'(52.4%)의 성격을 가장 선호하고 있는 데 비해 교사 반응에서는 '사안에 따른 자문·심의·의결기구'를 더욱 선호하는 것으로 나타나 교사의 반응은 학부모 반응과 일치하고 있다.

(3) 앞으로 학교운영위원회의 위원 구성에 있어 가장 높은 비율을 차지해야 할 대상에 대한 교원과 학부모의 의견을 나타난 순위별로 보면 ① '학부모'(48.0%), ② '교원'(30.5%), ③ '교육전문가'(12.5%), ④ '동문대표'(4.4%), ⑤ '교육행정기관·교육행정가'(1.9%), ⑥ '지역기관장과 기업인'(각각 0.5%) 순으로 나타났다. 이를 응답자별 반응으로 보면 '학부모'가 가장 높은 비율을 차지해야 한다는 의견에는 학부모 반응(62.2%)이 교원 반응(32.6%)보다 높게 나타난 데 비해 '교원'이 가장 높은 비율을 차지해야 한다는 의견에는 교원 반응(47.7%)이 학부모 반응(14.4%)보다 훨씬 높게 나타났다. 특기할 만한 사실은 교원 반응에서 교장·교감은 '교원'보다 '학부모'위원을 더욱 선호한 데 비해 교사 반응에서는 '교원위원'을 더욱 선호하여 학부모와 교장·교감은 학부모 중심의 학교운영위원회의 구성을 선호하는 경향이 있다. 이에 비해 일반교사들은 교원이 다수 참여하는 학교운영위원회의 구성을 더 선호하는 것으로 나타났다.

(4) 학교운영위원회 위원의 임기는 어느 정도가 바람직한가를 알아본 결과 나타난 순위별로 보면 ① '2년'(62.1%), ② '1년'(33.3%), ③ '3년'(3.1%), ④ '4년'(1.3%) 순으로 나타났다. 이러한 순위는 지역별, 응

답자별, 학교규모별로 보더라도 공통적인 의견이다. 또한 학교운영위원회의 적합한 위원 수에 대한 견해를 3순위까지 보면 ① '15명 이내'(50.1%), ② '10명 이내'(21.0%), ③ '각 학교 실정에 맞게 자율화'(19.0%) 순이었다.

(5) 앞으로 '학교운영위원회'의 위원장은 누가 맡아야 하는가에 대한 교원과 학부모 반응을 나타난 순위별로 보면 ① '학부모'(28.2%), ② '교장'(25.0%), ③ '교사대표'(18.1%), ④ '지역인사'(15.7%), ⑤ '교육청근무 교육전문직'(5.9%), ⑥ '교감'(4.2%) 순이었다. 특히 학교운영위원회 위원장으로 적임자에 대한 의견은 교원과 학부모 간의 견해 차이를 보이고 있는데 교원집단은 '교장'(35.0%)이 위원장이 되어야 한다는 반응이 높았고, 학부모 반응에서는 '학부모'(35.0%)가 위원장을 맡아야 한다는 의견이 높게 나타났다. 특히 학부모 반응에서는 '교장' 보다 '교사대표'나 '지역인사'를 선호하는 경향이 더 높게 나타났다.

(6) 바람직한 '교원위원'과 '학부모위원' 선출 방법에 대한 교원과 학부모의 의견을 보면 '각 해당 집단이 직접 선출하는 방법'을 가장 선호하였고, 다음으로, '교원위원은 직선으로 하되 학부모위원은 간선으로 선출하는 방법'이 32.8%였으며, '각 집단이 간선으로 선출'하는 것이 좋다는 의견은 11.3%로 비교적 낮은 반응을 보였다. 이러한 순위는 지역별, 응답자별로 보아도 공통적인 의견이었다.

(7) 바람직한 '학부모위원'과 '지역위원'의 자질에 대한 교원과 학부모의 의견을 보면 '학교발전에 열의가 강한 사람'(28.8%)을 가장 적합한 인물로 보았으며, 다음은 '교육에 대한 전문적인 지식이 있는 사람'(25.0%)을 꼽았고, 그 다음은 '학교에 재정적인 지원을 많이 할 수 있는 사람'(12.2%), '교육경력이 풍부한 사람'(10.3%)이었다. 그러

나 '개혁성향이 강한 사람'(6.4%)이나 '과거 학부모 대표경험이 있는 사람'(3.9%), '지역기관장이나 지역유지'(3.1%) 또는 '정치적 배경이 있는 사람'(0.4%) 등은 낮은 반응을 보였다. 이러한 반응은 교원과 학부모 반응에서 공통적으로 나타났고, 지역별·응답자별로 보더라도 의견이 일치하고 있다.

(8) 앞으로 학교운영위원회가 의결기능을 가질 경우 의결해야 할 사항에 대한 교원과 학부모의 반응 순위는 다음과 같다. ① '급식 및 학생복지'(14.2%), ② '교육환경조성'(13.9%), ③ '학교 발전기금 조성 및 처리 문제'(13.8%), ④ '교육활동을 위해 학부모가 경비를 부담하는 사항'(13.0%), ⑤ '특별활동지원'(11.5%), ⑥ '예산·결산'(7.0%), ⑦ '연간 학교 교육계획'(5.8%), ⑧ '학교행사'(4.9%), ⑨ '교육과정구성'(2.8%), ⑩ '교장·교사초빙'(2.3%), ⑪ '교원후생'(2.1%), ⑫ '기타학교 운영문제'(3.3%) 순이었다. 이를 교원과 학부모별로 상위 3순위까지 보면 교원 반응에서는 ① '교육활동을 위한 경비부담', ② '학교발전 기금 조성', ③ '교육환경 조성 등 재정지원을 받는 문제를 의결'해야 한다는 반응이 높았으나 학부모 반응은 ① '급식 및 학생복지', ② '교육환경 조성', ③ '특별활동지원 등 학생활동과 직결된 실제적인 문제'에 대한 관심이 더욱 높았다.

(9) 현재의 학부모회가 앞으로 어떠한 방향으로 발전되어야 하는가라는 물음에 대한 교원과 학부모의 반응을 보면 응답자의 대다수인 74.4%가 '외국의 PTA와 같이 아동교육을 위해 부모와 교사가 함께 회원이 되어 협동하는 교육적인 조직으로 바뀌어야 한다'라는 반응을 보였다. 이러한 반응과는 대조적으로 '현재와 같이 각 학교 단위의 재정적인 후원조직으로 남아야 한다'는 견해는 17.7%로 나타났고,

'학교단위, 지역단위, 시·도 단위, 전국단위의 학부모단체로 발전되어야 한다'는 의견은 6.2%에 불과했다. 이러한 반응은 지역별·응답자별 반응에서도 공통적인 것으로 나타났다.

(10) 앞으로 학부모나 지역인사가 학교 교육을 위해 해야 할 일에 대한 교원과 학부모 반응을 나타난 순위별로 보면, ① '자원인사로 학교 교육에 참여해야 한다'(16.9%), ② '학교운영이나 교육에 대한 자문'(14.7%), ③ '교육의 장(학습의 장) 제공'(14.5%), ④ '재정적 물질적 보조'(13.0%), ⑤ '교사의 업무조력 및 노력봉사'(12.2%), ⑥ '학교운영에 대한 중요 사안 심의·의결'(10.3%), ⑦ '자료·시설·설비의 제공 및 대여'(9.0%) 순으로 나타났다. 여기서 교원과 학부모의 응답상의 차이를 보면, 교원 반응에서는 학부모와 지역인사가 '자원인사로 학교 교육에 참여하는 일'과 '재정적 물질적 보조' 및 '교사의 업무 조력 및 노력 봉사' 등에 높은 반응을 보였다. 이에 비해 학부모 반응에서는 '교육의 장 제공'과 '학교운영이나 교육에 대한 자문' 및 '학교운영에 대한 중요 사안에 대한 심의·의결'에 대해 교원보다 높은 반응을 보였다. 이러한 반응으로 볼 때, 교원들은 '학교 교육활동에 대한 학부모나 지역인사들의 참여와 재정적 지원 및 업무 조력'을 원하는 경향이 있는 반면, 학부모들은 학교 의사결정 과정에 참여를 통하여 '학교 교육에 대한 보다 적극적이고 주체적인 역할을 수행'하려는 경향을 엿볼 수 있다.

(11) 앞으로 학부모와 지역인사가 학교 교육에 참여할 때 어느 정도의 한계를 두는 것이 바람직한가에 대한 교원과 학부모의 반응을 보면, 가장 높은 반응을 보인 것은 '학부모나 지역인사는 교사와 대등한 입장에서 학교운영이나 교육활동에 참여하되, 교육에 관한 전문

적인 사항은 교원에게 맡기는 것이 바람직하다'는 의견이 42.0%였으며, 다음은 '학부모와 지역인사의 의견이 가능하면 교육활동에 반영되는 것이 좋다'는 의견이 29.9%였으며, 그 다음은 '학부모와 지역인사는 교육을 위해 교원과 협동하는 동반자로서 인적·물적 후원기능만을 하는 것이 바람직하다'는 의견이 20.4%였다. 그러나 '학부모나 지역인사의 의견이 학교운영이나 교육활동 전반에 반드시 반영되어야 한다'는 의견은 불과 6.0%에 지나지 않았다. 이러한 경향은 교원과 학부모 모두 지역별, 응답자별 반응에서 공통적으로 나타났다.

2. 학교운영위원회의 운영상 문제점

(가) 학교운영위원회의 구성

(1) 학교운영위원회의 위원선출은 학교운영위원회 운영지침에 의거하여 민주적 절차에 따라 선출되어야 할 것이다.

학교운영위원회의 구성을 위한 학부모위원 선출은 학교운영위원회 운영지침에 따라 '후보 등록 후 전체 학부모가 직접 선출했거나, 학부모들이 학급 대표를 선출하여 학급대표가 학년 대표를 선출하고, 이들이 학부모위원을 선출'한 학교는 3분의 2 정도였다. 후보 등록 없이 '어머니회, 체육진흥회, 학교발전협의회 등 기존 학부모 대표자 회의에서 선출'하거나 '학부모 임원 중 학교가 학부모위원을 위촉'하는 등 학교운영위원회 운영지침에 따르지 않고 학부모위원을 선출한 학교는 3분의 1 정도로 나타났다. 교원위원 선출은 '교무회의에서의 직선'에 의해 비교적 잘 이루어진 편이지만, 지역위원 선출은 학부모 위원과 교원위원이 협의하여 지역위원을 선출하지 않고 '학부모위원 또는 교원위원이 지역위원을 선출'했거나 '학부모 단체의 임원 중에서 학교가 위촉'하였다는 반응도 3분의 1 정도 되었다.

특히 학부모위원과 지역위원의 선출 과정에서 나타난 문제점으로는 자질 있는 학부모와 지역인사가 운영위원으로 추천되는 것을 기피하는 경향이 있어, 일부 학교에서는 학부모의 경우 운영위원 지원자가 없다는 점도 문제점으로 지적된다. 따라서 소속집단을 대표하는 인사를 학교운영위원회의 위원으로 선출하기가 어렵다는 문제가 있다(박한준, 1997:92~93). 대부분의 학부모들은 학교운영위원회의 위원이 되면 종래와 같이 학부모들로부터 학교발전기금 접수 책임을 맡아야 하고, 학교에 재정적인 후원을 해야 한다는 정신적 부담으로 인해, 학교 교육 참여를 기피하는 현상이 있을 것으로 생각된다.

학교운영위원회가 단위학교의 자치기구로서 처음 출발한 것이므로 위원선출은 민주적 절차에 따라 이루어져야 하며, 모든 집단 구성원의 적극적 참여를 유도해야 한다. 그러기 위해서는 특히 학교운영위원회의 기능과 역할에 대해 학부모 및 지역인사를 대상으로 사전 안내 및 홍보가 필요하다. 따라서 앞으로 학부모위원 선출과정에 모든 학부모의 참여의식을 제고하기 위해서는, 사전 안내와 홍보가 충분히 이루어져야 하겠다. 특히 학부모위원에게는 각 시·도 학교운영위원회 설치·운영에 관한 조례에 따라 일반 학부모가 부담하는 학교운영지원비 외에는 일체의 비용을 부담 지우지 말아야 할 것이다.

(2) 학교운영위원회의 위원 선출 과정에서 민주성과 공정성이 확보되어야 하며, 학교운영위원회의 위원은 각 집단을 대표하는 위원으로

구성되어야 할 것이다.

학교운영위원회의 위원 선출 과정의 '민주성과 공정성 확보' 문제에 대한 교원과 학부모 반응에서 교원 집단은 비교적 긍정적 반응이 높았지만, 학부모 반응은 교원보다 낮은 편이었다. 이를 응답자별로 보면, 긍정적인 반응에 '일반 교사와 일반 학부모'보다 '교장·교감과 학부모위원'의 반응이 높게 나타났다. 학교운영위원회의 위원 선출 과정에서 민주성과 공정성이 결여된다면 대표성의 문제가 생기고 학부모와 교원들로부터 학교운영위원회에 대한 신뢰성이 저하될 수밖에 없을 것이다.

실제 학교운영위원회가 '각 집단을 잘 대표하는 위원으로 구성'되어 있다는 긍정적인 반응은 반수를 조금 넘는 낮은 비율로 나타났다. '교원위원보다는 학부모위원과 지역위원이 대표성이 없고', '위원 구성이 전반적으로 잘못되어 있다'는 의견이 더 많았다.

교원위원의 경우에도 대부분 교무회의에서 직선에 의해 교원위원이 선출되고 있으나, 최근에는 특정 단체의 지지를 받는 교사가 선출되는 경우가 많고 특정 단체의 견해만을 강조하여 갈등을 빚는 경우가 있어, 단위 학교의 다양한 교원집단의 대표성을 확보하는 데 애로가 있다. 학부모와 지역 위원의 경우에도 학교에 따라서는 교육에 관한 전문적인 식견이 있는 학부모나 지역인사가 학교운영위원회의 위원으로 추천되는 것을 기피하는 경향도 있는가 하면, 일부 학교에서는 학부모위원으로서의 역량이나 활동 의지를 지닌 학부모가 적어 정해진 의원 수만큼을 선출하는 데도 어려움을 겪고 있다. 이와 같이 참여의 측면에서 볼 때 위원 선출의 대표성의 미흡과 학교 구성원의 참여의 폭이 좁다는 문제가 있다(이상갑, 2003: 37~43).

특히 학부모위원의 대표성에 대한 반응을 보면, '학부모 집단' 반응에서는 반수 정도만이 대표성을 인정하고 있다. 이와 같은 학부모 집단의 학부모위원에 대한 낮은 신뢰도에 비추어 볼 때, 앞으로 학교운영위원회의 위원 선출에 있어서는 민주적 대의 절차를 준수해야 할 것이며, 교육에 관한 전문적인 지식을 가진 학부모가 학교운영위원회의 위원이 되도록 적극 홍보하고 유도해야 할 것이다.

또한 위원 선출 과정에 있어 공정성을 기하기 위해 '학부모위원 선출 관리 위원회'를 구성·운영하고, 이 위원회가 입후보자의 등록, 안내, 투·개표 및 당선자 공고 등의 업무를 담당하도록 함이 바람직할 것이다.

(3) 학교운영위원회의 위원 구성 비율은 교원과 학부모, 지역인사가 균형을 유지하도록 해야 할 것이다.

학교운영위원회의 위원 구성은 학부모, 학교장을 포함한 교원과 지역사회 인사 등의 고른 참여를 원칙으로 하며 위원 수 및 그 구성 비율은 학교규모, 지역특성, 계열별을 고려하여 당해 학교의 학교운영위원회가 규정으로 정하고 있다.

실제 학교운영위원회의 구성 현황을 보면 위원 수에 있어 '13~15인'으로 구성한 학교가 가장 많았고, 다음은 '11~12인'으로 나타나 대부분의 학교는 시행령에서 제시하고 있는 운영위원 수에서 가능하면 최대수를 선택하고 있다. 또한 학교운영위원회의 위원 구성 비율에 있어서는 '교원위원' 40%, '학부모 및 지역위원' 60%로 구성되어 있는 학교가 대다수였고, 나머지는 '교원위원' 30%, '학부모 및 지역위원' 70%로 구성되어 있어 학부모위원에 비해 교원위원은 상대적 위축감을 느낄 만큼 위원구성비에 있어 균형을 잃고 있다. 따라서 학교운영위원회의 위원 구성은 학교와 가정 및 지역사회가 아동교육을 위한 협동체로서 어느 한편에 치우침이 없이 교원과 학부모 및 지역 인사의 고른 참여가 필요하다.

(4) 학교운영위원회의 학부모위원은 교육에 관한 식견이 있는 학부모가 위원으로 선출되어야 할 것이다.

현행 학교운영위원회는 학교와 가정 및 지역사회가 교육공동체로서 교육경영의 효율성 증대와 아동의 건전한 성장·발달을 조력하기 위해, 학교 교육에 대한 책임과 권한을 학교와 사회가 분담하여 상호 협력하는 민주적인 조직이다. 따라서 학교운영위원회의 위원의 역할은 막중하며 주어진 역할을 올바르게 수행하기 위해서는 학교운영위원회의 기능과 역할에 대한 이해와 교육에 관한 전문지식이 요구된다.

그러나 학부모위원의 자질을 보면 '교육에 대한 전문적인 식견이 있고, 학교운영위원회의 기능과 역할을 잘 이해하고 있는 학부모로 구성되어 있다'는 반응은 매우 낮은 수준이었다. 대부분의 학부모위원은 '교육에 대한 전문적 식견이 부족한 편이며, 다만 학교 교육에 참여하려는 욕구가 강한 학부모로 구성'되어 있는 형편이다. 학교운영위원회는 학교운영 및 교육활동 전반에 걸쳐 심의 또는 자문의 기능을 갖고 있으며, 사안에 따라서는 의결 기능의 성격마저도 갖고 있음에 비추어 학교운영위원회의 위원들은 학교경영과 교육활동에 대한 전문적인 식견이 요구된다고 하겠다.

(나) 학교운영위원회의 운영

(1) 학교운영위원회의 원활한 운영을 위해 학부모위원과 지역위원

들에 대한 체계적인 연수가 필요하다.

학교운영위원회에서 심의하고자 하는 안건은 학교장 또는 재적위원의 연서로 제안하여 심의하게 된다. 학교운영위원회에서 심의되는 안건의 제출은 주로 교원위원에 의해 이루어졌고, 학부모위원이 협의 안건을 제안한 경우는 극히 적었으며 지역위원의 제안은 전혀 없는 것으로 나타났다. 학교운영위원회 설치 초기 단계에서 학교운영의 책임자인 학교장과 학교 교육활동에 대한 이해가 누구보다도 깊은 교원위원들이 주도적인 역할을 할 수 있다는 것은 자연스러운 현상이며 학교운영위원회의 순조로운 운영 상황이라고도 볼 수 있다. 그러나 운영위원의 다수를 구성하고 있는 학부모위원은 교육에 비전문가라는 점을 지나치게 의식하여 학교운영위원회 활동에 소극적인 태도를 보이고 있다는 점이 문제시된다.

학교운영위원회가 학교 교육활동의 주요 사항을 심의하고 학부모 및 지역사회의 요구를 체계적으로 반영하기 위한 논의의 장이라고 볼 때, 회의 시 학부모와 지역위원의 소극적인 참여는 자칫 학교운영위원회의 운영이 형식적인 것이 되기 쉽다. 실제 학교운영위원회의 운영성과에 대한 반응에서 '성과가 있다'는 긍정적 견해가 반수 정도 나타난 데 비해 '운영 성과가 적거나, 유명무실하고 운영상 개선할 점이 많다'는 부정적 견해도 상당히 높게 나타났다. 이러한 부정적 견해는 특히 교원 반응에서 높았으며, 학교운영위원회가 '운영상 개선할 점이 많다'는 의견에는 교장·교감과 운영과정에 실제 참여해 온 학부모위원 반응에서 높게 나타났다.

학교운영위원회의 운영성과가 부진한 이유 중 첫 순위가 학교운영위원회 위원들의 전문성 부족을 들고 있다. 이러한 결과로 볼 때 학교운영위원회의 운영성과를 높이기 위해서는, 무엇보다도 학교운영 위원회 위원들을 대상으로 한 학교운영위원회의 책임과 역할 및 교육활동 전반에 걸친 지속적인 연수가 필요하다. 이러한 과정을 통해 학교운영위원회 위원들의 전문성을 신장시켜 나아가야 할 것이다. 이를 위해서는 각 분야별 전문가의 조언이 필요한 사항은 전문가를 초청하여 의견을 듣고 조력을 받을 수 있도록 학부모나 지역인사 중에서 자문위원을 위촉하도록 해야 할 것이다.

(2) 학교운영위원회의 회의 시간은 학교운영위원회의 위원들이 생업에 지장을 받지 않는 시간을 택해야 할 것이다.

학교운영위원회의 한 학기 동안 회의 소집 빈도를 보면, 학기 중 '3회 이상' 회의를 소집했다는 반응이 대부분이었고, 주로 회의 개최 시간은 '오전'보다 '오후 시간'을 주로 이용한 것으로 나타났으며, '저녁 시간'을 이용했다는 반응은 거의 없었다.

학교운영위원회의 회의 시간이 평일 오후 시간이라면 학부모위원이나 지역위원이 회의 참여를 위해 근무시간을 할애받기란 용이한 일이 아닐 것이다. 자연 회의 참석률이 낮아질 개연성이 높다. 실제 학교운영위원회 회의 개최 시 참석하는 학부모위원은 주로 '어머니'로 되어 있고 '아버지'가 참석한다는 반응은 극소수로 학교 교육에 아버지 참여도가 매우 낮음을 알 수 있다. 이는 학부모위원이 주로 가정주부인 어머니로 구성되어 있거나, 아버지가 학부모위원이라 하더라도 직장 근무시간 중에 회의가 있어 어머니가 위임받아 회의에 참가하고 있는 것으로 나타났다. 특히 아버지의 참여율은 20학급 미만의 소규모 학교에서 높은 편이며, 60학급 이상의 대규모 학교에서는 대부분 어머니가 회의에 참여하고 있는 것으로 나타났다. 회의 시

아버지들의 참여도를 높이려면, 위원의 소속기관에 통보하여 회의에 참여하는 위원들이 개인적인 불이익을 받지 않도록 해야 할 것이다. 가능하면 위원들의 생업에 지장을 초래하지 않는 시간을 택하여 회의를 하기 위해, 학부모단체(PTA)의 회의 시 저녁 시간을 주로 이용하는 미국이나 일본의 PTA 모임을 생각해 볼 수도 있을 것이다.

이와 같이 학교운영위원회의 위원들이 근무시간이나 생업에 지장을 덜 받는 토요일 오후 시간이나 저녁 시간을 이용하여 회의를 한다면 다양한 인사가 회의에 참여할 수 있을 것이다.

(3) 학교운영위원회의 회의 개최 일시나 심의 안건에 대해 일반 학부모들에 대한 사전 고시와 학부모들의 의견을 수렴하여, 학교 교육에 대한 그들의 요구와 의사가 반영되도록 해야 할 것이다. 또한 학년 말에는 교육활동 결과를 모든 학부모들에게 보고하여 학교 교육에 대한 이해를 넓혀 나가도록 해야 할 것이다.

학교운영위원회의 회의 개최일시나 심의 안건에 대해, 대부분의 학교에서 '사전고시' 하고 있지만 그렇지 않은 학교도 상당수 있었다. 각 시·도 학교운영위원회 설치·운영에 관한 조례에서 회의 개최 시에는 가정 통신문, 학교 게시판 등을 통하여 회의 개최 일자, 안건 등을 알림으로써, 일반 학부모·교사들이 회의에 참관할 수 있도록 규정하고 있으나, 실제 이러한 규정이 모든 학교에서 잘 지켜지고 있지 않다. 앞으로 이러한 규정이 잘 준수되어 일반 학부모들의 학교 교육에 대한 이해를 넓히고 교육활동에 동참할 수 있는 기회를 넓혀 가야 할 것이다.

또한 학교운영위원회의 회의 시 심의 안건에 대한 사전 학부모의 의견 수렴에 있어서는 '항상 수렴한다'는 반응은 3분의 1 정도였고,

간혹 의견을 수렴하거나 "전혀 의견 수렴을 하지 않는다"는 반응이 지배적으로 나타나 전체 학부모들의 학교 교육에 대한 요구와 의사가 학교운영위원회에서 제대로 반영되지 못하고 있음을 알 수 있다.

그리고 학교운영위원회의 활동 상황 보고서를 학년 말에 학부모들에게 보고한다는 반응은 매우 낮게 나타나 대부분의 학교운영위원회가 학부모들에게 활동 결과를 공지하지 않고 있으며, 특히 40학급 이상의 규모가 큰 학교에서 보고 비율이 낮게 나타났다. 학교운영위원회는 학교와 가정을 잇는 가교로서 학부모의 교육 참여의식을 고취하기 위해서라도, 교육활동 결과를 학부모에게 보고하고, 교육에 관한 정보를 모든 학부모와 함께 공유하도록 해야 할 것이다.

(4) 학교운영위원회가 학교 교육에 대한 압력단체의 구실을 하여 교권이 침해되고 교사의 자율성이 약화되어서는 안 될 것이다.

학교운영위원회 운영의 부정적인 영향에 대한 반응에서 나타난 상위 순위를 보면 ① 학교운영에 대한 불필요한 간섭, ② 학부모의 교사 위에 군림하려는 경향, ③ 학부모 간의 불화와 위화감 조성, ④ 교권 침해 및 교사의 사기 저하 문제 등이 비교적 높은 반응으로 나타났다.

이러한 결과로 볼 때, 학교운영위원회의 운영과정에서 '학교운영에 대한 불필요한 간섭이나 교사 위에 군림하는 경향 등으로 교권이 침해되고 교사의 사기가 종전보다 오히려 저하되고 있다'는 점이 문제가 되고 있다.

교권침해와 관련하여 한국교육신문 '교육시론'에서도 학교운영위원회의 운영에 대해 흔히 학교에서 제기되고 있는 문제로서 '학부모 위원들이 학교를 간섭할 것이 아니라 학교운영위원회를 잘 이해하고 열심히 참여하게 하는 방법 등이 문제이다'(한국교육신문, 1997. 6. 25)라고 문제점을 지적하고 있다.

학교운영위원회에 참여하는 학부모위원과 지역인사위원은 교사들의 교육에 대한 전문성을 존중해야 할 것이다. 또한 교사위원은 학부모위원과 지역위원들이 여러 가지 의사결정과정에서 표명하는 의견이나 생각들이 통속적이거나 지나치게 도구적이어서 교육을 왜곡할 수도 있으므로, 이런 경우에 학교 교육에 관한 전문가로서 의견을 제시하는 역할을 수행해야 할 것이다(김성열, 2001: 177~189).

그 밖의 학교운영위원회의 운영상 나타나는 부정적인 영향으로 기존 학부모 조직이나 일반 학부모와 학부모위원 간의 불화와 위화감 조성 등의 운영과정에서 예상되었던 부정적인 반응도 실제 나타나고 있어 이에 대한 해결방안이 강구되어야 한다.

(다) 학교운영위원회의 기능

(1) 학교운영위원회가 본래의 설립의의에 부합된 운영을 하지 못하고 구성원 간의 반목과 갈등을 유발하고 있으므로, 그 운영과정에서 나타난 문제점을 밝혀 개선방향을 모색해 나아가야 할 것이다.

학교운영위원회의 기능에 대한 의견을 보면, 전체적으로 '교육적 기능이나 재정적 기능 또는 양자의 기능을 발휘하고 있다'는 긍정적 평가와, 학교운영위원회의 기능을 부정적으로 보거나 평가 자체를 유보하고 있는 의견이 비슷하게 나타나고 있다. 특히 학교운영의 책임을 맡은 학교장과 교감 반응에서 긍정적 반응보다 부정적 반응이 더 높았으며, 학부모 반응에서도 부정적 견해와 평가를 유보하고 있는 반응이 더 높았다.

학교운영위원회 출범 직후 대부분의 국·공립 초·중등학교에서는 이 제도가 관리직과 평교사, 교사와 교사, 교사와 학부모, 학부모와 학부모 간의 반목과 갈등을 유발시켜 교장, 교사, 학부모 모두가 대체로 불만족하고 있다. 또한 그 성격과 위상에 대한 끝없는 논란이 일어났으며, 이로 인해 학교운영의 비능률성과 비생산적 대립, 분열, 반목의 현상(한국교육신문, 1997. 3. 3, 10. 8)을 가져왔다. 그런데 이러한 현상은 학교운영위원회의 출범 당시나 그 후에도 별로 나아진 것이 없는 것 같다.

실제 학교운영위원회 도입으로 종전의 학교 내의 가족적인 분위기가 많이 달라져, 학교 내에서 교원위원 선출과 관련하여 교원 간의 파벌이 조성되어 분열, 대립 양상을 빚는 경우도 있고, 세대 간의 갈등 현상도 일어나고 있다. 또한 당락이 결정되는 선거제도 때문에 유능한 중견교사가 운영위원 선거에 나서지 않으려는 것도 문제로 지적되며, 교원위원이 부장교사 밑에서 소정의 업무를 담당하는 평교사인 경우 위계질서에 문제가 생긴다. 지금의 학교운영위원회는 교장, 교사, 학부모 및 지역인사의 삼각구도를 이루고 있다. 그런데 이러한 구도 아래서는 학교 내의 교장과 교사 간의 갈등관계가 학부모나 지역인사에 너무 노출되어 있다는 문제가 있다(김진성, 2003: 29~36).

이러한 결과로 볼 때, 학교운영위원회가 '교원, 학부모, 지역인사의 자발적인 참여를 통한 학교공동체를 구축하여 학교운영을 민주화시키고 단위학교의 교육 자치를 활성화시켜 창의적인 학교운영을 한다'는 본래의 설치 의의에 부합된 운영을 현재로서는 잘 하지 못하고 있음을 알 수 있다. 따라서 앞으로 학교운영위원회의 설치 의의에 부합된 운영을 하기 위해서는 운영과정에서 나타나는 문제점을 보완하고 개선해 나아가야 할 것이다.

(2) 단위학교의 인사의 자율성을 보장하는 현행 학교운영위원회의 교원채용에 관여하는 교장, 교사 초빙제는 긍정적인 측면도 있지만, 부정적인 우려의 목소리도 높은 만큼 시행과정에서 예상되는 문제도 크므로 이에 대한 해결방안이 강구되어야 한다.

당초 교육개혁위원회가 제안한 학교운영위원회의 '학교장 및 교사 초빙제'에 대한 의결기능이 교육부 시범학교 운영에서는 의결기능의 표현 없이 존속되다가, 학교운영위원회가 각급 학교에 설치 운영되면서 심의기능으로 표현이 바뀐 상황에서 운영되어 왔다.

현행 학교운영위원회의 '학교장 및 교사 초빙제'에 대한 교원과 학부모의 견해를 보면 학교운영위원회가 교장·교사를 초빙할 때 그 추천대상자에 있어 '교장·교사를 모두 추천대상에 포함시켜야 한다'는 반응과 학교운영위원회가 '교원채용에 관여해서는 안 된다'는 의견이 거의 비슷한 비율로 양분되고 있다. 이를 응답자별로 볼 때 '교장·교사 모두 추천대상자에 포함시켜야 한다'는 의견은 학부모 반응에서 특히 높게 나타났고, 학교운영위원회가 '교원채용에 관여해서는 안 된다'는 의견은 교원들의 반응에서 높게 나타났다. 이와 같이 학교운영위원회가 교원인사문제에 관여하는 현행 '학교운영위원회' 규정에 따라 실제 교원이 초빙된 경우는 아직은 소수에 불과하다. 현재 "교원초빙제도는 중임제한에 묶인 학교장들에게 정년까지 근무할 수 있도록 임기를 연장해 주는 방편"(김성열, 2001:177~189)이 되고 있다. 이와 같이 교장·교사 초빙제는 학교운영의 효율성을 높일 수 있다는 긍정적인 면도 있지만, 우리 교육풍토에서는 시행과정에서 여러 가지 예상되는 문제도 적지 않다.

최근 교육과학기술부는 공모제를 통해 교장을 뽑는 교장공모제의 확대 방안을 실시키로 했으며, 특히 서울시교육청의 경우 관할 국·공립 초·중·고교 전체에서 교장 공모제를 실시하는 방안을 추진키로 했다.

앞으로 초빙 인원이 증가하고 규모가 큰 대도시 학교에서 교원 초빙 시에는 초빙 과정에서 예상치 못한 잡음과 마찰이 발생할 수 있다. 또한 초빙된 교장은 학교운영위원회의 위원들의 영향력으로 인한 소신 있는 학교운영을 하기 힘든 문제도 예상되므로 이에 대한 대비책이 강구되어야 할 것이다.

(라) 학교와 가정 및 지역사회 관계

(1) 학교운영위원회 설치 이후 학부모들의 교육 참여 욕구는 강하게 나타나고 있지만, 실제 학급에서의 학부모 교육 참여도는 매우 낮은 것으로 나타났다. 앞으로 학부모 조직의 기초 단위인 학급 학부모회 활동을 활성화시켜, 일반 학부모들의 교육 참여 욕구를 충족시키고 사친 간의 긴밀한 유대 관계를 맺을 수 있도록 해야 할 것이다.

학교운영위원회 설치 이후 학교와 가정과의 관계 형성 면을 보면, 학교와 가정 관계는 '아동교육의 효과를 올릴 만큼 가깝지 않고, 학교와 가정이 동떨어져 교육상 지장이 크다'는 부정적 반응이 거의 3분의 1 정도로 나타났다. 이와같은 학교와 가정 간의 소원한 관계로 인해 사친 간의 교육상담에 있어서도 학교운영위원회 설치 후 교육상담을 '전보다 더 자유롭게 한다'는 긍정적인 반응보다 '그렇지 않다'는 부정적인 반응이 지배적으로 나타났다.

또한 학교운영위원회가 설치된 후 학급 학부모들의 교육 참여에 대한 교원들의 반응에서 '전보다 학부모 참여도가 높아졌다'는 의견 보다 '학부모의 교육 참여 의식이 부족하거나, 학교운영위원회가 구성되기 전보다 나아진 것이 없다'는 부정적인 의견이 두 배 이상으로 훨씬 높게 나타났다. 이와 같이 학교운영위원회 구성 이후에도 학급 학부모의 교육 참여도는 큰 변화가 없음을 알 수 있으며, 학교 교육의 효과를 올릴 만큼 사친 간의 긴밀한 유대를 맺지 못하고 있다. 그러나 실제 학부모의 학교운영 참여에 대한 조사에서 나타난 학부모들의 반응을 보면, 학부모의 교육 참여는 '지역사회와 학부모의 요구가 반영될 수 있는 좋은 기회'로 보고 있으며, '학교 내 학부모단체 활동을 통해 교육 참여를 하고 싶다'는 의견이 가장 많았다.

오늘날 학부모의 교육수준이 과거와는 비교할 수 없을 만큼 크게 향상되어, 학부모 중에는 각계의 전문가도 상당히 포함되어 있다. 이들의 전문성이 학교 교육에서 발휘될 수 있도록, 학교가 학부모의 교육 참여를 적극 유도하는 일이 필요하다. 이를 위해서는 각 학교가 가정환경 조사를 통해 학부모자원을 개발하고 활용하는 방안을 강구해야 할 것이다. 또한 학부모 조직의 기초 단위인 학급 학부모회의 활동을 활성화시키는 일이 시급하다.

(2) 학교운영위원회 설치 이후에도 학교와 지역사회가 원만한 관계를 유지하지 못하고 있음에 비추어, 앞으로 학교와 지역사회 간의 새로운 관계 형성 방안이 마련되어야 할 것이다.

학교운영위원회 발족 이후 학교와 지역사회 간의 관계에 있어서도 긍정적 반응보다 부정적이거나 평가를 유보하는 반응이 훨씬 높게 나타났다. 이러한 결과로 볼 때, 학교운영위원회가 학교공동체를 이루고 학교 교육 효과를 높인다는 본래의 취지를 아직은 잘 살리지 못하고 있는 것 같다. 오늘날 학교 교육 목표를 효율적으로 달성하기 위해서는, 학교와 가정뿐만 아니라 학교와 지역사회가 원만한 관계를 유지하고 상호 긴밀히 연결되어 학교가 지역주민의 최대한의 교육적인 협조를 얻는 가운데, 교육활동을 전개해 나아가야 한다. 따라서 학교 교육의 효과도 증진하고 지역사회 발전에도 학교가 기여하려면, 모든 학부모의 교육 참여와 함께 지역주민의 교육 참여운동 전개 등 학교와 지역사회의 새로운 관계 형성 방안이 모색되어야 할 것이다.

위에서 학교운영위원회 운영과정에서 나타난 문제점을 밝히고, 앞으로의 개선 방안에 대해 살펴보았거니와, 실태조사에서 앞으로 학교운영위원회의 발전방향으로 제시된 의견을 요약하면 다음과 같다.

3. 학교운영위원회의 발전 방향

(가) 앞으로 학교운영위원회가 가장 우선적으로 해야 할 일 중 교원과 학부모가 공통으로 높은 관심을 보인 것은 '교육환경 개선'과 '교원과 학생의 후생복지의 증진' 문제이다. 이러한 반응은 현재의 교육환경의 열악성과 교원과 학생의 후생복지 수준이 매우 미흡하다는 것을 그대로 드러내고 있는 것이다.

앞으로 학교 교육의 효과를 증진시키기 위한 바람직한 교육환경의 조성 및 교원과 학생의 후생복지 증진을 위한 학교운영위원회의 역할이 기대된다. 또한 학교 교육을 위해 학교운영위원 이외의 일반 학부모나 지역인사가 학교 교육에 참여하여 수행해 주기를 기대하는 역할로는 '자원인사로 학교 교육에 참여하는 일', '학교 교육활동에 대한 자문', '교육의 장 제공' 등으로 나타났다. 교원들은 주로 '학교 교육활동에 대한 학부모나 지역인사의 참여와 재정지원 및 업무보조 등의 역할을 원하는 경향을 보인 반면, 학부모들은 의사 결정 과정의 참여를 통한 학교 교육에 대한 보다 적극적이고 주체적인 역할을 수행'하고자 하는 의지를 보이고 있다. 교원집단은 종래와 같이 학부모 집단을 단순한 학교 후원 조직으로 보려는 경향이 강한 데 비해, 학부모들은 교육수혜자의 입장에서 자신들의 요구를 학교운영에 반영하기 위해 학교 교육에 참여하려는 강한 의지를 보이고 있다. 이러한 학부모들의 높은 교육 참여 의지를 이제는 학교가 긍정적인 자세로 적극 수용하여, 학부모들이 내 고장의 학교 발전을 위해 이바지할 수 있는 기회를 제공해야 할 것이다.

(나) 학교운영위원회의 운영 초기 단계에서는 학부모위원과 지역위원의 학교 교육 참여 활동은 낮은 수준에서 시작하여, 학교운영위원회의 운영이 보다 활성화되고 정착되면 학부모위원과 지역위원의 참여의 수준을 점차 높여 나가도록 하는 것이 바람직할 것이다.

학교운영위원회의 바람직한 성격에 대한 교원과 학부모들의 의견은, 앞으로 학교운영위원회는 '사안에 따라 자문·심의·의결기구화' 해야 한다는 의견과 '학교 교육활동을 돕는 자문기구'로 해야 한다는 의견이 지배적이며, 현행과 같은 '심의기구'의 성격을 갖거나 일부 학부모 조직에서 주장하는 '의결기구'가 바람직하다는 의견은 소수였다. 또한 앞으로 학교운영위원회가 의결기능을 갖는다면 의결해야 할 문제로 교원들은 '교육활동을 위한 경비지원과 교육환경 조성' 등 주로 재정적인 후원문제를 들고 있는 데 비해, 학부모들은 '아동교육활동과 직결된 실제적인 문제'에 대해 관심을 표명하고 있다. 현행 학교운영위원회는 심의기능을 갖고 있지만, '학교운영위원회의 결정을 학교장이 따라야 한다'는 조항이 있어 사실상 의결기구처럼 운영되고 있어 문제가 되고 있다.

실질적인 학교운영자인 학교장 회의에서 제시된 학교운영위원회의 개선 방안에서, '학교장과 운영위가 행정부와 입법부의 관계처럼 잘못 이해되어 갈등을 초래하는 사례가 빈번하다며, 학교운영위원회는 명실상부한 심의 또는 자문기구가 되어야 할 것'임을 주장했다(한국교육신문, 1997. 8. 6). 실제 학부모와 지역인사가 학교 교육에 참여할 때 한계성에 대한 교원과 학부모의 견해를 보면 '학부모나 지역인사는 교사와 대등한 입장에서 학교운영이나 교육활동에 참여하되, 교육에 관한 전문적인 사항은 교육전문가인 교원에게 맡겨야 한다'는 의견이 가장 높게 나타나고 있는데, 이러한 견해는 교원과 학부모의 공통적인 견해이다.

우리나라에서 1995년 5·31 교육개혁방안에 따라 도입된 학교운영위원회는 전통적으로 학교장 중심으로 운영되어 온 학교운영 방식에서 보면 매우 혁신적인 제도로서, 우리 교육 풍토에서 이러한 제도가 정착되려면 운영과정에서 많은 어려움이 예상된다. 학교운영위원회의 설치 취지가 '학교 공동체'를 구축하여 학교 교육의 효율성을 높이는 데 있다면, 학교운영위원회는 학교 교육활동 및 학교운영 전반에 관한 의사결정 과정에서 교원과 학부모 대표 및 지역사회 인사가 동참하여 공개적으로 교육문제를 논의하는 토론의 장으로 발전되어 나아가야 할 것이다. 학교운영위원회가 '사안에 따라 자문·심의·의결기구화'될 경우 학교와 가정 및 지역사회가 학교운영에 대한 권한과 책임을 분담할 수 있다는 장점이 있다. 그러나 학교 교육에서 학부모의 참여는 긍정적인 면과 부정적인 면도 있는 만큼, 학교운영위원회의 운영과정에서 발생할 수 있는 갈등과 반목으로 인해, 학교운영에 큰 혼란을 초래할 수도 있다. 따라서 학부모 대표나 지역인사의 학교 교육 참여의 수준과 그들의 권한은, 초기 단계에서는 낮은 수준에서 시작하여 점차 토론의 문화가 성숙되면 참여의 수준을 높여 나가도록 하는 것이 바람직할 것이다.

(다) 학교운영위원회의 운영과정에서 발생할 수 있는 문제를 조정할 수 있는 별도의 조정 기구가 필요하다.

학교운영위원회는 그 구성 비율에 있어 교육전문가인 교원위원과 비전문가 집단으로 구성된 학부모위원을 포함한 지역인사위원 간의 구성 비율이 최대 3:7로 구성될 수 있도록 규정하고 있다. 이로 인해 학교운영위원회에서 주요 안건을 심의할 때 교원집단과 학부모 집단 간의 의견 상충이 있을 경우, 학교 교육활동을 위축시키거나 창의적인 학교운영이 어렵게 되는 등 교원의 전문성이 침해될 우려가 있다. 따라서 학교운영위원회의 운영과정에서 발생할 수 있는 문제를 원만히 조정하기 위한 조정기구가 각 교육청별로 설치·운영되어야 할 것이다.

(라) 학교운영위원회의 위원장은 발족 초기 단계에서는 교육전문가인 학교장이 맡고, 학교운영위원회가 정착단계에 들어가면 학부모나 지역위원 중에서 맡아도 될 것이다.

학교운영위원회의 위원 중 '위원장'의 적임자에 대한 의견에서 교원집단은 '학교장'을 적임자로 보고 있지만, 학부모 집단은 '학부모'가 위원장을 맡아야 한다는 의견을 보이고 있다. 이에 대한 교원들의 견해를 보면 서울시 국·공립 중학교장 회의에서는 "학교운영위원회가 단위학교의 교육자치 활성화를 기하기 위해서는, 현재 교원위원이 아닌 학교운영위원이 위원장을 맡도록 규정되어 있는 것을 학교장이 당연직 위원장이 되고 교감이 위원으로 참여, 학교운영에 대한 권한과 책임을 동시에 갖도록 해야 한다"는 주장이 제기된 바 있다(한국교육신문, 1997. 8. 6).

5·31 교육개혁 방안에 따라 각급 학교에 도입된 학교운영위원회는, 우리나라에서는 익숙하지 않은 매우 혁신적인 의사결정 기구이므로 학교운영위원회의 위원장은 발족 초기 단계에서는 학교장이 맡고, 학교운영위원회가 정착 단계에 들어서면 학부모위원이나 지역위원이 위원장을 맡는 것도 무난할 것이다.

(마) 학교운영위원회를 활성화하려면 기초 단위의 학교운영조직인 학급 학부모회를 활성화하는 일이 시급하다. 이를 위해서는 학급 학부모회가 외국의 PTA와 같이 부모와 교사가 상호 협동하는 교육적인 조직으로 전환되어야 할 것이다.

학교운영위원회 설치 후 각급 학교에는 학교운영위원회 활동을 위한 기초 조직으로 학교와 학급 학부모회가 조직되어 있으나, 학급 학부모들의 교육 참여 활동은 매우 저조한 형편이다. 현재의 학부모회의 발전방향으로 교원과 학부모들은 외국의 PTA와 같이 아동교육을 위해 부모와 교사가 대등한 입장에서 상호 협동하는 교육적인 조직으로 전환되어야 한다는 의견이 지배적으로 나타났다. 기초 단위의 학교운영 조직인 학급 학부모회를 활성화하려면, 제도적으로 학부모회를 인정하여 학교 교육에 대한 이해와 자율적인 참여의 기회를 보장하고, 학부모회에서 학교운영위원회의 학부모위원이 선출되도록 하는 것이 바람직할 것이다. 또한 아동교육의 효과를 올리기 위해서는, 가정과 학교에서 교육권을 가진 부모와 교사가 서로 대등한 입장에서 언제라도 자유롭게 만나 교육상담과 아동에 대한 정보를 수시로 교환할 수 있어야 하며, 이는 학급 학부모회를 통해서만 가능하다. 앞으로 학교 학부모회는 종래와 같이 단순히 재정적인 후원단체의 성격에 머무르지 않고, 부모와 교사가 아동교육을 위해 함께 협동하는 교육공동체로 그 기능이 전환되어야 한다. 따라서 학교·학년·학급 학부모회는, 외국의 PTA와 같이 아동의 복지와 교육에 관심을 갖고 부모·교사·지역주민이 상호 협동하여 더 좋은 가정(better homes), 더 좋은 학교(better schools), 더 좋은 지역사회(better communities)를 위해 활동하는, PTA와 같은 성격을 지닌 자주적이고, 민주적이며 교육적인 조직으로 성장·발전되어야 할 것이다.

PART 03

요약

Step 4에서는 학부모 교육 참여활동의 어제와 오늘에 대해 살펴보았다. 여기서는 먼저 우리나라 학부모 교육 참여활동의 어제는 어떠했는지를 알아보기 위해, 현행 학교운영위원회 발족 이전의 학부모 교육 참여 실태를 알아보았다. 그리고 이어서 현행 학교운영위원회를 통한 학부모 교육 참여 실태 분석 결과를 중심으로 학부모 교육 참여 현황을 알아보았다.

1. 학교운영위원회 발족 이전의 학부모 교육 참여

우리나라의 학부모 조직은 해방 후 후원회가 최초의 학부모 모임이며, 지난 '50년대에는 사친회로 명칭이 바뀌었고, '60년대에는 기성회의 발족을 보았고, '70년도에는 학교육성회로 그 명칭이 바뀌어 왔다.

이때 발족된 학교육성회는 6대 도시 초등학교와 전국 중등학교에서 사반세기가 넘도록 운영되어 오다가, '90년대 후반에 들어서 학교운영위원회가 발족됨에 따라 학교육성회는 폐지되었다.

당시의 학교육성회는 학교와 가정 및 지역사회 간의 협력 체제를 구축하지 못한 채, 재정적으로만 학교를 돕는 학교에 예속된 보조 조직에 불과하였다. 따라서 학교육성회 자체가 학교와 가정 또는 지역사회를 연결하는 가교의 역할을 하지 못했으며, 학부모나 지역인사들에게 불신과 무관심의 대상이 되어왔다. 이로써 특히 6대 도시 지역의 교원과 학부모 및 지역인사들은 새로운 학부모 조직으로 순수하게 아동교육을 돕는 교육적인 조직의 발족을 기대하여 왔다. 당시 조사된 자료에 의하면, 6대 도시 지역에서는 학교육성회, 학교새마을어머니회, 학교체육진흥관리위원회를 통합·활성화시켜 '새로운 학부모 조직으로 발전시켜야 한다'는 반응이 매우 높게 나타났다.

더구나 6대 도시(서울, 부산, 대구, 광주, 인천, 대전) 이외의 학교육성회가 해체된 지역에서는, 학교와 가정 및 지역사회 간의 유대 강화를 위해 새로운 학부모 조직의 필요성을 더욱 느껴 왔다.

당시 새로운 학부모 조직으로는 교사와 학부모 그리고 지역인사들이 대등한 입장에서 학부모 조직의 참여하여 협력할 수 있는, 외국의 PTA와 같은 학부모 교육 참여제도를 구상해 보는 일이었다. 이러한 학부모 조직은 가정과 학교와 지역사회를 연결하는 구심체로서, 교원과 학부모 및 지역인사가 동참하여 학교와 가정 및 지역이 당면한 교육적인 문제와, 학교 교육 발전을 위한 지원방안을 논의할 수 있는 조직이다. 그리고 그 성격은 자주적이고, 민주적이며, 순수한 교육적인 조직이 되기를 기대하였다.

2. 학교운영위원회를 통한 학부모 교육 참여(1996~현재)

학교운영위원회 발족 이후 학부모 교육 참여 과정에서 나타난 문제점에 대한 개선의 방향을 찾아보았다.

(가) 학교운영위원회의 구성 면

학교운영위원회 위원 중 학부모위원과 지역위원의 선출과정에서 자질 있는 학부모와 지역인사가 학교운영위원회의 위원으로 추천되는 것을 기피하는 경향이 있다. 또한 학부모위원 선출과정에서 민주성과 공정성이 결여되어 대표성의 문제가 제기되었으며, 이로 인해 학부모들로부터 낮은 신뢰성을 보이고 있다. 앞으로 학교운영위원회 위원 선출에 있어서는 학교운영위원회의 운영지침에 의거 민주적 절차에 따라야 할 것이다. 또한 교육에 관한 전문적인 지식을 가진 식견 있는 학부모나 지역인사가 학교운영위원회의 위원이 되도록 적극적으로 홍보하고 유도해야 할 것이다.

(나) 학교운영위원회의 운영 면

대부분의 학부모위원과 지역위원들의 경우 학교 교육에 참여하려는 욕구는 강한 편이지만, 교육에 대한 전문적인 식견이 부족하다. 학교운영위원회의 원활한 운영을 위해 학부모위원과 지역위원들에 대한 체계적인 연수가 필요하다. 또한 학교운영위원회의 회의 시간은 학교운영위원회의 위원들이 생업에 지장을 받지 않는 시간을 택하여 다양한 인사가 회의에 참여할 수 있도록 해야 할 것이다. 그리고 회의 개최 일시나 심의 안건에 대해 일반 학부모들에 대한 사전 고시와 함께 학부모들의 의견을 수렴하여, 학교 교육에 대한 그들의 요구와 의사가 반영되도록 해야 할 것이다. 또한 학교운영위원회의 운영과정에서 나타나는 부정적인 영향으로, 학교운영에 대한 불필요한 간섭이나 교사 위에 군림하는 경향 등으로 교권이 침해되고 교사의 사기를 저하시키는 문제가 나타나고 있다. 학교운영위원회가 학교 교육에 압력단체의 구실을 하거나, 교권을 침해하고 교사의 자율성을 약화시키는 일이 있어서는 안 될 것이다. 이 밖의 학교운영위원회 운영상 나타나는 부정적인 영향으로, 기존의 학부모 조직이나 일반 학부모와 학부모위원 간의 불화와 위화감 조성 등의 부정적인 반응도 나타나고 있어 이에 대한 해결 방안도 강구되어야 한다.

(다) 학교운영위원회의 기능 면

현행 학교운영위원회는 '교원, 학부모, 지역인사의 참여를 통한 학교공동체를 구축하여 학교운영을 민주화시키고, 단위학교의 교육 자치를 활성화시켜 창의적인 학교운영을 한다'는 본래의 설립의의에 부합된 운영을 하지 못하고 구성원 간의 반목과 갈등을 유발하고 있다. 실제 학교운영위원회 도입으로 종전의 학교 내의 가족적인 분위기는 사라지고 교원위원 선출과 관련하여 교원 간의 파벌이 조성되어 분열, 대립 양상도 보이고 있다. 그리고 학교운영위원회 활동에서 교장과 교사 간의 갈등관계가 학부모와 지역인사에 그대로 노출되고 있어, 교권의 추락과 관련하여 우려되는 바 크다. 또한 단위학교의 인사의 자율성을 보장하는 현행 학교운영위원회의 교원 채용에 관여하는 교장, 교사 초빙제는 긍정적인 측면도 있지만, 부정적인 우려의 목소리도 높다. 이와 같은 학교운영위원회 운영과정에서 나타난 문제점에 대한 개선방향을 모색해 나아가야 할 것이며, 또한 운영과정에서 나타나는 부정적인 측면에 대해서도 해결방안이 강구되어야 할 것이다.

(라) 학교와 가정 및 지역사회 관계 면

학교운영위원회 설치 이후 학부모들의 교육 참여 욕구는 강하게 나타나고 있다. 그러나 실제 학급에서의 학부모 교육 참여도는 매우 낮은 것으로 나타났다. 앞으로 학부모 조직의 기초 단위인 학급 학부모회 활동을 활성화시켜, 학부모들의 교육 참여 욕구를 충족시키고 사친 간에도 긴밀한 유대관계를 맺을 수 있도록 해야 할 것이다. 또한 학교와 지역사회 관계 역시 소원하여, 학교가 지역사회로부터 교육적인 지원을 제대로 받지 못하고 있는 형편이다. 앞으로 학부모뿐만 아니라 지역사회 인사들의 학교 교육의 참여도를 높이기 위한, 새로운 관계 형성 방안이 마련되어야 할 것이다.

위에서 학교운영위원회 운영과정에서 나타난 문제를 중심으로 간략히 살펴보았거니와, 앞으로 학교운영위원회의 발전 방향으로 실태조사에서 제시된 의견을 요약하면 다음과 같다.

첫째, 앞으로 학교운영위원회의 역할로 기대되는 것은 학교 교육환경 조성 및 교원과 학생의 후생복지 증진을 위한 것이다. 그리고 학교는 일반 학부모들의 교육 참여에 대한 강한 욕구를 긍정적인 자세로 수용하여 학부모들이 학교 교육에 동참할 수 있도록 함으로써, 학교 교육의 효과를 극대화시킬 수 있도록 해야 할 것이다.

둘째, 학교운영위원회를 통한 학부모위원과 지역위원의 학교 교육 참여는 긍정적인 면과 부정적인 면도 있는 만큼, 학교운영위원회의 운영 초기 단계에서는 학부모위원과 지역 위원의 학교 교육 참여 활동은 낮은 수준에서 시작하는 것이 좋을 것이다. 그러나 학교운영위 원회 운영이 보다 활성화되고 정착되면 참여의 수준을 점차 높여 나가도록 하는 것이 바람직할 것이다.

셋째, 학교운영위원회의 위원장은 발족 초기단계에서는 교육전문 가인 학교장이 맡고, 학교운영위원회가 정착 단계에 들어가면 학부모 나 지역위원 중에서 맡아도 될 것이다. 그리고 학교운영위원회 운영 과정에서 발생할 수 있는 문제를 조정할 수 있는 별도의 조정 기구가 필요하다.

넷째, 학교운영위원회를 활성화하려면, 기초단위의 학교운영 조직 인 학급 학부모회를 활성화하는 일이 시급하다. 이를 위해서는 학급 학부모회가 외국의 PTA와 같이 부모와 교사가 상호 협동하는 자주적 이고, 민주적이며 교육적인 조직으로 전환되어야 할 것이다.

참고문헌

강인수(1989), "학생, 부모, 교사의 교육권의 관계", 『새교육』, 419호(9월호), 대한교육연합회.

경향신문사설(1997), "학부모 부담금 양성화와 그 운영의 문제점", (2월 7일).

고창균(1966), "국민학교 기성회운영의 맹점", 『새교육』, 146(12월호), 대한교육연합회.

교육개혁위원회(1995), 신교육체제 수립을 위한 교육개혁방안, 제2차 대통령 보고서.

교육평론사(1970), "학교육성회 「운영준칙」의 허와 실", 『교육평론』, 138호(4월호), 교육평론사.

기독교출판사(1957). 문교예규집.

김노현(1974), "학교잡부금의 문제", 『교육관리기술』, (9월호). 교육자료사.

김민웅(1970), "학교육성회의 설립과 그 운영요령", 『새교육』, 185호(3월호), 대한교육연합회.

김봉수(1987), 『학교와 학급경영』, 서울: 형설출판사.

김성섭(1983), 「교사와 학부모의 유기적 협동체제 개발에 관한 연구」, 연세대학교 교육대학원, 석사학위논문.

김성열(2001), "단위 학교의 자율적 운영을 위한 기반 구축 방안", 『교육진흥』, 제14권 제2호, 중앙교육진흥연구소.

김영만(1963), "사친회 창설을 위한 길", 『교육평론』, 62호(12월호), 교육평론사.

김윤태(1984), 『교육행정학』, 서울: 배영사.

김인회(1970), "잡부금의 양성화와 협찬의 참 뜻", 『새교육』, 186호(4월호), 대한교육연합회.

김재우(1996), 『교직교육론』, 서울: 양서원.

김종서·황종건(1988), 『교육사회학』, 서울: 교육과학사.

김종철(1970), 『교육행정의 이론과 실제』, 서울: 교육과학사.

_____, "육성회 참여는 권리인 동시에 의무", 『중등교육』, 7호, 5월.

_____, 『교육행정학신강』, 서울: 세영사.

김진성(2003), "학교운영위원회, 무엇이 문제인가", 『교육진흥』, 제16권 제2호. 중앙교육진흥연구소.

노공근 외(1988), 『한국교육』, 서울: 도서출판 한울.

노판종(1957), "한국교육재정의 타개책", 『새교육』, 9호(4월호), 대한교육연합회.

대한교육연합회(1964), 『한국교육연감』.

대한교육연합회(1971), "학교육성회의 문제점과 개선방안", 『새교육』, 197호.

대한교육연합회(1971), 『한국교육연감』.

대한교육연합회(1976), 『한국교육연감』.

대한교육연합회(1981). 『한국교육연감』.

대한문교출판사(1956), 『학교연감』.

대한어머니회중앙연합회(편)(1977), 『한국교육 30년사』.

동아일보사설(1957), "사친회비 징수문제"(7월 11일).

동아일보사설(1958), "사친회의 유래와 시비"(11월 15일).

동아일보사설(1970), "육성회의 건전한 운영"(3월 23일).

_____, "잘 안 걷히는 육성회비"(4월 10일).

동아일보사설, "육성회비 징수의 탈선"(4월 15일).

동아일보(1970), "잡부금 20년"(2월 10일).

문교부(1971), 『학교육성회 운영백서』.

문교부(1988), 『문교 40년사』.

문교부(1971), 『문교통계연보』.

문교부(1972), 『문교통계연보』.

문교부(1973), 『문교통계연보』.

문교부(1974), 『문교통계연보』.

문교부(1975), 『문교통계연보』.

문교부(1976), 『문교통계연보』.

박남기·구영철(2000), "성공적인 초등 학급경영을 위한 교사와 학부모 관계 정립기법 개발 연구", 『교육학연구』, 제38권 제1호, 한국교육학회.

박상만(1959), 『한국교육사(하권)』, 중앙교육연구소.

박용현 외(1983), 『학교와 지역사회』, 서울: 교육출판사.

박한준(1997), 『학교운영위원회의 개선 방안에 관한 연구』, 인하대학교행정대학원 석사학위논문.

배동식(1970),「국고부담 의무교육 재원의 변천과정과 그 재원 확보에 관한 연구」, 연세대학교 교육대학원 석사학위논문.

배종근·정태범(편)(1986),『교육행정·교육경영』, 서울: 정민사.

백현기(1963),『교육재정』, 서울: 을유문화사.

백현기(1964a),『장학론』, 서울: 을유문화사.

백현기(1964b),『교육행정』, 서울: 을유문화사.

백현기(1966),『교육정책연구』, 서울: 교육자료사.

새마을운동중앙본부(1986),『학교새마을운동』.

새한신문 사설(1962), "정상적 사친회의 재편성"(6월 11일).

새한신문(1963), "국민학교 기성회조직 시달"(4월 29일).

새한신문사설(1968), "기성회 운영의 합리화로"(4월 11일).

_____, "시급한 기성회 운영의 현실화"(7월 1일).

새한신문(1968), "학교육성회 신설에 대한 정부·언론·사회의 여론"(9월 16일).

생활교육연구회(편)(1959),『학교행사와 사무』, 서울: 교문관.

서울특별시교육회(1953),『대한교육연감』.

서울특별시교육회(1956),『대한교육연감』.

서울특별시교육회(1960),『대한교육연감』.

서울특별시(1969),『서울특별시교육위원회 예규집(상)』.

서울신문사설(1957), "국민학교 사친회비 등차 징수는 불가하다"(5월 30일).

성기범·이철환(편)(1957),『문예규집』, 서울: 기독출판사.

성내운(1965),『한국교육의 증언』, 서울: 배영사.

성하원(1969), "외국의 PTA 운영과 우리나라의 경우",『교육자료』, 148호(4월호).

손인수(1971), "교육의 효과를 위한 육성회비 인상의 타당성",『교육관리기술』(9월호), 교육자료사.

송병순·차경수(1982),『학교와 지역사회』, 서울: 학문사.

신순갑(1965), "기성회 운영 개편에 관한 소고",『교육평론』, 186호(12월호), 교육평론사.

심태진(1964), "사친회 조직은 과연 필요한가",『새교육』, 114호(4월호), 대한교육연합회.

심태진(1969), "교육의 정상화를 위하여 PTA는 필요 불가결하다",『교육자료』, 148호(4월호), 교육자료사.

심태진(1971),『교육단상』, 한국중등교육연구협회.

안인희(1958), "허울만 좋았던 사친회비 폐지", 한국일보(12월 26일).

안창선(1971), "학교후원단체의 어제와 오늘",『교육관리기술』, 서울: 한국교육출판(10월호).

안창선(1973), "학교육성회 운영효과 진단", 『교육관리기술』, 서울: 한국교육출판(9월호).

안창선(1981), "한국 학교 후원단체의 변천과정에 관한 고찰(Ⅰ)", 『논문집』, 제21집, 춘천교육대학.

안창선(1989), 「한국 학교 후원조직체의 운영과 교육적 기능에 관한 연구」, 건국대학교 박사학위논문.

안창선(1995), "일본의 PTA 활동에 관한 고찰", 『논문집』, 제35집. 춘천교육대학교.

안창선(1996), "학부모 교육 참여활동", 『교육연구정보』, 강원도교육연구원.

안창선・이주한(1998), "초등 학교운영위원회 운영에 관한 연구", 『인문사회교육연구』, 제2호, 춘천교육대학교.

오천석(1964), 『한국신교육사』, 서울: 현대교육총서 출판사.

유네스코한국위원회(1957), 『유네스코한국총람』.

유현숙(1995), "학교운영위원회 정착의 지름길", 『교육개발』, 통권97호, 한국교육개발원.

윤철경(1994), "학부모와 학교관계: 왜곡된 실태와 사회적 원인", 『한국교육』 2, 서울: 한울.

이규환(1963), "사친회의 필요성", 『교육평론』, 55호, 교육평론사.

이상갑(2003), "학교운영의 자율화와 학교운영위원회", 『교육진흥』, 제16권 제1호, 중앙교육진흥연구소.

이수완(1966), "학교기성회의 효과적 운연방안", 『한국교육주보』, 58호, 한국교육주보사.

이순근(1958), "교육세의 애로와 사친회 궁극의 해결자는 누구인가?", 『새교육』, 10호(11월), 대한교육연합회.

이순형(1992), "학부모 참여에 관한 연구", 『교육학 연구』, 30(2), 한국교육학회.

이종록(1965), "교육지도를 위한 사친회의 새 발족을 주장한다", 『한국교육주보』, 제1호(4월), 한국교육주보사.

이중석(1958) "사친회비는 있어야 하나", 한국일보(8월 6일).

이중(1963), "사친회제도 부활론 비판", 『교육평론』, 62호, 교육평론사(12월).

이필(1968), "기성회비 징수와 학교운영", 『수도교육』, 10호, 서울특별시교육연구원.

이해성(1995), 「학교운영위원회의 한계와 가능성」, 한국교육사회학연구회 제114차 학술발표회논문.

이혁준(1969), 「학교사친회 운영에 관한 고찰」, 연세대학교 교육대학원, 석사학위청구논문.

이희균(1970), "학교육성회 발족을 계기로", 『교육연구』, 19호, 교육연구사(4월).

이희춘(1970), "후유증 많은 학교육성회", 『교육평론』, 137호, 교육평론사(5월).

장진호(1986), 『교육과 사회』, 서울: 대은출판사.

정영수 외(1998), 『교사와 교육』, 서울: 문음사.

정운종(1970), "학교육성회와 금후", 『새교육』, 185호, 대한교육연합회(3월).

조석기(1969), "사친회 부활에 따르는 몇 가지 문제", 『교육자료』, 154호, 교육자료사(10월).

조선일보 사설(1958), "사친회비 징수에 관한 시비"(11월 8일).

조성일(1986), 『교육행정 · 경영』, 서울: 지성문화사.

조성일 · 안세근(1996), 『지방 교육자치 제도론』, 양서원.

주세환(1970), "학교육성회 발족과 교원의 처우", 『교육연구』, 19호, 교육연구사(4월).

주채혁 외(1979), 『주요국가의 의무교육제도』, 한국교육개발원.

중앙대학교부설한국교육문제연구소(1975), 문교사.

지용우(1967), "의무교육의 행방", 신동아, 동아일보사(2월).

천년수(1969), "학교 재정제도의 변천", 『교육과학』, 34호, 중앙교육연구소.

최종진(1970), "학원 잡부금의 양상", 『새교육』, 186호, 대한교육연합회(4).

한국교육개발원(1987), 「오늘의 일본교육」, 해외정보자료 IEI 87 - 1.

한국교육개발원(1995), 「학교운영위원회 구성 및 운영 방안 연구」, 연구보고 RR95 - 1.

한국교육사회학연구회(1995), 「교육개혁의 교육사회학적 진단」, 한국교육사회학연구회 제114차 학술발표회 유인물.

한국교육신문(1994), 11월 30일.

한국교육신문(1997), 3월 3일.

_____, 6월 25일.

_____, 8월 6일.

_____, 10월 8일.

한국교육10년사간행회(편)(1960), 『한국교육10년사』, 서울: 풍문사.

한국교육주보(1965), "최근 일본 사친회의 동향과 아쉬운 한국교사의 주체의식", 『한국교육주보』, 제12호, 한국교육주보사(6월).

한국일보 사설(1958), "정말 사친회비는 없어질 것인가"(2월 8일).

한국일보 사설(1970), "잡부금의 악순환"(4월 22일).

한국청소년문화연구소(1981), 『한국교육 2000년사』.

한윤덕(1966), "의무교육과 기성회정책 비판", 『한국교육주보』, 50호, 한국교육주보사(5월).

합동통신사(1959), 『합동연감』.

합동통신사(1966), 『합동연감』.

합동통신사(1969), 『합동연감』.

宮原誠一・喜美子(1956), 日本のPTA, 東京: 國土社.

示爾津義範(1974), PTA 改革の課題, 東京: 國土社.

鈴木篤士・松本伸夫(共著)(1977), はんもの PTA, 日本教育新聞社出版局.

鈴木英男(編著)(1973), PTAの研究とその實踐, 東京: 葵書房.

日本社會敎育學會(1969), 日本 PTAの理論, 日本の社會敎育 第12集, 東洋館出版社.

Batton, W. R.(1980), *The Elementary Principal's Perceptions of the Activities of Local Parent - Teacher Associations in the Attainment of the objects of the National Congress of Parents and Teachers,* Unpublished doctoral dissertation, Indiana State University.

Bittle, R. G.(1975), "Improving Parent - Teacher Communication through Recorded Telephone Messages", *Journal of Educational Research*, 69(3), 87 ~ 95.

Cangemi. J. A.(1965), *The development of the parent - teacher association in louisiana,* Unpublished doctoral dissertation, Louisiana State University.

Carlyon, P.(1981), "The PTA's Health Education Project and Sex Education in the schools", *Journal of school Health*, 51(4), Apr., 271 ~ 273.

Comer, J. P.(1976), "Improving the Quality and Continuity of Relationships in Two Inner - city Schools", *Journal of the American Academy of child Psychiatry*, 15(3), 535 ~ 545.

Deighton L C.(1978a), *Encyclopedia of Education*, Vol.2, New York: MacMillan Company & Free Press.

Deighton L C.(1978b), *Encyclopedia of Education*, Vol.3, New York: MacMillan Company& Free Press.

Deighton L C.(1978c), *Encyclopedia of Education*, Vol.6, New York: MacMillan Company & Free Press.

Giannangelo, D. M.(1975), "Make Report Cards Meaningful", *Educational Forum*, 39(4), 409 ~ 415.

Gray, S. and Klaus, R.(1970), "The Early Training Projcet: A Seventh - year Report", *Child Development*, 41, 909 ~ 924.

Grebner, I. G.(1955), *Activities of parent - teacher associations in illinois designed to aid local schools,* Unpublished doctoral dissertation, The University of Illinois.

Haskew, L. D.(1956), *This is teaching*, chicago: Scott, Foresman and Company.

Havighurst, R. J. and Neugarten, B. L.(1957), *Society and Education*, Boston: Allyn and

Bacon, Inc.

Henderson, E. A., et al.(1969), "The Value of the PTA", Todays Education, 58(5), May, 31～33.

_____, A.(1981), *Parent Participation Student Achievement*, Columbia, Maryland: National Committee for citizens in Education.

_____, R. O. and Garcia, A. B.(1973), "The Effects of a Parent Training Program on Question – asking Behavior of Mexican – American Children", *American Educational Research Journal*, 10, 193～201.

Hessong, R. F. and Weeks, T. H.(1987), *Introduction to Education,* New York: MacMillan Publishing Company.

Howe, E. C.(1959), *A Study of Educational Problems and Concerns of Parents and Teachers with Recommendations for Parent Teacher Association Activities,* Unpublished doctoral dissertation, The University of Utah.

Hymes, J. L. Jr.(1959), *Effective Home –School Relations*, Englewood Cliffs, New Jersey: Prentice – Hall, Inc.

Jackson, R. K. and Stretch, H. A.(1976), "Perceptions of Parents, Teachers and Administrators to Parental Involvement in Early Childhood Programs", *Alberta Journal of Educational Research*, 22(2), 129～139.

_____, D., et al.(1974), "The Houston Parent – Child Development Center: A Parent Education Program for Mexican – American Families", *American Journal of Ortho –Psychiatry*, 44(1), 12 1～128.

Karnes, M. B.(1968), "An Approach for Working with Mothers of Disadvantaged Preschool Children", *Merrill –Palmer Quarterly*, 14(2), 174～184.

Karraker, R. M.(1972), "Increasing Academic Performance through Home managed Contingency Programs", *Journal of School Psychology*, 10(2), 173～179.

Levenstein, P.(1974), "A Message from Home: A Home – based Intervention Method for Low Income Preschoolers", (ERIC Document Reproduction Service No. ED095992).

Lee, D. L.(1985), "A Study of the Personal Attitudes of a Group of Parent Leaders toward Various Aspects of Education", Unpublished doctoral dissertation, The George Washington University.

Lordeman, A., et al.(1977), "Establishing and Assessing Two –way Communication between Parents and Schools", Paper presented at the annual meeting of the American Educational Research Association, New York, (ERIC Document Reproduction

Service No.ED 143103).

Mitzel, H. E.(1982), *Encyclopedia of Educational Research*, Vol.2, New York: Free Press and MacMillan Publishing Co., Inc.

Mort, P. R. and Francis, G. C.(1981), *American Schools in transition: How Our Schools Adapt Their Practices to Changing Needs,* New York, Teachers College.

National Congress of Parents and Teachers, (1953), *Parents – Teachers Manual,* Cicago: National Congress of Parents – Teachers.

National Parents – Teachers Association Handbook, 1979 ~ 1981.(1979), Cicago: National Congress of Parents – Teachers.

Ojemann, R. H. and Wilkinson, F. R.(1989), "The Effect on Pupil Growth of an Increase in Teachers Understanding of Pupil Behavior", *Journal of Experimental Education,* 8, 143 ~ 147.

Radin, N.(1972), "Three degrees of Maternal Involvement in a Preschool Program: Impact on Mothers and Children", *Child Development,* 43, 1355 ~ 1364.

Royce, C. G.(1975), "Perceptions of Parents, Teacher, and Administrations toward the Role of PAT", Unpublished doctoral dissertation. United States International University.

Rutherford, R. B. Jr and Eugene, E.(1979), *Teachers and Parents: A Guide to Interaction and cooperation,* Boston: Allyn and Bacon, Inc.

Sharrock, A. N.(1970), *Home/School Relations: Their Importance in Education,* London: MacMillan.

Spell, J. J.(1987), "The school board and the PTA", *PTA Today,* 12(5), Mar, 17 ~ 18.

Suomala, D. J.(1982), *The Perceived Involvement or PTA/PTSA in selected Areas by PTA/PTSA Presidents and Elementary Principals in Minnesota School Districts,* Unpublished doctoral dissertation, University of Minnesota.

Webb, R. B.(1981), Schooling and Society, New York: MacMillan Publishing Co., Inc.

Wittes, G. and Radin, N.(1971), "Two Approaches to Group Work with Parents in aCompensatory Preschool Program", *Social Work,* 16(1), 42 ~ 50.

부록

1. 사친회 규약

제1장 명칭
제1조, 본회는 ○○학교 사친회라 칭하고 사무소를 ○○학교 내에 둔다.

제2장 목적
제2조, 본회의 목적은 다음과 같다.

1. 가정, 학교 및 사회에서 학생의 복지를 증진시키기에 힘쓴다.

2. 가정생활 및 사회생활의 수준을 높이고 민주사회의 공민으로서 권리와 의무에 대한 이해를 깊게 하기에 힘쓴다.

3. 가정과 학교와의 관계를 일층 긴밀히 하고 학생생활지도에 관해서 부모와 교사가 상호 협력하며 학생의 심신이 건전하게 발달되도록 한다.

4. 학교의 교육적 환경을 조성하여 지역사회의 학교 교육을 유지 발전하게 한다.

5. 학생의 보도보호 및 복지에 관한 법률의 실시에 노력한다.

6. 학교 인근의 사회교육의 진흥을 돕는다.

제3장 방침

제3조, 본회는 비영리적, 비종교적, 비정당적인 단체다.

제4조, 본회는 학생의 복지를 위하여 활동하는 다른 사회적 제 단체 및 기관과 협력한다.

제5조, 본회는 학교운영을 돕기 위하여 교장, 교감, 교사와 토의하거나 의견을 구신하며 참고자료를 제공할 수 있다. 직접 학교의 관리나 교사에 인사에 간섭하지 않는다.

제4장 회원

제6조, 본회의 회원은 ○○학교에 재적하는 학생의 보호자와 교직원으로 한다. 본회 회원이 아닌 자로서 본회에 물심으로 공헌이 있는 자는 이사회의 의결에 의하여 특별회원으로 할 수 있다.

제7조, 본회의 회원은 본회 이외의 학교 후원단체를 조직할 수 없다. 단 신영사업을 위하여 감독기관의 승인을 얻어 기성회를 조직할 수 있다.

제5장 회계

제8조, 학생의 보호자인 회원은 일정한 회비를 부담할 의무를 진다. 회비는 입회비와 월회비로 한다.

제9조, 본회의 회비부과액 및 사업종목과 경비지급의 기준에 관해서는 상급관청의 지시에 의한다.

제10조, 본회는 상급교육행정청의 감독과 명령 또는 감사에 응하

며 세입세출예산과 결산을 보고한다.

제11조, 본회는 전조에 의한 기준액 이상의 회비부과 또는 경비지출을 하지 않는다.

제12조, 본회의 회계연도는 매년 ○월 ○일에 시작하여 익년 ○월 ○일에 끝난다.

제13조, 본회의 회계사무처리 절차에 관해서는 재정법을 준용한다.

제6장 임원

제14조, 본회에 하의 임원을 두고 명예직으로 한다.

회장 1인

부회장 1인

이사 5인

감사 2인

회장과 이사는 이사회를 구성한다.

제15조, 이사와 감사는 회원총회에서 선출한다. 회장, 부회장은 이사회에서 선출한다.

제16조, 임원의 임기는 일 년으로 한다. 단 중임할 수 있다. 임원의 임기 중 결원된 때는 지체 없이 이를 보선하여야 하며 그 임기는 전임자의 잔임 기간으로 한다. 단 회장의 보선은 이사를 보선한 후 이를 시행한다.

임원의 임기 만료 후 신임원이 선출되기까지는 전임회장이 그 직무를 계속한다.

제17조, 본회에 다음 사무직원을 둘 수 있다.

간사 1인

서기 1인

간사와 서기는 ○○학교 서무에 종사하는 직원 중에서 회장이 학교장과 협의 위촉하며 본회의 사무를 처리한다.

제7장 회의

제18조, 회원총회의 정기회의는 매 학년도 초에 임시회의는 필요에 따라 수시 이를 회장이 소집하고 회장이 의장이 된다. 총회는 출석회원 과반수의 찬성으로서 의결을 행한다.

제19조, 회장은 본회를 대표하고 회무를 통할하며 이사회를 소집하고 그 의장이 된다. 회장이 유고할 때는 부회장이 그 직무를 대리한다.

제20조, 이사회는 정기회의와 임시 회의로 한다. 정기회의의 회기는 이사회에서 정한다. 임시회의의 임시긴급 필요가 있을 때 회장 또는 이사 과반수의 연서로서 이를 소집한다.

제21조, 이사회는 재적 과반수의 출석과 출석이사(회장 포함) 과반수의 찬성으로서 의결한다. 회장은 표결권을 가지며 가부동수인 경우에는 결정권을 가진다.

제22조, 이사회는 좌의 사항을 의결한다.

1. 규칙의 제정 또는 개폐
2. 사업계획의 결정
3. 세입세출의 예산편성 및 동결산의 승인

학교장과 감사는 이사회의 출석 발언할 수 있으며 사업계회과예산의 편성집행에 있어서는 학교장의 의견을 존중하여야 한다.

제23조, 감사는 본회의 회계와 업무를 감사한다.

제24조, 본회는 좌의 1에 해당할 때 해산한다.

1. 학교가 폐쇄할 때

2. 감독청의 지시가 있을 때

제25조, 본회가 해산할 때는 본회에 보유하고 있는 재산은 이사회의 의결에 의하여 학교설립자에게 기부한다.

제26조, 본회의 청산사무는 이사회가 행한다.

부칙

본 규약은 ○년 ○월 ○일부터 시행한다.

2. 기성회 준칙

(1963년 1월 14일 문교부 훈령 제104호)

제1조 (명칭) 본회는 ○○학교 기성회라 칭한다.

제2조 (사무소) 본회의 사무소는 ○○학교에 둔다.

제3조 (목적) 본회는 설립자 부담으로 미치지 못하는 교육시설의 확충을 기함으로써 교육의 정상화를 꾀함을 목적으로 한다.

제4조 (대상사업) 본회는 각급 학교 시설기준령이 규정하는 내부시설의 보완 및 확충을 대상사업으로 한다.

제5조 (회원) 본회의 회원은 다음과 같다.

1. 정상회원

○○학교 재학생의 보호자로서 본회에 임의 가입한 자

2. 특별회원

본회의 취지를 찬동하고 찬조금 ○○○원 이상을 자진 갹출한자

제6조 (임원) 본회에는 다음과 같은 임원을 두되 명예직으로 한다.

1. 회장 1인

2. 부회장 1인

3. 이사 5인

4. 감사 2인

제7조 (조직) 본회의 총회와 이사회는 다음과 같이 구성한다.

1. 총회는 회원으로 한다.

2. 이사회는 정렬회장과 이사로 한다.

제8조 (선정) 임원의 선정은 다음과 같이 한다.

1. 정렬회장은 이사회에서 호선한다.

2. 임원은 총회에서 선정한다.

제9조 (임기)

1. 임원의 임기는 1년으로 한다.

2. 보궐임원의 임기는 전임자의 잔임 기간으로 한다.

제10조 (회장) 회장은 본회를 대표하고 회무를 통괄하며 총회와 이사회를 소집하고 그 의장이 된다.

제11조 (부의장) 부의장은 회장을 보조하며 회장이 유고가 있을 때에는 그 직무를 대리한다.

제12조 (회의)

1. 총회와 이사회의 회의는 정기회와 임시회로 한다.

2. 정기회는 각각 당해 회에서 정한다.

3. 임시회는 필요에 따라 회장이 소집한다.

제13조 (의결) 총회와 이사회는 다음과 같이 의결한다.

1. 총회는 ○○ 이상의 출석과 출석인원 과반수의 찬성으로 한다.

2. 이사회는 재적 과반수의 찬성으로 한다.

3. 전 1, 2항이 가부동수인 때에는 의장이 결정한다.

4. 의결에 앞서 당해 학교장의 의견을 들어야 한다.

제14조 (기능) 총회와 이사회의 기능은 다음과 같다.

1. 총회

가. 규약의 제정 및 개폐

나. 임원의 선정

다. 예산과 결산의 승인

2. 이사회

가. 수입예산의 편성

나. 사업계획서 결정

다. 찬조금의 채납승인

라. 기타 필요하다고 인정되는 사항

제15조 (감사) 감사는 본회의 회계와 업무를 감사한다.

제16조 (사무직) 본회에는 서무에 종사할 사무직원 ○인을 둘 수 있다.

제17조 (재원) 본회의 재정은 회원의 찬조금으로 충당한다.

제18조 (회계연도) 본회의 회계연도는 학년도와 같이 한다.

제19조 (사무처리) 본회의 회계 사무는 재정법규를 준용한다.

제20조 (감독) 본회의 회계 사무는 1년에 적어도 1회 이상 감독청의 감사를 받아야 한다.

제21조 (해산) 본회는 목적사업이 실현되었을 때 또는 감독청의 해산명령에 의하여 해산한다.

제22조 (재산귀속) 본회가 해산되었을 때에는 본회의 모든 재산은 ○○학교에 기부한다.

제23조 (정산) 본회의 정산사무는 이사회가 행한다.

부칙

1. 본령은 1963년 ○월 ○일부터 시행한다.

3. 학교육성회 규약준칙

제1조 (목적) 이 회는 학부모의 자진협찬으로 학교운영을 지원하고 학생의 복리를 증진함으로써 학교 교육의 정상화에 기여함을 목적으로 한다.

제2조 (명칭) 이 회는 ○○학교육성회라 칭한다.

제3조 (사무소) 이 회의 사무소는 ○○학교에 둔다.

제4조 (사업) 이 회는 제1조의 목적을 달성하기 위하여 다음의 사업을 한다.

1. 교직원의 연구활동에 필요한 연구비의 지원

2. 학생 복리증진을 위한 사업과 시설·기금 등의 부담

3. 학교시설의 확충과 유지 관리에 필요한 지원

4. 학교운영과 기타 교육활동에 필요한 지원

제5조 (학생복리시설기금) 전조 제2호의 시설을 위한 기금은 시·도교육위원회 및 시·군교육장(이하 '감독청'이라 한다)이 지정하는 기관에 기부한다.

제6조 (회원) 이 회의 회원은 보통회원과 특별회원으로 한다.

1. 보통회원은 이 학교에 재학하는 학생의 보호자로서 이 회의 목적에 찬동하는 자로 한다.

2. 특별회원은 이 회의 취지와 사업을 찬동하고 자진하여 이 회에 상당한 금품을 희사한 독지가 및 학교육성을 위해 협조할 지방의 유지와 기관의 장 등으로 한다.

제7조 (임원) 이 회에 다음의 임원을 두되 명예직으로 한다.

1. 회장 1인

2. 부회장 2인

3. 이사 약간인

4. 감사 2인

제8조 (임원의 선출과 임기) (1) 회장·부회장·이사 및 감사는 총회에서 선출한다. 다만 이사의 선출에 있어서는 특별회원 약간인을 선출하여야 한다.

(2) 학교장은 학교를 대표하여 당연직 이사로 한다.

(3) 이 회의 임원의 임기는 1년으로 하고, 1회에 한하여 연임할 수 있다.

제9조 (임원의 조직) (1) 회장은 이 회를 대표하고 회무를 통괄한다.

(2) 부회장은 회장을 보좌하며 회장이 사고 시에는 회장이 지정하는 부회장이 그 직무를 대리한다.

(3) 이사는 이사회를 구성하고 제12조의 사항을 의결한다.

(4) 감사는 이회의 회계와 업무를 연 2회 이상 감사하여 다음 총회에 보고한다.

제10조 (회의) (1) 이 회의 회의는 다음에 의하고 정기회와 임시회로 한다.

1. 총회는 회원으로 구성한다.

2. 이사회는 회장, 부회장 및 이사로 구성하고 이사회의 의장은 회장이 된다.

3. 회의의 의결은 구성원의 과반수의 출석과 출석인원 과반수의 찬성으로 한다. 다만 가부동수인 경우에는 의장이 결정한다.

(2) 회의의 의결에 있어 2회까지 회의를 소집하여도 과반수에 미달한 경우에는 출석인원만으로 의결할 수 있다. 그러나 이 경우에 있어

서는 출석인원 3분의 2 이상의 찬성이 있어야 한다.

(3) 정기회는 각각 그 회에서 정하고 임시회는 필요에 따라 회장이 소집한다.

제11조 (총회의 기능) 총회는 다음 사항을 의결한다.

1. 규약의 제정 및 개폐

2. 회장·부회장·이사 및 감사의 선출

3. 사업과 예산 및 결산의 보고

제12조 (이사회의 기능) (1) 이사회는 다음 사항을 의결한다.

1. 총회에 부의할 안건의 작성과 결성

2. 수입·지출예산의 결정과 결산의 승인

3. 사업계획의 결정

4. 기타 회장이 필요하다고 인정되는 사항

(2) 감사는 이사회에 출석하여 발언할 수 있다.

제13조 (회무와 회계사무처리) (1) 회장은 이 회의 회무처리를 위하여 간사 또는 서기 약간인을 당해학교 직원 중에서 학교장의 동의를 얻어 위촉한다.

(2) 이 회의 회계사무는 당해 학교 설립자에 적용되는 예산회계 관계법규, 지방재정법규 또는 사학기관재무회계규칙을 적용하며 그 집행은 당해 학교장의 동의를 받아야 한다.

(3) 이 회의 일체의 수입금은 금융기관에 예치하여야 한다.

(4) 이 회의 회계사무담당자는 당해 학교설립자가 정하는 재정보증규정을 준용한 재정보증이 있어야 한다.

제14조 (재정) (1) 이 회의 사업수행에 필요한 재정은 회원의 입회금, 회비, 찬조금 및 기타 수입으로써 충당한다.

(2) 회원의 입회금·회비는 감독청이 인정하는 한도액 내에서 연도마다 결정한다.

제15조 (회계연도) 이 회의 회계연도는 학년도와 같다. 다만, 특수사정이 있을 때에는 감독청의 승인을 얻어 이를 달리할 수 있다.

제16조 (재산의 귀속) 이 회의 사업으로 조성된 일체의 재산은 조성과 동시에 당해학교 설립자에게 기부하여 귀속시킨다. 다만, 학생복리사업 기금으로 조성된 재산은 감독청의 결정에 따른다.

제17조 (해산) (1) 이 회는 목적사업의 완수로 존속할 필요가 없을 때에는 감독청의 승인을 얻어 이를 해산하고 감독청에의 해산명령이 있을 때에는 당연히 해산한다.

(2) 이 회를 해산하였을 때에는 해산일 현재로 다음 서류를 구비하여 해산일로부터 2주일 이내에 해당학교 설립자와 감독청에 제출한다.

1. 수입지출현계표(은행잔고증명서 첨부)

2. 재산목록

3. 재산처분방법

4. 청산위원의 명부

제18조 (청산) 이 회를 해산할 때에는 이사회가 청산사무를 담당한다. 다만, 감독청이 필요하다고 인정할 때에는 관계있는 자로 하여금 따로 청산위원회를 구성할 수 있다.

제19조 (감독) 이 회의 사업과 수입지출예산 및 기타 필요한 사항은 감독청이 정하는 바에 따른다.

부칙

제20조 (시행) 이 규약은 1970년 3월 1일부터 시행한다.

제21조 (경과조치) 종전 기성회의 모든 권리와 의무는 이 회가 승계한다.

제22조 이 회는 제14조의 규정에 불구하고 1970학년도 입회금을 징수할 수 없다.

4. 학교운영위원회 규정[경기도]

제1장 총칙

제1조 (목적) 이 규정은 초·중등교육법 제31조 내지 제34조, 동법 시행령 제62조, 경기도립학교운영위원회 설치·운영에 관한 조례에 의거 ○○○학교운영위원회(이하 '운영위원회'라 한다) 구성·운영 등에 관한 사항을 규정함을 목적으로 한다.

제2장 위원의 선출

제2조 (위원의 정수) 운영위원회의 위원은 ○○명으로 하되, 학부모위원 ○명 ○%, 학교장을 포함한 교원위원 ○명 ○%, 지역위원 ○명 ○%로 구성하며, 학교규모 등에 의한 위원정수 선정을 위한 학생수 기준일은 3월 1일로 한다.

제3조 (위원의 자격)

1. 학부모 및 지역 위원은 국가공무원법 제33조 각 호의 1의 결격사유에 해당되지 아니하여야 한다.

2. 정당원의 자격제한 여부는 지역 및 학교 실정에 따라 정한다.

3. 교원위원은 본교 교원이어야 한다.

4. 위원은 다른 학교의 위원을 겸임할 수 없다.

제4조 (위원의 임기)

1. 위원의 임기는 1년으로 하되 연임할 수 있다.

2. 위원의 임기 개시일은 매년 ○월 ○일로 한다.

제5조 (선출관리위원회)

1. 학부모위원과 교원위원의 선출을 관리하기 위하여 선출관리위

원회를 각각 구성한다.

2. 선출관리위원회는 원만한 업무추진을 위하여 전체 교직원회의를 거쳐 세부규칙을 제정하여야 한다.

3. 선출관리위원회는 위원선출공고, 선거인 명부작성, 위원의 후보자 등록, 선거공보, 투·개표, 당선자 공고 등의 선거에 관한 사무를 관장하며 구성 시부터 위원 선출이 종료될 때까지 운영된다.

4. 학부모위원 선출관리위원회는 학부모 ○인으로 구성하되, 학부모회 추천으로 학교장이 위촉하며 위원장은 호선한다.

5. 교원위원 선출관리위원회는 교원 ○인으로 구성하되, 교직원전체회의의 추천으로 학교장이 위촉하며 위원장은 호선한다.

6. 선거사무의 공정한 처리를 위하여 선출관리위원은 운영위원으로 입후보할 수 없다.

제6조 (학부모위원 선출)

1. 학부모위원은 학부모전체회의에서 직접 선출한다.

(또는 영 제59조 제2항의 규정에 의거 전체학부모의 의견을 반영하여 간접 선출한다.)

2. 학부모위원선출관리위원회는 선거일 15일 전까지 위원선출에 대한 공고를 하여야 하며, 전체 학부모에게 그 내용을 가정 통지 하여야 한다.

3. 입후보자는 선거일 7일 전까지 학부모위원선출관리위원회에 등록하여야 한다.

4. 선출관리위원회는 선거일 3일 전까지 선거공보를 학부모에게 가정 통지 하여야 한다.

5. 후보자는 선거 당일에 소견 발표를 할 수 있다.

6. 투표는 가구당 1명으로 하고 투표는 1인 ○표로 한다.

7. 개표결과 위원정수에 해당하는 다수득표자를 당선자로 결정하되 득표수가 같을 경우에는 연장자를 당선자로 하며, 선거결과는 학교게시판에 게시하고 가정통신문으로 학부모에게 알린다.

8. 입후보자 등록 마감 결과 입후보자 수가 위원정수 이하일 경우에는 기 입후보한 자에 대해서는 무투표 당선으로 하고 부족한 인원에 대해서는 재선출 공고를 한다.

제7조 (교원위원 선출)

1. 당연직 교원위원인 학교장을 제외한 교원위원은 교직원전체회의에서 무기명으로 선출하되 투표는 1인 ○표로 한다(사립학교: 당연직 교원위원인학교장을 제외한 교원위원은 정관이 정한 절차에 따라 교직원전체회의에서 추천한 자 중 학교장이 위촉한다).

2. 교원위원선출관리위원회는 선거일 10일 전까지 선출에 대한 공고를 하여야 한다.

3. 입후보자는 선거일 5일 전까지 교원위원선출관리위원회에 등록하여야 한다.

4. 입후보자는 선거 당일에 소견 발표를 할 수 있다.

5. 선출관리위원장은 개표결과 위원정수에 해당하는 다수 득표자를 당선자로 결정하되 득표수가 같을 경우에는 연장자를 당선자로 하며, 선거결과는 학교게시판 등에 게시한다.

6. 입후보자 등록마감 결과 입후보자 수가 위원정수 이하일 경우에는 기 입후보한 자에 대해서는 무투표 당선으로 하고 부족한 인원에 대해서는 재선출 공고를 한다.

제8조 (지역위원 선출)

1. 지역위원은 새로이 선출된 학부모위원 또는 교원위원의 추천을 받아 학부모위원 및 교원위원이 무기명투표로 선출하되 위원선출에 필요한 구체적인 선출방법은 당일 회의에서 정한다.

제3장 학교운영위원회 회의 운영

제9조 (임기개시) 위원의 임기개시일은 ○월 ○일로 한다.

제10조 (정기회) 정기회는 매년 ○월에 개최한다.

제11조 (회기) 회기는 회의 당일 운영위원회에서 정한다.

제12조 (소위원회)

1. 안건 심의의 전문성과 효율성을 높이기 위하여 소위원회를 둘수 있다. 단 급식소위원회는 반드시 설치한다.

2. 소위원회의 위원 수 및 위원은 운영위원회의 의결로 정하되, 위원 수는 운영위원회 재적위원 2분의 1을 넘지 못한다.

3. 소위원회의 운영 등에 관하여 이 조에서 정한 것 이외의 사항에 대해서는 위원회 규정을 준용할 수 있다.

제13조 (회의 참관) 운영위원회 회의를 개최하고자 할 때에는 학교 게시판에 게시하고, 가정통신문 등을 통하여 회의 개최일자, 안건 등을 알림으로써 일반 학부모, 교사 등이 회의에 참관할 수 있도록 하여야 한다.

제14조 (질서유지) 위원장은 회의 운영에 방청인의 방해가 있을 경우 질서를 유지하기 위하여 퇴장을 명할 수 있다.

제15조 (공청회)

1. 운영위원회는 중요한 안건 또는 전문지식을 요하는 안건을 자문하기 위하여 운영위원회의 의결로써 공청회를 개최할 수 있으며 그

안건과 관련된 이해관계인, 학부모, 지역주민 또는 학식 경험이 있는 자(이하 '진술인'이라 한다) 등으로부터 의견을 들을 수 있다.

2. 공청회에 관한 의안에는 안건, 일시, 장소, 진술인, 경비 기타 참고사항을 기재하여야 하며 위원장은 공청회의 개최에 대하여 미리 학교장과 협의하여야 한다.

3. 진술인의 선정과 발언 시간은 운영위원회에서 정하며 진술인은 그 안건의 범위 안에서 발언하여야 한다.

제16조 (심의결과의 통보) 운영위원회위원장은 심의결과를 문서로 작성하여 지체 없이 학교장에게 이송하여야 한다.

제17조 (운영 경비) 위원 연수 시의 교통비, 회의경비 등 운영위원회 운영에 필요한 경비는 학교회계에 편성할 수 있으며 교육청의 예산관련 지침을 준용한다.

제18조 (회의운영 규칙) 이 규정에 정한 것 외에 운영위원회 회의 운영에 필요한 사항은 운영위원회의 의결을 거쳐 회의운영규칙으로 정한다.

제4장 규정의 개정

제19조 (개정의 제안) 운영위원회규정의 개정은 재적위원 2분의 1 이상 또는 학교장의 발의로 제안된다.

제20조 (규정의 개정) 운영위원회규정은 재적위원 3분의 2 이상의 찬성으로 개정되며 위원장은 즉시 이를 공포하여야 한다.

부칙

제1조 (시행일) 이 규정은 공포한 날로부터 시행한다.

제2조 (최초로 구성되는 운영위원의 임기 개시 및 만료) 이 규정 시행 후 최초로 구성되는 운영위원의 임기는 제○조의 규정에도 불구하고 학교운영위원회의 최초 소집일로부터 개시하여 차기 임기개시 전일에 만료된다.

찾아보기

인명

내용

안창선 ─

인천사범학교 본과 졸업
성균관대학교(문학사)
연세대학교(교육학석사)
건국대학교(교육학박사)
서울시 초등학교·고등학교 교사
춘천교육대학교 교육학과 교수
춘천교육대학교 명예교수

『학교성교육』(편역, 1991)
『사춘기의 성과 행동』(편역, 1996)
『성교육학』(공저, 1998)
『교사론』(공저, 1999)
『성교육 이론과 실제』(공저, 2000)

학부모 교육
참여활동

초판인쇄 | 2012년 3월 2일
초판발행 | 2012년 3월 2일

지 은 이 | 안창선
펴 낸 이 | 채종준
펴 낸 곳 | 한국학술정보(주)
주   소 | 경기도 파주시 문발동 파주출판문화정보산업단지 513-5
전   화 | 031) 908-3181(대표)
팩   스 | 031) 908-3189
홈페이지 | http://ebook.kstudy.com
E-mail | 출판사업부 publish@kstudy.com
등   록 | 제일산-115호(2000. 6. 19)

ISBN   978-89-268-3180-9 93370 (Paper Book)
        978-89-268-3181-6 98370 (e-Book)

내일을여는지식 ■ 은 시대와 시대의 지식을 이어 갑니다.